Der große Humboldt-Ratgeber Internet-Recht

D1666452

www.humboldt.de

Der große Humboldt-Ratgeber Internet-Recht

Von Dr. Stefan Ricke (Hg.)

Unter Mitarbeit der Autoren:

Dr. Torsten Walter
Karen Sokoll, LL.M.
Michael Jacker
Franka Stenzel

Stand: Juni 2005

 LawGuide.de

Verlegt bei Humboldt

humb●ldt

Humboldt-Paperback (ht) 4015

Die Edition **LawGuide.de – Wege zum Recht** verfolgt das Ziel, rechtliche Themen aus Sicht der Rechtsuchenden einfach und anschaulich darzustellen. Hierbei wird das aus dem Internet bekannte System der FAQ (Frequently asked questions = häufig gestellte Fragen) eingesetzt. Unter *www.LawGuide.de* gelangen Sie auf die Internet-Website zu diesem Buch.

Dr. Stefan Ricke, MBA, ist Rechtsanwalt in Berlin mit den Tätigkeitsschwerpunkten Internet-Recht, Internetdomain-Recht und Markenrecht und den Interessenschwerpunkten Urheberrecht und Wettbewerbsrecht. Seine Berliner Anwaltskanzlei ist im Internet unter *www.dr-ricke.de* erreichbar.
Der Herausgeber ist dankbar für Tipps und Hinweise, insbesondere auch im Hinblick auf neue Urteile zum Internet- und Internetdomain-Recht. Sie erreichen den Herausgeber unter der E-Mail-Adresse **info@dr-ricke.de**

Wichtiger Hinweis für den Leser: Alle Angaben in diesem Buch wurden von Autoren und Verlag sorgfältig geprüft. Die Autoren haben sich nach bestem Wissen um die inhaltliche Richtigkeit ihrer Ausführungen bemüht, die wegen der Komplexität der gesetzlichen Regelungen, widersprüchlicher Gerichtsentscheidungen, ungeklärter Rechtsfragen und den Besonderheiten jedes Einzelfalles aber nicht verbindlich, sondern nur als persönliche Einschätzungen der Autoren zur allgemeinen Rechtslage zu werten sind. Deshalb kann eine Gewähr nicht übernommen werden. Insbesondere erhebt dieser Ratgeber keinen Anspruch auf Vollständigkeit. Auch ist das Internet-Recht ein junges und dynamisches Rechtsgebiet, das sich ständig ändert. Bei Fragen zum aktuellen Stand von Gesetzgebung und Rechtsprechung wenden Sie sich bitte an den Herausgeber und die Autoren.

Produkt- und Firmennamen sind Kennzeichen der jeweiligen Inhaber und markenrechtlich geschützt.

Logo **LawGuide.de**: Stefan Peters, Industrial Design, *www.peters-industrial-design.de*

© 2005 by Humboldt Verlags GmbH, Baden-Baden

Umschlagfoto: Humboldt Verlags GmbH
Satz: MPM Wasserburg
Druck: Artpress Druckerei GmbH, Gewerbegebiet, A-6600 Höfen
www.artpress.at

Printed in Austria

ISBN 3-89994-015-6

www.humboldt.de

Der Herausgeber und Autor:

Dr. Stefan Ricke, MBA, ist Rechtsanwalt in Berlin mit den Tätigkeitsschwerpunkten Internet-Recht, Internetdomain-Recht und Markenrecht und den Interessenschwerpunkten Urheberrecht und Wettbewerbsrecht. Seine Berliner Anwaltskanzlei ist im Internet unter *www. dr-ricke.de* erreichbar.

Der Herausgeber ist dankbar für Tipps und Hinweise, insbesondere auch im Hinblick auf neue Urteile zum Internet- und Internetdomain-Recht. Sie erreichen den Herausgeber unter der E-Mail-Adresse *info@dr-ricke.de*.

Die weiteren Autoren:

Dr. Torsten Walter, M.A., ist Rechtsanwalt in Berlin u.a. mit den Tätigkeitsschwerpunkten Internet-, Presse- und Wettbewerbsrecht. Informationen über seine Kanzlei sind unter *www.medien-anwalt.de* abrufbar.

Karen Sokoll, LL.M., ist juristische Referentin der Kommission zur Ermittlung der Konzentration im Medienbereich (KEK) mit Sitz in Potsdam.

Michael Jacker ist Rechtsanwalt in Berlin mit den Tätigkeitsschwerpunkten Vertragsrecht und Strafrecht sowie dem Interessenschwerpunkt Internet-Recht. Weitere Infos unter *www.spohn-recht.de*.

Dipl.-Jur. Franka Stenzel ist Absolventin des 1. juristischen Staatsexamens und angehende Rechtsreferendarin in Berlin.

Glossar: Franka Stenzel | Dr. Stefan Ricke

Lektorat: Kirsten Glückert

Verfasser von Fällen (fll), Fragen und Antworten (frg), Leitsätzen (lts) und Vertragsmuster (mst):

Bearbeiterkürzel:

Dr. Stefan Ricke   SR

Dr. Torsten Walter   TW

Karen Sokoll, LL.M. KS

Michael Jacker   MJ

Franka Stenzel   FS

1. Internet-Recht für Nutzer

1.1 Surfen und Mailen im Internet:

fll 1 (SR | FS), frg 1 (SR | MJ), frg 2 (TW), frg 3 (TW), lts 1 (TW), frg 4 (SR | FS), frg 5 (TW), lts 2 (TW), frg 6 (TW), lts 3 (TW), frg 7 (SR | MJ)

1.2 Kaufen und Buchen im Internet:

fll 2 (FS | SR), frg 8 (SR), frg 9 (SR | FS), frg 10 (SR), frg 11 (SR), frg 12 (SR), lts 4 (FS | SR), frg 13 (SR), frg 14 (SR), frg 15 (SR), frg 16 (SR), frg 17 (SR | MJ), frg 18 (SR), frg 19 (SR), frg 20 (SR), frg 21 (SR | FS), frg 22 (SR), frg 23 (SR)

1.3 Mitbieten bei Internet-Auktionen:

fll 3 (FS | SR), frg 24 (TW), lts 5 (FS | R), frg 25 (SR | MJ), frg 26 (TW), frg 27 (TW), lts 6 (TW), frg 28 (TW), frg 29 (TW)

1.4 Verkaufen durch Internet-Auktion:

fll 4 (FS | SR), frg 30 (SR), frg 31 (SR), frg 32 (TW), frg 33 (TW), lts 7 (TW), frg 34 (SR), lts 8 (FS | SR), frg 35 (SR), lts 9 (SR), frg 36 (TW), lts 10 (TW), frg 37 (TW), lts 11 (TW), frg 38 (TW), frg 39 (TW), frg 40 (TW), lts 12 (TW)

2. Internet-Recht für Anbieter

2.1 Die Internet-Adresse:

fll 5 (FS | SR), frg 41 (SR), frg 42 (SR), frg 43 (SR), frg 44 (SR), lts 13 (FS | SR), frg 45 (SR), lts 14 (FS), frg 46 (SR), lts 15 (FS | SR), frg 47 (SR | FS), lts 16 (FS | SR), frg 48 (SR), frg 49 (SR), frg 50 (SR), lts 17 (FS | SR), frg 51 (SR), lts 18 (FS | SR), frg 52 (SR), lts 19 (SR), frg 53 (SR), lts 20 (SR), frg 54 (SR | FS), lts 21 (SR), frg 55

(SR), lts 22 (FS | SR), frg 56 (SR | FS), lts 23 (SR), frg 57 (SR), lts 24 (FS | SR), frg 58 (SR), lts 25 (FS | SR), frg 59 (SR), lts 26 (FS | SR), frg 60 (SR), lts 27 (FS | SR), frg 61 (SR), frg 62 (SR), frg 63 (SR | FS), frg 64 (SR), frg 65 (SR), frg 66 (SR), lts 28 (SR), frg 67 (SR), lts 29 (SR), frg 68 (SR), lts 30 (FS | SR), frg 69 (SR), lts 31 (SR), frg 70 (SR), frg 71 (SR), lts 32 (FS | SR), frg 72 (SR), lts 33 (FS | SR), frg 73 (SR), lts 34 (FS | SR), frg 74 (SR | FS), lts 35 (FS | SR), frg 75 (SR), lts 36 (SR), frg 76 (SR), frg 77 (SR), frg 78 (SR), frg 79 (SR), frg 80 (SR), frg 81 (SR), frg 82 (SR), frg 83 (SR), frg 84 (SR), frg 85 (SR | FS), frg 86 (SR), frg 87 (SR), frg 88 (SR)

2.2 Der Webspace-Provider:

fll 6 (FS | SR), frg 89 (SR), frg 90 (SR | MJ), frg 91 (SR), lts 37 (FS | SR), frg 92 (SR | MJ)

2.3 Die Internet-Website:

fll 7 (SR | FS), frg 93 (SR), lts 38 (SR | FS), frg 94 (SR | FS), frg 95 (SR | FS), frg 96 (SR | FS), lts 39 (FS | SR), frg 97 (SR | FS), frg 98 (SR | FS), frg 99 (SR), frg 100 (SR | FS), frg 101 (SR | FS), frg 102 (SR | FS), frg 103 (SR | FS), frg 104 (SR | FS), frg 105 (SR | FS), frg 106 (SR | FS), frg 107 (SR | FS), frg 108 (SR | FS), frg 109 (SR | FS), frg 110 (SR | FS), frg 111 (SR | FS), frg 112 (SR | FS), frg 113 (SR | FS), frg 114 (SR | FS), frg 115 (SR | FS), frg 116 (SR | FS), frg 117 (SR | FS), frg 118 (SR | FS), frg 119 (SR | FS), frg 120 (SR), lts 40 (SR), frg 121 (TW), lts 41 (TW), frg 122 (TW), frg 123 (TW), lts 42 (TW), frg 124 (TW), lts 43 (TW), frg 125 (TW), lts 44 (TW), frg 126 (TW), lts 45 (SR), frg 127 (TW), frg 128 (TW), lts 46 (TW), frg 129 (TW), lts 47 (TW), frg 130 (TW), lts 48 (TW), lts 49 (TW), frg 131 (SR | MJ), lts 50 (SR), frg 132 (SR), frg 133 (SR), frg 134 (SR), frg 135 (TW), frg 136 (SR), lts 51 (SR), frg 137 (TW), frg 138 (TW), lts 52 (TW), frg 139 (TW), lts 53 (TW), frg 140 (TW), frg 141 (SR), frg 142 (SR), frg 143 (SR), frg 144 (SR)

2.4 Wettbewerb und Werbung im Internet:

fll 8 (FS | SR), frg 145 (SR | FS), lts 54 (FS | SR), frg 146 (SR | FS), frg 147 (SR), frg 148 (SR | FS), frg 149 (FS | SR), frg 150 (SR | FS), frg 151 (SR | FS), frg 152 (SR | FS), frg 153 (SR | FS), frg 154 (SR), frg 155 (SR), lts 55 (FS | SR), frg 156 (SR), lts 56 (SR), frg 157 (SR), lts 57 (SR), frg 158 (SR), lts 58 (FS | SR), frg 159 (SR | FS), frg 160 (KS), frg 161 (KS), lts 59 (SR), frg 162 (KS), lts 60 (KS), frg 163 (KS), lts 61 (SR), frg 164 (KS), lts 62 (KS), frg 165 (KS), frg 166 (KS), frg 167 (KS), frg 168 (KS), frg 169 (KS), lts 63 (SR), frg 170 (KS), frg 171 (KS), lts 64 (SR), frg 172 (KS), lts 65 (KS), frg 173 (TW), frg 174 (TW), lts 66 (TW), frg 175 (TW), frg 176 (TW), lts 67 (SR), frg 177 (TW), lts 68 (TW), frg 178 (TW), frg 179 (TW | SR), frg 180 (TW), lts 69 (SR)

2.5 Vertragsschluss im Internet:

fll 9 (SR), frg 181 (SR), frg 182 (SR), frg 183 (SR | MJ), lts 70 (SR), frg 184 (SR | MJ), lts 71 (SR), frg 185 (MJ), frg 186 (SR), frg 187 (SR), frg 188 (SR | MJ), frg 189 (SR), frg 190 (SR | MJ), frg 191 (SR), frg 192 (SR), frg 193 (SR | FS), frg 194 (SR), frg 195 (SR | MJ), frg 196 (SR), frg 197 (SR | MJ), frg 198 (SR), frg 199 (SR), frg 200 (SR), frg 201 (SR | MJ), frg 202 (SR), frg 203 (SR | MJ), frg 204 (SR), frg 205 (SR | MJ), frg 206 (SR), frg 207 (SR | MJ), frg 208 (SR | MJ), frg 209 (SR | MJ)

2.6 Schutz der Kundendaten:

fll 10 (FS | SR), frg 210 (SR | FS), frg 211 (SR | FS), frg 212 (SR), frg 213 (SR), frg 214 (SR | FS), frg 215 (SR), frg 216 (SR), frg 217 (SR), frg 218 (SR | FS), frg 219 (SR | FS), frg 220 (SR), frg 221 (SR | FS), lts 72 (FS | SR), frg 222 (SR), frg 223 (SR | FS)

Anhang

mst 1 (SR | FS)

Inhalt

1. Internet-Recht für Nutzer   16

Abkürzungsverzeichnis

Abs.	Absatz
Alt.	Alternative
bzw.	beziehungsweise
dt.	deutsch
engl.	englisch
EU	Europäische Union
ff.	fortfolgende
ggf.	gegebenenfalls
Nr.	Nummer
S.	Satz
vgl.	vergleiche
z. B.	zum Beispiel

Vorwort

Über die Hälfte der deutschen Bevölkerung nutzt inzwischen das Internet. Neben der Kommunikation und der Information hat die kommerzielle Nutzung des Internet überragende Bedeutung gewonnen.

Der früher gerne, aber schon damals fälschlich als rechtsfrei bezeichnete Raum des Internet ist seit Erscheinen des *Ratgebers Online-Recht* (Hg. Dr. Stefan Ricke) im Humboldt-Verlag vor inzwischen sieben Jahren weiter reglementiert worden. Insbesondere die fortschreitende Harmonisierung des EU-Binnenmarktes und der umfassende Verbraucherschutz schlagen sich in einer verwirrenden Vielzahl von Regeln und Vorschriften nieder.

Deshalb hat sich *Der große Humboldt-Ratgeber Internet-Recht* das Ziel gesetzt, Wege durch das Paragrafen- und Entscheidungsdickicht des Internet-Rechts zu schlagen.

Wir danken Frau Kirsten Glückert für das Lektorat, Herrn Rechtsreferendar Alexander Schmolke für seine Mithilfe und dem humboldt-Verlag für die vertrauensvolle Zusammenarbeit. Unser Dank gilt auch Herrn Prof. Dr. Maximilian Herberger vom Institut für Rechtsinformatik der Universität des Saarlandes in Saarbrücken, dessen Entscheidungssammlung unter *http://www.jurpc.de* Urteile zum Internet-Recht umfassend dokumentiert.

Der Herausgeber ist dankbar für Tipps und Hinweise, insbesondere auch im Hinblick auf neue Urteile zum Internet- und Internetdomain-Recht. Sie erreichen den Herausgeber unter der E-Mail-Adresse *info@dr-ricke.de*

Der Herausgeber und die Autoren,
Berlin im Juli 2005

Einleitung

Der große Humboldt-Ratgeber Internet-Recht unternimmt den Versuch, das Internet-Recht aus Sicht von Internetnutzern und Internetanbietern möglichst einfach und anschaulich darzustellen. Hierbei wird das bewährte System der FAQ (Frequently asked questions = häufig gestellte Fragen) eingesetzt.

Hinsichtlich des Internetnutzers liegt der Schwerpunkt auf Rechtsfragen rund um das Einkaufen und Ersteigern im Internet. Im Hinblick auf die Internetanbieter werden insbesondere Themen rund um den Internetdomain-Namen, den Internetauftritt sowie Fragen rund um den E-Commerce behandelt. Besonders berücksichtigt werden die Belange der Freiberufler.

Jedes der zehn Kapitel wird durch einen praktischen Fall eingeleitet. Viele Antworten werden durch Tipps für die Praxis sowie durch Hinweise auf wichtige gerichtliche Entscheidungen ergänzt. Sie können die zitierten Urteile fast ausnahmslos in der Entscheidungssammlung des Instituts für Rechtsinformatik der Universität des Saarlandes unter *http://www.jurpc.de* kostenlos im Volltext nachlesen. Die Fundstellen sind jeweils mit Links dokumentiert.

Am Ende des Buches finden Sie das Muster für einen Lizenzvertrag, mit dem Sie Nutzungsrechte an fremden Gestaltungselementen für die Verwendung auf Ihrer Website einholen können.

Unter *http://www.LawGuide.de* gelangen Sie im Internet auf die Website zu diesem Buch. Dort finden Sie unter anderem die in diesem Ratgeber zitierten Links, Hinweise zu vertiefender Literatur sowie in unregelmäßigen Abständen Aktualisierungen zu den nachfolgenden Fragen und Antworten.

[Wichtiger Hinweis für den Leser] Alle Angaben in diesem Buch wurden von Autoren und Verlag sorgfältig geprüft. Die Autoren haben sich nach bestem Wissen um die inhaltliche Richtigkeit ihrer Ausführungen bemüht, die wegen der Komplexität der gesetzlichen Regelungen, widersprüchlicher Gerichtsentscheidungen, ungeklärter Rechtsfragen und den Besonderheiten jedes Einzelfalles aber nicht verbindlich, sondern nur als persönliche Einschätzungen der Autoren zur allgemeinen Rechtslage zu werten sind. Deshalb kann eine Gewähr nicht übernommen werden. Insbesondere erhebt dieser Ratgeber keinen Anspruch auf Vollständigkeit. Auch ist das Internet-Recht ein junges und dynamisches Rechtsgebiet, das sich ständig ändert. Bei Fragen zum aktuellen Stand von Gesetzgebung und Rechtsprechung wenden Sie sich bitte an den Herausgeber und die Autoren.

1. Internet-Recht für Nutzer

[Fall 1] *Der eingefangene Dialer*

A betreibt ein Telekommunikationsnetz und stellt seinen Kunden Telefon-
anschlüsse zur Verfügung. Der Kunde B schließt mit dem Netzbetreiber A
einen Vertrag über die Bereitstellung eines ISDN-Anschlusses. Laut Vertrag
sind die für die Inanspruchnahme des Anschlusses vereinbarten Tarife auch
dann zu zahlen, wenn der Anschluss des B durch einen Dritten benutzt wird
und B diese Nutzung zu vertreten hat.

Nach einiger Zeit erhält B eine Telefonrechnung über 7500 Euro. Wie sich
herausstellt, hatte sich durch das Herunterladen einer scheinbar ungefährli-
chen Datei auf dem Computer des B heimlich ein Dialer installiert, der seit
diesem Zeitpunkt sämtliche Verbindungen ins Internet unbemerkt über eine
0190-Nummer aufbaute.

Kann A von B Zahlung für die über den Dialer aufgebauten Internet-Verbindungen verlangen?

[Lösung nach Frage 3]

1.1 Surfen und Mailen im Internet

1.1.1 Zugang ins Internet

[Frage 1] Wie komme ich ins Internet?

Die einfachste Möglichkeit, Zugang zum Internet zu erhalten, ist Internet-by-Call. Hier haben Sie ohne Vertragsbindung die Möglichkeit, unkompliziert und auch recht günstig im Internet zu surfen. In den meisten Fällen müssen Sie lediglich von der Website des Internet-by-Call-Anbieters eine kostenlose Software herunterladen. Diese installiert auf Ihrem Desktop eine kleine Grafik. Bei deren Anklicken wählt sich Ihr Computer dann automatisch bei dem Internet-by-Call-Anbieter ein und Sie sind im Internet. Bei der Wahl des Internet-by-Call-Anbieters sollten Sie insbesondere darauf achten, wie hoch die Tarife zu den von Ihnen üblicherweise genutzten Tageszeiten sind und ob eine Einwahlgebühr erhoben wird. Häufig bieten Ihnen die Anbieter von Internet-by-Call auch eine kostenlose E-Mail-Adresse. Wenn Sie häufiger im Internet surfen, kann der Abschluss eines festen Vertrages mit einem Zugangsprovider kostengünstiger sein. Hier zahlen Sie meistens eine monatliche Grundgebühr sowie Verbindungsgebühren. Wenn Sie außerdem auf einen möglichst schnellen Internet-Zugang Wert legen, könnte auch ein DSL-Highspeed-Zugang für Ihre Zwecke geeignet sein. Eine so genannte Flatrate ermöglicht Ihnen hierbei zeitlich unbegrenztes Surfen zum Pauschalpreis.

Tipp

Sie finden im Internet Tarifrechner, die Ihnen die günstigsten Tarife für Ihren Internet-Zugang berechnen, z. B. unter *http://www.netguide.de*.

1.1.2 Schutz vor Dialern

[Frage 2] Was sind Dialer und wie kann ich mich davor schützen?

Mit Dialer wird ein kleines Programm bezeichnet (wie andere Programme erkennbar an der exe-Dateierweiterung), das sich nach seiner Installation über das Modem oder die ISDN-Karte des Rechners selbst ins Internet einwählt

(»dial-up«). Gleichzeitig wird die vom Nutzer normalerweise genutzte Internet-Verbindung getrennt. Die durch
den Dialer-Einsatz ausgelösten Telefongebühren sind von
der Zugangsnummer abhängig, die der Dialer bei der Einwahl verwendet. Ursprünglich wurden Dialer für eine ver-
einfachte Abrechnung von Mehrwertdiensten wie kosten-
pflichtiger Software, Abruf von Zeitungsartikeln oder
Nachrichtendiensten und andere Dienstleistungen im Internet konzipiert. Durch einen Dialer vermittelte Mehrwertdienste werden unkompliziert mit der nächsten Telefonrechnung abgerechnet. Die im E-Commerce alternativ
verwendeten Zahlungsmethoden sind weitaus weniger
komfortabel und aus Gründen des Datenschutzes bedenk-
lich, da der Nutzer beispielsweise seine Kreditkartennummer angeben oder dem Dienste-Anbieter eine Einzugser-
mächtigung erteilen muss. In der Praxis überwiegt
demgegenüber der missbräuchliche Einsatz von Dialern
insbesondere – aber nicht nur! – im Zusammenhang mit
Erotikangeboten. Beim Aufrufen betrügerischer Seiten
startet der Download des Dialer-Programms, ohne dass der
Nutzer hierüber informiert wird. Anschließend wählt sich
der Dialer automatisch entweder wiederum ohne Unter-
richtung des Nutzers oder mit irreführenden Angaben
über teure Mehrwertnummern ins Netz ein. Der Surfer
merkt erst an einer weit überhöhten Telefonrechnung, dass
er sich einen Dialer »eingefangen« hat.

Bisher mussten nur Nutzer von DSL-Zugängen keine Dialer fürchten, da es hier wegen des permanenten Internet-
Zugangs (mit »Flatrate«) an der Einwahl fehlt, die der Dialer zwingend benötigt. Finden auch Flatrate-Nutzer eine
teure Dialer-Einwahl auf ihrer Telefonrechnung, haben sie
zumeist übersehen, dass sie neben dem DSL-Zugang auch
über eine konventionelle Internet-Verbindung verfügen.
Und seit Anfang 2005 befindet sich die Abrechnungsme-
thode des IP-Billing oder IP-Payment auf dem Markt, die
in Zukunft voraussichtlich auch den Nutzern von DSL-
Zugängen zusetzen wird.

Tipp: Vorkehrungen gegen Dialer

▮ Regelmäßige Sicherheitsupdates des Betriebssystems vornehmen

▮ Antispy-Software verwenden (z. B. XP-Anti-Spy, Spy-Bot o. ä.)

▮ Bei Verwendung des Internet-Explorer alles, was mit Active-X zu tun hat, ausschalten: *Extras → Internetoptionen → Sicherheit → Internet → Stufe anpassen.* Andere Browser benutzen kein Active-X.

▮ Wer ganz sicher sein will, kann auch Java ausschalten

▮ Die Verbindung zum DFÜ-Netzwerk nicht automatisch herstellen lassen, am besten das Kennwort nicht abspeichern

▮ Bei Windows XP nicht als »Administrator« surfen

▮ Bei Windows XP den Nachrichtendienst deaktivieren: *Start → Einstellungen → Systemsteuerung → Verwaltung → Computerverwaltung → Dienste → Nachrichtendienst → Eigenschaften → Starttyp: Deaktiviert → Übernehmen*

▮ Bei Telefonanlagen die Erlaubnisliste oder einen Hardware-Dialer-Blocker nutzen

▮ Bei der Telefongesellschaft teure Service-Nummern sperren lassen, vor allem 0190/0900-Nummern

▮ Beim Surfen auf unbekannte Symbole in Taskleiste achten

▮ Finger weg, wenn per E-Mail Programme zugeschickt oder zum Download angeboten werden oder beim Surfen »OK«-Eingabeabfragen auftauchen, deren Funktion Sie nicht kennen

▮ Regelmäßige Kontrolle der Ordner »Downloaded Program Files«, »Temporary Internet Files« und des DFÜ-Netzwerks

▮ Software-Dialer-Blocker verwenden, wie z. B. *Yet Another Warner*

▮ Telefongebühren mit einer monatlichen Obergrenze versehen

▮ Ungekürzte Einzelverbindungsnachweise bei der Telefongesellschaft anfordern

▮ Das E-Mail-Programm mit einem Spam-Filter versehen

▮ E-Mails von unbekannten Absendern in Zweifelsfällen sicherheitshalber nicht öffnen, sondern sofort löschen

[Frage 3] Muss ich meine Telefon-rechnung bezahlen, wenn dort eine 0190-Nummer aufge-führt ist, weil sich auf der Festplatte meines Compu-ters ohne mein Wissen ein Dialer eingenistet hat?

Nein. Der Bundesgerichtshof hat 2004 entschieden, dass ungewollte Dialer-Einwahlen vom Anschlussinhaber nicht bezahlt werden müssen. Zwischen dem Dialer-Anbieter und dem Nutzer kommt kein Vertrag zustande. Ebenso wenig greift ein eigener Anspruch des Telefonnetzbetrei-bers gegen den Anschlussinhaber durch, selbst wenn er – wie im entschiedenen Fall – in seinen Allgemeinen Ge-schäftsbedingungen (AGB) die Vergütungspflicht für den Fall auf den Kunden abwälzt, dass sein Anschluss durch Dritte benutzt wurde und der Kunde diese Nutzung zu vertreten hat. Aber ganz so einfach ist die Sache wegen der Beweislastverteilung im Prozess dennoch nicht: Denn letztlich müssen Sie, wenn Sie eine überhöhte Telefonrech-nung erhalten, selbst den Nachweis führen, dass die Instal-lation bzw. die Einwahl ohne eigenes Wissen und Wollen erfolgt ist. Sie sollten deshalb – erforderlichenfalls unter Hinzuziehung fachkundiger Hilfe – das Dialer-Programm auf der Festplatte unschädlich machen, sichern und – wenn möglich – brauchbare Screenshots anfertigen.

Tipp

Widersprechen Sie der überhöhten Telefonrechnung fristgerecht nach Zugang. Bezahlen Sie aber auf jeden Fall den unstreitigen Betrag.

[Entscheidung 1] Bundesgerichtshof
Urteil vom 4. März 2004 | III ZR 96/03 | Heimlicher Dialer

Der Telekommunikations-Kundenschutzverordnung (TKV) ist der Rechtsgedanke zu entnehmen, dass ein Anschlussinhaber nicht das Risiko der heimlichen Installation eines Dialers trägt, der für den Nutzer unbemerkbar die Verbindung zum Internet über eine Mehrwertdienste-Nummer herstellt. Genießt ein Netzbetreiber den wirt-schaftlichen Nutzen aus einem von ihm mitveranlassten missbrauchsanfälligen Sys-tem, ist es angemessen, ihn die Risiken des Missbrauchs tragen zu lassen, die seine Kunden nicht zu vertreten haben.

Der Anschlussnutzer muss den Computer nicht routinemäßig auf Dialer überprüfen, solange er keine besonderen Verdachtsmomente für einen Missbrauch hat. Er ist auch nicht gehalten, ohne konkrete Anhaltspunkte für einen Missbrauch vorsorglich alle Mehrwertdienste-Nummern sperren zu lassen.

[http://www.jurpc.de/rechtspr/20040179.htm]

[Lösung Fall 1] Sachverhalt vor Frage 1

A kann von B kein Entgelt für die über den Dialer aufgebauten Internet-Verbindungen verlangen.

A steht kein eigener vertraglicher Anspruch zu, da der Missbrauch des Anschlusses des B in die Risikosphäre des A fällt und B den Aufbau der Internet-Verbindungen durch den Dialer nicht zu vertreten hat.

Zwar entfällt eine Zahlungspflicht des B nach dem Wortlaut des Vertrages nur dann, wenn der Anschluss des B durch einen Dritten benutzt wurde und der B dies nicht zu vertreten hat. Aber der Vertrag zwischen A und B ist unter Berücksichtigung der Telekommunikations-Kundenschutzverordnung (TKV) auszulegen. Gemäß § 16 Abs. 3 S. 3 TKV ist der Netzbetreiber nicht berechtigt, Verbindungsentgelte zu fordern, soweit der Netzzugang in vom Kunden nicht zu vertretenden Umfang genutzt wurde oder Tatsachen die Annahme rechtfertigen, dass die Höhe der Verbindungsentgelte auf Manipulationen Dritter an öffentlichen Telekommunikationsunternehmen zurückzuführen ist. Danach fällt es in die grundsätzliche Risikosphäre des Netzbetreibers, wenn sich ein Dritter durch Zugriff auf einen Telefonanschluss zu Lasten von dessen Inhaber Nutzungsvorteile verschafft. Diese Risikoverteilung ist auch angemessen, da der Netzbetreiber mit der Eröffnung des Zugangs zu den über 0190- und 0900-Nummern angebotenen Diensten Dritter (so genannte Mehrwertdienste) wegen deren besonderer Missbrauchsanfälligkeit ein besonderes Risiko für seine Kunden veranlasst. Dies gilt um so mehr, als der Netzbetreiber aus der Herstellung der Verbindung zu den Mehrwertdiensten wirtschaftliche Vorteile zieht.

B hat den Aufbau der Internet-Verbindungen über den Dialer auch nicht zu vertreten. Ohne besondere Verdachtsmomente für einen Missbrauch brauchte B weder zu prüfen, ob sich in seinem Computer ein Dialer eingenistet hatte noch war er z. B. verpflichtet, ein Dialer-Schutzprogramm einzusetzen oder aber den Zugang zu Mehrwertdiensten durch A sperren zu lassen.

Der A kann aber auch keine Ansprüche im Namen des den Dialer verbreitenden Drittanbieters erheben, da ein solcher nicht besteht. Denn durch das heimliche Installieren des Dialers kann B dem Drittanbieter jedenfalls einen Schadensersatzanspruch wegen vorsätzlicher sittenwidriger Schädigung gemäß § 826 des Bürgerlichen Gesetzbuches (BGB) entgegenhalten, so dass der B so zu stellen ist, als ob vertragliche Beziehungen nicht bestünden.

1.1.3 Cookies auf der Festplatte

[Frage 4] Was sind eigentlich Cookies und welche Informationen über mich werden damit übermittelt? Websites, die Sie besuchen, können so gestaltet sein, dass sie eine spezielle Datei auf Ihrem Computer anlegen, in welche Informationen über den Besuch der Website geschrieben werden. Wenn Sie beispielsweise einen Online-Shop aufsuchen und Gegenstände in Ihren virtuellen Einkaufskorb legen, sich dann jedoch nicht sofort zum Kauf entschließen, so ermöglicht die Cookie-Technologie, dass Sie bei einem späteren Besuch der Website die Gegenstände wieder in Ihrem Einkaufskorb vorfinden. Denn der Shop-Website werden bei Ihrem erneuten Besuch die Informationen über Ihren ersten Besuch gesendet, welche sich in der auf Ihrer Festplatte gespeicherten Cookie-Datei befinden.

Man unterscheidet Cookies, die nur für die Dauer des Besuchs einer Website gespeichert werden (so genannte Sitzungs-Cookies) von solchen Cookies, welche dauerhaft bzw. über den Besuch der Website hinaus auf der Festplatte des Nutzers gespeichert werden (so genannte persistente Cookies). Die Letzteren ermöglichen z. B., Interessen- und Nutzungsprofile des Nutzers zu erstellen.

Problematisch sind vor allem die dauerhaft gespeicherten Cookies und zwar dann, wenn in ihnen personenbezogene und sensible Daten gespeichert werden. Teilweise werden dort nämlich Informationen gespeichert, die der Nutzer während der Kommunikation mit der besuchten Website preisgibt, z. B. Namen und Anschrift oder sogar die Kreditkartendaten. Selbst wenn der Nutzer beim Besuch der Website keine Informationen über sich preisgibt, kann es sein, dass in der Cookie-Datei jedenfalls die Internet-Protokoll-Adresse (IP-Adresse), mit welcher der Rechner des Nutzers im Internet identifiziert wird, gespeichert wird. Problematisch ist dies insbesondere dann, wenn der Rechner des Nutzers nicht nur mittels einer dynamisch vergebenen (das heißt bei jeder Einwahl ins Internet neu vergebenen) IP-Adresse identifiziert wird, sondern anhand einer fest vergebenen IP-Adresse.

Problematisch ist nicht nur, dass die in der Cookie-Datei gespeicherten Daten beim nächsten Besuch der Website erneut gesendet werden, ohne dass der Nutzer dies merkt, sondern auch, dass in der Cookie-Datei sensible Daten gespeichert sein können, welche unverschlüsselt und damit vor dem Zugriff Dritter nicht sicher sind.

Tipp

■ Akzeptieren Sie Cookies nur von seriösen Websites.

■ Geben Sie bei der Kommunikation mit Websites, die Cookies einsetzen, keine sensiblen Informationen preis.

■ Um sich gegen heimlich gesetzte Cookies zu schützen, können Sie in Ihrem Browser typischerweise eine Option wählen, welche das Setzen von Cookies nicht zulässt. Allerdings kann es sein, dass Sie in solchen Fällen die Dienste von Websites, die Cookies einsetzen, nicht nutzen können.

■ Sehr wahrscheinlich befinden sich die auf Ihrem Computer gespeicherten Cookie-Dateien in einem Ordner namens »Cookies«, den Sie mit Ihrer Datei-Suchfunktion lokalisieren können. Sie können die Cookie-Dateien mit einem einfachen Editor-Programm öffnen und prüfen, ob beispielsweise auch Ihr Name oder andere sensible Daten abgespeichert wurden. In diesem Fall löschen Sie die Datei einfach.

1.1.4 Betrug beim Online-Banking

[Frage 5] Hafte ich gegenüber meiner Bank für den Missbrauch meiner Zugangsdaten, wenn ich über den Link in einer gefälschten E-Mail auf die mit der Website meiner Bank täuschend ähnlichen Website eines Betrügers geleitet werde und dort meine Zugangsdaten eingebe (so genanntes Phishing)?

Phishing lässt sich als das strafbare Unterfangen bezeichnen, Nutzern durch personenbezogene E-Mails die Zugangsdaten für sicherheitsrelevante Bereiche zu entlocken. Haftungsrechtlich ist beim Phishing noch vieles ungeklärt.

Immerhin hat das Oberlandesgericht Naumburg dem Verkäufer in einer Internet-Auktion die Beweislast für das Zustandekommen eines Kaufvertrages aufgebürdet, weil der Geschädigte schlüssig den Missbrauch seiner Zugangsdaten darlegen konnte. Andererseits werden Ihnen viele Gerichte den die Haftung begründenden Fahrlässigkeitsvorwurf kaum ersparen, wenn Sie Ihre Zugangsdaten auf eine Anfrage weitergeben, die offensichtlich von Datenfälschern stammt, weil sich Ihre Bank unter keinen Umständen in dieser Form an Sie wenden würde. Dies hat zur Folge, dass die Bank den fehlgeleiteten Betrag unter Umständen nicht erstatten muss und Sie auf eine Kulanzregelung angewiesen sind. Der Sachverhalt ähnelt den Fällen, in denen der Kunde einem Fremden leichtfertig seine Geldkarte mit der persönlichen Identifikationsnummer (PIN) aushändigt. Inzwischen gibt es jedoch auch Phishing-Methoden, die Sicherheitslücken bei den Online-Banking-

Unternehmen ausnutzen. In diesem Fall wäre Ihre Bank verantwortlich. Sofern Sie also eine ungewöhnliche Anfrage erhalten, meist per E-Mail im HTML-Format mit der Aufforderung, unverzüglich personenbezogene Daten mitzuteilen, sollten Sie sich bei Ihrem Geschäftspartner zunächst rückversichern, ob es mit diesem Anliegen seine Richtigkeit hat. E-Commerce-Unternehmen wie *eBay* bieten inzwischen einen eigenen Dienst an, der überprüft, ob angebliche E-Mails oder der Webauftritt des Unternehmens (so genannte Spoof-Site) gefälscht sind.

Tipp

Hilfreiche Hinweise zum Thema »Phishing« finden Sie z. B. unter *http://www.sicherheit-online.net*.

[Entscheidung 2] Oberlandesgericht Naumburg
Urteil vom 2. Februar 2004 | 9 U 145/03 | Ausspähen von Passwörtern im Zusammenhang mit Internet-Auktionen

Es ist gerichtsbekannt, dass die Nutzung des Internet wegen der Möglichkeit, auch ein ordnungsgemäß geschütztes Passwort »auszuspähen« und rechtswidrig zu Lasten des Inhabers zu nutzen, mit Gefahren verbunden ist. Hat der Beklagte schlüssig dargelegt, dass es zu einer missbräuchlichen Nutzung seines Passwortes gekommen sein kann, obliegt dem Kläger der Nachweis, dass der Beklagte tatsächlich Vertragspartner geworden ist.

1.1.5 Herunterladen von Musikdateien

[Frage 6] Ist es strafbar, wenn ich im Rahmen einer Musik-Tauschbörse Musikdateien aus dem Internet herunterlade? Ja. Das Anbieten und Herunterladen von urheberrechtlich geschützten Musik- oder auch Filmdateien ohne Einverständnis des Berechtigten ist nach § 106 des Urheberrechtsgesetzes (UrhG) strafbar. Da die Musikindustrie grundsätzlich nicht mit der Vervielfältigung und Verbreitung ihrer Titel durch Dritte einverstanden ist, sind die so genannten p2p-Filesharing-Börsen als »offensichtlich rechtswidrige Quelle« im Sinne des Urheberrechts zu qualifizieren. Die Nutzer von solchen Tauschbörsen bleiben nur im

Bagatellfall straflos. Wo die Bagatellgrenze liegt, ist noch nicht abschließend geklärt. Vom Amtsgericht Cottbus wurde ein Auszubildender, der bei einer Internet-Tauschbörse nachweislich 272 urheberrechtlich geschützte Musiktitel ohne Erlaubnis der jeweiligen Rechte-Inhaber angeboten hatte, wegen Verletzung des § 106 Abs. 1 UrhG als illegaler Musikanbieter rechtskräftig zu 80 Tagessätzen Geldstrafe verurteilt. Außerdem verpflichtete er sich zivilrechtlich im Vergleichswege zur Leistung von 8000 Euro Schadensersatz.

[Entscheidung 3] Amtsgericht Cottbus
Urteil vom 6. Juni 2004 | 95 Ds 1653 Js 15556/04 (57/04) | Musikpiraterie

Das Kopieren und Anbieten von Musikdateien unter Nutzung einer Internet-Tauschbörse stellt ohne Einverständnis des Rechte-Inhabers auch deswegen eine bewusste Urheberrechtsverletzung dar, weil davon auszugehen ist, dass der Täter die seit einiger Zeit diesbezüglich öffentlich in den Medien geführte Debatte zur Kenntnis genommen hat.

[*http://www.jurpc.de/rechtspr/20040236.htm*]

1.1.6 Verschlüsselung von E-Mails

[Frage 7] Wie kann ich meine E-Mails vor dem Zugriff Dritter schützen?

E-Mails bieten nur einen geringen technischen Schutz davor, dass sie durch Dritte mitgelesen werden, z. B. durch Mitarbeiter von Providern. Es gibt jedoch Programme, die es ermöglichen, E-Mails so zu verschlüsseln, dass ausschließlich der Empfänger die E-Mail entschlüsseln und lesen kann. Ein weit verbreitetes Programm ist z. B. *Pretty Good Privacy (PGP)*, zu finden unter *http://www.pgp.com*. Der Nachteil ist allerdings, dass auch der Empfänger der E-Mail über die entsprechende Verschlüsselungssoftware verfügen muss.

Die Verschlüsselung von E-Mails ist auch noch nach Inkrafttreten der Telekommunikations-Überwachungsverordnung (TKÜV) am 1. Januar 2005, welche Provider mit einer größeren Anzahl von Kunden verpflichtet, technische Einrichtungen zur E-Mail-Überwachung vorzuhalten, zulässig.

Informationen zur Verschlüsselung des Datenverkehrs finden Sie auch auf der Website des Bundesamtes für Sicherheit in der Informationstechnik unter *http://www.bsi.de*.

Tipp

Nehmen Sie in die Fußzeile Ihrer E-Mail jedenfalls einen Hinweis auf, dass die E-Mail und die beigefügten Dateien vertraulich und nur für den Empfänger bestimmt sind.

1.2 Kaufen und Buchen im Internet

[Fall 2] *Der widerrufene Kaufvertrag*

A vertreibt im Wege des Online-Versandhandels Computer, welche nach einem Baukastensystem nach den individuellen Wünschen seiner Kunden zusammengesetzt werden. Der Endverbraucher B bestellt bei A ein Notebook, angepasst auf seine individuellen Bedürfnisse, und überweist absprachegemäß die Hälfte des Preises vorab. Obwohl das dem B gelieferte Notebook ohne Einschränkung funktionstüchtig ist, widerruft B den Vertrag ohne Angaben von Gründen schriftlich.

A ist der Auffassung, dass ein Widerruf wegen der individuellen Konfiguration des gelieferten Notebooks ausgeschlossen sei. Kann B von A Rückzahlung des überwiesenen Betrages verlangen?

[Lösung nach Frage 12]

1.2.1 Allgemeine Geschäftsbedingungen

[Frage 8] Was sollte ich bei einem Vertragsschluss im Internet stets tun? Wenn Sie im Internet, z. B. bei einer Bestellung, einen Vertrag schließen, über den es später zu einem Rechtsstreit kommt, ist es wichtig zu wissen, welchen Inhalt der geschlossene Vertrag hatte. Häufig benutzen Website-Betreiber Allgemeine Geschäftsbedingungen (AGB), welche sie von Zeit zu Zeit ändern und anpassen. Daher ist es für den Fall eines Rechtsstreits wichtig zu wissen, welchen Inhalt die AGB zum Zeitpunkt des Vertragsschlusses besaßen. Daher sollten Sie die AGB-Version Ihres Vertragspartners im Zeitpunkt des Vertragsschlusses ausdrucken. Am besten lassen Sie an dem Bestellvorgang einen Zeugen teilnehmen, der dann den Ausdruck der AGB zum Zeitpunkt des Vertragsschlusses bestätigen kann, z. B. durch einen handschriftlichen Vermerk auf dem Ausdruck.

Tipp

Beim Ausdruck sollten Sie die Druckoption nutzen, bei welcher auch gleichzeitig der Tag des Ausdrucks vermerkt wird.

1.2.2 Zahlungs-Alternativen im Internet

[Frage 9] Welches Risiko gehe ich ein, wenn ich meine Internet-Bestellung per Kreditkarte bezahle? Die Zahlung per Kreditkarte stößt bei deutschen Kunden wegen möglicher Missbrauchsgefahr nach wie vor auf Vorbehalte. Ob Sie bei einer Kreditkartenzahlung ein Haftungsrisiko eingehen, hängt von den Vertragsbedingungen des Kartenausstellers ab. Allerdings haftet typischerweise der Aussteller der Kreditkarte, also in der Regel Ihre Bank, für Falschbuchungen, Datendiebstahl und vorsätzlichen Missbrauch durch einen Händler. Dies ergibt sich aus § 676 h des Bürgerlichen Gesetzbuches (BGB). Hiernach kann der Kartenaussteller Aufwendungsersatz für die Verwendung von Zahlungskarten oder von deren Daten nur verlangen, wenn diese nicht von einem Dritten missbräuchlich verwendet wurden.

Allerdings ist durch die Regelung des § 676 h BGB nicht ausgeschlossen, dass der Kartenaussteller gegen den Karteninhaber Schadensersatzansprüche wegen schuldhafter Verletzung vertraglicher Pflichten geltend macht. Welche Sorgfaltspflichten im Einzelnen zu beachten sind, können Sie regelmäßig den Allgemeinen Geschäftsbedingungen (AGB) des Kartenausstellers entnehmen.

Tipp

Wenn Sie Ihre Internet-Bestellung per Kreditkarte zahlen wollen, achten Sie in jedem Fall darauf, ob der Online-Shop das Sicherheitsverfahren SSL (Secure Sockets Layer) (dt. sichere Sockelschicht) einsetzt. Dieses erkennen Sie entweder an dem Security-Symbol (Schloss-Symbol) rechts unten im Browser-Fenster oder am Beginn der Internet-Adresse, welche anstelle des bekannten *http://* in diesem Fall *https://* lautet.

Wenn auf Ihrer Kreditkartenabrechnung ein Posten auftauchen sollte, den Sie nicht veranlasst haben, widersprechen Sie gegenüber dem Kartenaussteller sofort.

Informationen rund um die Sicherheit von Zahlungskarten finden Sie unter *http://www.kartensicherheit.de*.

1.2.3 Rechnung per E-Mail

[Frage 10] Kann ich, wenn ich für mein Unternehmen Einkäufe im Internet tätige, die in der per E-Mail erhaltenen Rechnung ausgewiesene Umsatzsteuer als Vorsteuer im Rahmen meiner Steuererklärung geltend machen?

Gemäß § 14 Abs. 1 S. 2 des Umsatzsteuergesetzes (UStG) können Rechnungen, wenn der Empfänger zustimmt, auch auf elektronischem Weg übermittelt werden. An die Zustimmung des Empfängers werden keine hohen Anforderungen gestellt. Sie kann in Form einer Rahmenvereinbarung erklärt oder aber auch stillschweigend gebilligt werden.

Jedoch ist bei elektronischer Übermittlung der Rechnung die Echtheit der Herkunft und die Unversehrtheit des Inhalts zu gewährleisten, z. B. mittels der elektronischen Signatur, vgl. Frage 23. Falls die Rechnung diese Bedingungen nicht erfüllt, kann dies beispielsweise dazu führen, dass das Finanzamt die vom Empfänger der Rechnung geltend gemachte Vorsteuer nicht anerkennt.

1.2.4 Widerruf oder Rückgabe einer Bestellung

[Frage 11] Kann ich einen Gegenstand, den ich im Internet bestellt habe, wieder zurückgeben?

Zum Schutz der Verbraucher vor irreführenden und aggressiven Verkaufsmethoden im Fernabsatz trat im Jahr 2000 das Fernabsatzgesetz in Kraft. Es handelt sich hierbei um die deutsche Umsetzung einer EU-Richtlinie aus dem Jahre 1997 zur Harmonisierung des Fernabsatzes im EU-Binnenmarkt, der so genannten Fernabsatz-Richtlinie. Im Jahre 2002 wurde das Fernabsatzgesetz im Rahmen der Schuldrechtsform in das Bürgerliche Gesetzbuch (BGB) integriert.

Die verbraucherschützenden fernabsatzrechtlichen Bestimmungen kommen bei so genannten Fernabsatzverträgen zur Anwendung. Ein Fernabsatzvertrag ist ein Vertrag über die Lieferung von Waren oder die Erbringung von Dienstleistungen, der zwischen einem Unternehmer und einem Verbraucher unter ausschließlicher Verwendung von »Fernkommunikationsmitteln« abgeschlossen wird. Darunter fallen Bestellungen über Internet, E-Mail, Telefon, Fax und Brief. Demzufolge gelten die fernabsatzrechtlichen Bestimmungen nicht für Verträge zwischen Verbrauchern (z. B. Kleinanzeigengeschäfte, Sammlerbörsen und privaten Internet-Auktionen) und auch nicht zwischen Unternehmen bzw. Kaufleuten.

Die fernabsatzrechtlichen Regelungen gelten auch für Finanzdienstleistungen, sehen insoweit aber regelmäßig Sonderregeln vor, die Sie aus den jeweiligen Vorschriften entnehmen können.

Das Fernabsatzrecht bürdet dem Unternehmer umfangreiche Informationspflichten auf und räumt dem Verbraucher bei Fernabsatzgeschäften gemäß § 312 d Abs. 1 S. 1 BGB in Verbindung mit § 355 BGB ein zweiwöchiges Widerrufsrecht ein. Allerdings gibt es Ausnahmen, bei denen ein Widerrufsrecht nicht gewährt wird. Die Ausnahmen können Sie aus Frage 204 entnehmen. Alternativ zum Widerrufsrecht kann dem Verbraucher bei Verträgen über die Lieferung von Waren gemäß § 312 d Abs. 1 S. 2 BGB in Verbindung mit § 356 BGB ein zweiwöchiges Rückgaberecht eingeräumt werden.

[Frage 12] Bei welcher Art von Bestellungen kann ich meinen Kauf oder meine Bestellung nicht widerrufen?

Sofern die Regeln des Fernabsatzrechts überhaupt zur Anwendung kommen, vgl. Frage 198, besteht selbst dann gemäß § 312 d Abs. 4 des Bürgerlichen Gesetzbuches (BGB) in bestimmten Fällen kein Widerrufsrecht. Dies gilt z. B.: bei Lieferung von Waren, die nach Kundenspezifikation gefertigt oder individuell auf die persönlichen Kundenbedürfnisse abgestimmt sind, Waren, die auf Grund ihrer Beschaffenheit nicht für die Rücksendung geeignet sind, bei leicht verderblichen Waren wie Lebensmitteln, bei Lieferung von CD´s, Software und Videos, wenn die Umhüllung vom Kunden aufgerissen wurde, bei der Lieferung von Zeitungen und Zeitschriften, bei der Erbringung von Dienstleistungen im Bereich Wette und Lotterie, bei echten Versteigerungen – also nicht bei Internet-Auktionen, vgl. Frage 24, oder bei der Erbringung finanzmarktabhängiger Finanzdienstleistungen.

Bei der Erbringung von Dienstleistungen, die keine Finanzdienstleistungen sind, ist ein Widerruf gemäß § 312 d Abs. 3 Nr. 2 BGB insbesondere auch dann ausgeschlossen, wenn der Unternehmer mit der Ausführung der Dienstleistung mit ausdrücklicher Zustimmung des Verbrauchers vor Ende der Widerrufsfrist begonnen hat oder der Verbraucher die Dienstleistung selbst veranlasst hat.

Tipp

Wenn Ihnen nach einer Internet-Bestellung CD's, Software und Videos geliefert werden, reißen Sie nicht sofort die Plastikhülle der versiegelten Ware auf, sondern entscheiden zunächst, ob Sie die Ware behalten wollen oder nicht.

[Entscheidung 4] Bundesgerichtshof
Urteil vom 19. März 2003 | VIII ZR 295/01 | Widerrufsrecht bei
Fernabsatzverträgen

Das Widerrufsrecht eines Verbrauchers ist nicht nach § 312 d Abs. 4 Nr. 1 BGB ausgeschlossen, wenn die Ware im Rahmen eines Fernabsatzvertrages auf Bestellung aus vorgefertigten Standardbauteilen individuell zusammengesetzt wurde, welche sich anschließend mit verhältnismäßig geringem Aufwand ohne Beeinträchtigung ihrer Substanz oder Funktionsfähigkeit wieder trennen lassen.

Die Darlegungs- und Beweislast für das Bestehen eines Ausnahmetatbestandes, nach dem das Widerrufsrecht ausgeschlossen ist, obliegt dem Unternehmer.

[http://www.jurpc.de/rechtspr/20030151.htm]

[Lösung Fall 2] Sachverhalt vor Frage 8

B kann von A Rückzahlung des Vertrages verlangen.

Bei dem zwischen A und B geschlossenen Vertrag handelt es sich um einen Fernabsatzvertrag im Sinne des § 312 b Abs. 1 des Bürgerlichen Gesetzbuches (BGB), da dieser zwischen einem Unternehmer und einem Verbraucher unter ausschließlicher Verwendung von Fernkommunikationsmitteln geschlossen wurde.

Dem B steht ein Widerrufsrecht gemäß § 312 d Abs. 1 S. 1 BGB in Verbindung mit § 355 BGB zu. Dieses ist auch nicht gemäß § 312 d Abs. 4 Nr. 1 BGB ausgeschlossen, wonach ein Widerrufsrecht nicht besteht bei der Lieferung von Waren, die nach Kundenspezifikation angefertigt wurden. Denn ein Ausschluss des Widerrufsrechts nach dieser Bestimmung kommt nur in Betracht, wenn die Rücknahme der gelieferten Ware zu Nachteilen führen würde, welche dem Unternehmer nicht zuzumuten sind. Dies ist vom Unternehmer darzulegen und zu beweisen. Zwar wurde das von B bestellte Notebook nach dessen individuellen Wünschen konfiguriert. Doch wurde das Notebook aus Standardbauteilen zusammengesetzt, welche von A mit verhältnismäßig geringem Aufwand ohne Beeinträchtigung ihrer Substanz oder Funktionsfähigkeit wieder getrennt und anderweitig verwendet werden können.

[Frage 13] Innerhalb welcher Fristen kann ich den Vertrag widerrufen?

Sie können als Verbraucher den Fernabsatzvertrag bei im Internet bestellten Waren dadurch widerrufen, indem Sie dem Internet-Shop binnen 14 Tagen ohne Angabe von Gründen eine entsprechende Mitteilung, auch per E-Mail, schicken oder aber die Ware innerhalb dieser Frist zurückschicken (§ 312 d Abs. 1 S. 1 des Bürgerlichen Gesetzbuches (BGB) in Verbindung mit § 355 Abs. 1 BGB). Zur Wahrung der Frist genügt die Absendung von Mitteilung oder Ware innerhalb der Frist.

Die Widerrufsfrist beginnt, sobald das Unternehmen, bei dem Sie bestellt haben, die ihm obliegenden allgemeinen Pflichten im elektronischen Geschäftsverkehr (§ 312 e Abs. 3 S. 2 BGB in Verbindung mit § 312 e Abs. 1 S. 1 BGB) sowie seine Informationspflichten (§ 312 d Abs. 2 BGB in Verbindung mit § 312 c Abs. 2 BGB) erfüllt hat. Bei der Lieferung von Waren beginnt die Widerrufsfrist frühestens mit dem Tag des Eingangs der Ware beim Kunden (§ 355 Abs. 3 S. 2 BGB).

Daher können Sie Ihre Bestellung beispielsweise auch dann widerrufen, wenn Sie die Zwei-Wochen-Frist verpasst haben, Sie aber nicht ordnungsgemäß über Ihr Widerrufsrecht belehrt wurden.

Falls Ihnen anstelle eines Widerrufsrechts ein Rückgaberecht eingeräumt wurde, können Sie dieses gemäß § 356 Abs. 2 BGB innerhalb der Widerrufsfrist nur durch Rücksendung der Sache – zur Fristwahrung genügt die rechtzeitge Absendung – oder, wenn die Sache nicht als Paket versandt werden kann, durch Rücknahmeverlangen ausüben.

Tipp

Widerrufen Sie nach Möglichkeit per Einschreiben, mindestens aber per Fax, damit Sie einen Nachweis haben, dass Sie die Frist gewahrt haben.

[Frage 14] Kann ich den Fernabsatzvertrag auch dann widerrufen, wenn ich die bestellte Ware vor mehr als zwei Wochen erhalten habe?

Wenn im Rahmen eines Fernabsatzgeschäfts, bei dem ein Widerrufsrecht besteht, vgl. Frage 12, Waren geliefert werden, endet das Recht, den Fernabsatzvertrag zu widerrufen grundsätzlich zwei Wochen nach Eingang der Ware (§ 312 d Abs. 1 S. 1 des Bürgerlichen Gesetzbuches (BGB) in Verbindung mit § 355 Abs. 1 S. 2 BGB und § 355 Abs. 3 S. 2 BGB). Eine Ausnahme besteht beispielsweise dann, wenn Sie nicht oder nicht ordnungsgemäß über Ihr Widerrufsrecht belehrt worden sind. Denn die Widerrufsfrist beginnt gemäß § 312 d Abs. 2 BGB nicht vor Erfüllung der in § 312 c Abs. 2 BGB vorgesehenen Informationspflichten, zu denen auch eine Belehrung über das Widerrufsrecht zählt.

Der Widerrufsfrist beginnt gemäß § 312 e Abs. 3 S. 2 BGB auch nicht zu laufen, solange der Internet-Unternehmer die ihm aus § 312 e Abs. 1 S. 1 BGB obliegenden allgemeinen Pflichten im elektronischen Geschäftsverkehr nicht erfüllt hat.

Tipp

Prüfen Sie, ob Ihr Vertragspartner die ihm obliegenden Pflichten ordnungsgemäß erfüllt hat und insbesondere, ob Sie über Ihr Widerrufsrecht ordnungsgemäß belehrt wurden. Die diesbezüglichen Pflichten des Internet-Unternehmers können Sie aus Fragen 200 ff. entnehmen.

[Frage 15] Muss ich im Falle eines Widerrufs bei Verschlechterung des Kaufgegenstandes Wertersatz leisten?

Grundsätzlich haben Sie im Falle eines Widerrufs für die bestimmungsgemäße Ingebrauchnahme des Kaufgegenstandes keinen Wertersatz zu leisten. Etwas anderes gilt, wenn Sie gemäß § 357 Abs. 3 des Bürgerlichen Gesetzbuches (BGB) spätestens bei Vertragsschluss in Textform, vgl. Frage 182, darauf hingewiesen wurden, dass Sie auch für die bestimmungsgemäße Ingebrauchnahme der Sache Wertersatz leisten müssen. Dies setzt voraus, dass Sie auf eine Möglichkeit hingewiesen wurden, wie Sie die Verschlechterung vermeiden können, z. B. wie Sie die Ware lagern sollten. Allerdings haben Sie keinen Wertersatz zu leisten, wenn die Verschlechterung ausschließlich auf die Prüfung der Sache zurückzuführen ist.

Tipp

Benutzen Sie die Sache so schonend wie möglich, bis Sie sicher sind, dass Sie sie behalten wollen.

[Frage 16] Muss ich das Rückporto beim Zurücksenden bezahlen? Die im Falle des Widerrufs entstehenden Kosten, insbesondere das Rückporto, trägt gemäß § 357 Abs. 2 S. 2 des Bürgerlichen Gesetzbuches (BGB) grundsätzlich der Unternehmer. Allerdings können dem Kunden bei Bestellungen bis zu einem Betrag von 40 Euro die Kosten der Rücksendung vertraglich, z. B. in den Allgemeinen Geschäftsbedingungen (AGB), auferlegt werden. Bei Bestellungen mit einem höheren Preis als 40 Euro können dem Kunden Kosten der Rücksendung nur für den Fall auferlegt werden, dass der Kunde zum Zeitpunkt des Widerrufs noch nicht ganz oder teilweise bezahlt hat.

Sofern Ihnen anstelle eines Widerrufsrechts ein Rückgaberecht eingeräumt wurde, sind die Kosten der Rücksendung in jedem Fall vom Unternehmer zu tragen.

Tipp

Prüfen Sie bereits bei der Bestellung in den AGB des Online-Shops, ob Sie im Falle eines Widerrufs das Rückporto zu tragen haben.

[Frage 17] Wann muss der Online-Shop mir im Falle des Widerrufs den bereits gezahlten Kaufpreis spätestens erstatten? Wenn Sie eine im Voraus bezahlte Ware im Wege des Widerrufs zurücksenden, muss der Verkäufer den Preis unverzüglich erstatten. Sonst werden nach Mahnung (§ 286 Abs. 1 des Bürgerlichen Gesetzbuches (BGB)) bzw. nach Ablauf von 30 Tagen seit der Widerrufserklärung (§ 357 Abs. 1 S. 2 BGB in Verbindung mit § 286 Abs. 3 BGB) Verzugszinsen fällig. Außerdem können Sie Ihre Forderung gerichtlich – im Mahnverfahren oder durch Erhebung einer Klage – durchsetzen. Beachten Sie aber bitte, dass in einigen Bundesländern bei Forderungen, die den Betrag von 750 Euro nicht übersteigen, vor der Erhebung der Klage zunächst eine Schiedsstelle zwingend anzurufen ist, vorausgesetzt, die Parteien wohnen oder haben ihren Sitz oder eine Niederlassung in demselben Bundesland. Die Bundesländer sind nämlich durch § 15 a des Einführungsgesetzes zur Zivilprozessordnung (ZPOEG) ermächtigt, durch Landesgesetz eine derartige obligatorische außergerichtliche Streitschlichtung vorzuschreiben.

Zwingend vorgeschrieben ist dieses Verfahren bislang in den Ländern Baden-Württemberg, Bayern, Brandenburg, Hessen, Nordrhein-Westfalen, Saarland, Sachsen-Anhalt und Schleswig-Holstein. Teilweise ist die obligatorische außergerichtliche Streitsschlichtung aber nur bei Vermögensstreitigkeiten, deren Wert 600 Euro nicht übersteigen, vorgeschrieben. Informationen zur außergerichtlichen Streitschlichtung finden Sie unter *http://www.schiedsamt.de*.

Die obligatorische außergerichtliche Streitschlichtung dient der Entlastung der Gerichte. Der Nachteil der außergerichtlichen Streitschlichtung ist jedoch, dass sich das Verfahren verzögert, wenn es zu keiner außergerichtlichen Einigung kommt.

Tipp

Einen voraussichtlich erfolglosen Versuch der obligatorischen außergerichtlichen Streitschlichtung können Sie umgehen, wenn Sie alternativ ein gerichtliches Mahnverfahren einleiten. Dies ergibt sich aus § 15 a Abs. 2 Nr. 5 ZPOEG in Verbindung mit dem jeweiligen Landesrecht.

[Frage 18] Wie kann ich sicherstellen, dass ich bei Widerruf oder Rückgabe des Kaufgegenstandes den Kaufpreis zurückerhalte?

Wenn Sie von Ihrem Widerrufs- oder Rückgaberecht Gebrauch machen und sicherstellen wollen, den bereits bezahlten Kaufpreis sofort zurückzuerhalten, besteht nach wohl überwiegender Auffassung zwar kein Anspruch auf vorheriger Rückzahlung. Es wird aber vertreten, dass es möglich sei, die Sache per Nachnahme zurückzusenden. Hierbei wird der Gegenstand dem Verkäufer durch den Zustelldienst Zug um Zug gegen Zahlung des erhobenen Nachnahme-Betrages ausgehändigt. Allerdings dürften die hierdurch entstehenden Mehrkosten wohl vom Verbraucher zu tragen sein.

Tipp

Falls Sie den Kaufgegenstand per Nachnahme zurückschicken, sollten Sie den Verkäufer hierüber vorab informieren, um zu vermeiden, dass er die Annahme der Sendung verweigert.

[Frage 19] Worauf muss ich beim Zurücksenden achten?

Die Gefahr der Rücksendung trägt bei Widerruf und ordnungsgemäßer Verpackung durch den Kunden gemäß § 357 Abs. 2 S. 2 des Bürgerlichen Gesetzbuches (BGB) grundsätzlich der Unternehmer. Allerdings haftet der Kunde, wenn er die Ware unsorgfältig verpackt und es hierdurch zu einem Transportschaden kommt.

Tipp

Verpacken Sie die Sache sorgfältig, so dass die Sache beim Transport keinen Schaden erleidet. Verwenden Sie hierbei die Originalverpackungsteile und versuchen Sie, die Sache genauso zu verpacken, wie sie bei Ihnen eingetroffen ist.

[Frage 20] Muss ich Waren, die ich nicht bestellt habe, zurückschicken oder aufbewahren?

Waren, die Ihnen als Verbraucher ohne Bestellung geliefert wurden, brauchen Sie gemäß § 241 a des Bürgerlichen Gesetzbuches (BGB) nicht zurückzuschicken oder aufzubewahren, es sei denn, es ist erkennbar, dass der Zusendung ein Irrtum zu Grunde liegt.

Eine unbestellte Lieferung liegt jedoch nicht vor, wenn Ihnen anstelle der bestellten eine nach Qualität und Preis gleichwertige Leistung angeboten wird und Sie darauf hingewiesen werden, dass Sie zur Annahme nicht verpflichtet sind und die Kosten der Rücksendung nicht zu tragen haben.

1.2.5 Widerruf bei ausländischen Anbietern

[Frage 21] Kann ich die für private Zwecke erfolgte Online-Bestellung eines Designer-Tisches bei einem italienischen Online-Shop widerrufen, wenn der Online-Shop in seinen Allgemeinen Geschäftsbedingungen italienisches Recht für anwendbar erklärt?

Auf die verbraucherschützenden Vorschriften des deutschen Fernabsatzrechtes, z. B. das Widerrufsrecht, können Sie sich auch dann berufen, wenn Sie eine Ware bei einem Internet-Unternehmen bestellen, welches in einem anderen Land der Europäischen Union niedergelassen ist, selbst wenn in den Allgemeinen Geschäftsbedingungen (AGB) italienisches Recht für anwendbar erklärt wurde.

Denn wenn es zu einer Rechtsstreitigkeit kommen würde, wäre gemäß Artikel 5 Nr. 1 der Verordnung (EG) Nr. 44/2001 über die gerichtliche Zuständigkeit und die Anerkennung und Vollstreckung von Entscheidungen in Zivil- und Handelssachen (EuGVVO) das Gericht an Ihrem Wohnsitz, an welchen der Designer-Tisch zu liefern ist, international zuständig. Die EuGVVO hat das Übereinkommen über die gerichtliche Zuständigkeit und die Vollstreckung gerichtlicher Entscheidungen in Zivil- und Handelssachen (EuGVÜ) abgelöst, welches heute nur noch im Verhältnis zu Dänemark gilt, das die EuGVVO nicht übernommen hat.

Das Gericht hätte wegen des internationalen Bezuges des Rechtsstreits zunächst zu ermitteln, ob die deutsche oder die italienische Rechtsordnung zur Anwendung kommt. Hier hilft das so genannte Internationale Privatrecht (IPR), welches für Kollisionen mehrerer Rechtsordnungen Regelungen trifft. Das IPR ist im Einführungsgesetz zum BGB (EGBGB) geregelt.

Zunächst wäre die Anwendbarkeit des UN-Kaufrechts zu prüfen, welches für einheitliche Regeln im internationalen Handelsverkehr zwischen Staaten, die Vertragspartner des Abkommens sind, sorgt. Denn Artikel 3 Abs. 2 EGBGB erklärt Regelungen in völkerrechtlichen Vereinbarungen, soweit sie unmittelbar anwendbares innerstaatliches Recht geworden sind, für vorrangig anwendbar. Sowohl Deutschland als auch Italien sind dem Wiener Abkommen über Verträge über den internationalen Warenkauf (CISG), welches Grundlage des UN-Kaufrechts ist, beigetreten. Im Ergebnis findet das UN-Kaufrecht hier jedoch keine Anwendung, da es nicht anwendbar ist auf den Kauf von Waren für den persönlichen Gerbrauch. Somit kommt es weiter auf die Kollisionsregeln des IPR an.

Gemäß Artikel 29 Abs. 2 EGBGB unterliegen Verbraucherverträge über die Lieferung beweglicher Sachen dem Recht des Staates, in dem der Verbraucher seinen gewöhnlichen Aufenthalt hat, wenn dort geworben wurde. Ein Verbrauchervertrag liegt vor, wenn der Kauf nicht im Rahmen einer beruflichen oder gewerblichen Tätigkeit erfolgt. Hiernach käme also deutsches Recht zur Anwendung, so dass Sie ein Widerrufsrecht besäßen.

Wenn der Online-Shop in seine AGB allerdings eine Klausel aufgenommen hat, wonach das italienische Recht anwendbar sein soll, wäre dies gemäß Artikel 27 EGBGB, der bei vertraglichen Schuldverhältnissen mit internationalem Bezug die freie Rechtswahl erlaubt, grundsätzlich zulässig. Allerdings sieht Artikel 29 Abs. 1 EGBGB eine Ausnahme für Verbraucherverträge vor. Danach dürfen einem Verbraucher durch eine Rechtswahl nicht die zwingenden Bestimmungen des Rechts des Staates, in dem der Verbraucher seinen gewöhnlichen Aufenthalt hat, entzogen werden. Hierzu zählen insbesondere die fernabsatzrechtlichen Regeln des deutschen Rechts, welche gemäß § 312 f des Bürgerlichen Gesetzbuches (BGB) nicht abdingbar sind und damit zwingende Regeln darstellen. Somit könnten Sie sich selbst dann, wenn Sie der Anwendbarkeit des italienischen Rechts zugestimmt haben, auf das in § 312 d BGB vorgesehene Widerrufsrecht berufen. Ergibt sich im Rahmen eines so genannten Günstigkeitsvergleiches, dass das italienische Recht sogar günstigere Verbraucherregeln vorsieht, könnten Sie sich auch auf diese berufen.

Schließlich ist das Ergebnis, dass deutsches Recht anwendbar ist, noch am europäischen Gemeinschaftsrecht zu messen. Denn das in § 4 Abs. 2 des Teledienstegesetzes (TDG) geregelte Herkunftslandprinzip besagt, dass das deutsche Recht den Anbieter eines Teledienstes, der seine Teledienste in Deutschland geschäftsmäßig anbietet, aber in einem anderen Land der Europäischen Union niedergelassen ist, im Vergleich zu seinem Heimatrecht nicht unzulässig beschränken darf. Jedoch kommt das Herkunftslandprinzip hier nicht zur Anwendung. Denn § 4 Abs. 3 TDG sieht zahlreiche Ausnahmen von dem Herkunftslandprinzip

vor. So gilt das Herkunftslandprinzip gemäß § 4 Abs. 3
Nr. 2 TDG nicht für die Vorschriften für vertragliche
Schuldverhältnisse in Bezug auf Verbraucherverträge.

Tipp

Wegen der komplexen Materie sollten Sie bei rechtlichen Problemen mit
einer Online-Bestellung im Ausland besser anwaltlichen Rat einholen.

1.2.6 Auskunftsanspruch zu gespeicherten Daten

[Frage 22] Kann ich vom dem Anbieter eines Teledienstes Auskunft zu den zu meiner Person gespeicherten Daten verlangen?

§ 4 Abs. 7 des Teledienstedatenschutzgesetzes (TDDSG)
bzw. § 20 Abs. 1 des Mediendienste-Staatsvertrages
(MDStV) geben Ihnen das Recht, jederzeit Auskunft zu
den zu Ihrer Person gespeicherten Daten zu verlangen. Die
Auskunft ist unentgeltlich und unverzüglich zu erteilen
und kann, wenn Sie es wünschen, auch elektronisch erteilt
werden.

1.2.7 Digitale Signatur

[Frage 23] Wie kann ich meine Behördengänge mit dem Internet vereinfachen?

Die elektronische Unterschrift ist gemäß § 126 Abs. 3 des
Bürgerlichen Gesetzbuches (BGB) heute grundsätzlich
eine gleichwertige Alternative, wenn durch das Gesetz eine
Schriftform mit eigenhändiger Unterschrift vorgeschrieben
ist. Eine Ausnahme, bei der die elektronische Unterschrift
nicht zugelassen ist, ist beispielsweise der Verbraucherdarlehensvertrag, vgl. Frage 186.

Wer bei gesetzlich vorgeschriebener Schriftform anstelle
der eigenhändigen Unterschrift eine elektronische Unterschrift verwenden möchte, hat gemäß § 126 a Abs. 1 BGB
seiner Erklärung neben seinem Namen eine qualifizierte
elektronische Signatur beizufügen. Mit Hilfe dieser digitalen Signatur soll die Identität des Absenders und die Authentizität, das heißt die Unverfälschtheit der elektronisch
übermittelten Nachricht, sichergestellt werden.

Mit dem Signaturgesetz (SigG) hat der Gesetzgeber die Rahmenbedingungen für elektronische Signaturen geschaffen. Wer eine digitale Signatur haben möchte, beantragt diese unter Hinterlegung einer eigenhändigen Unterschrift bei einer Zertifizierungsstelle, einem so genannten Trust-Center. Daraufhin erhält er seine elektronische Signatur, gespeichert als verschlüsselter Code auf einer Chip-Karte. Um seine digitale Signatur im Rechtsverkehr einsetzen zu können, benötigt man ein spezielles Karten-Lesegerät. Will man eine Internet-Transaktion mit einer digitalen Signatur durchführen, unterschreibt man digital, indem man mittels PIN-Code seine digitale Signatur freigibt.

Zukünftig könnten insbesondere Behördengänge überflüssig werden. Beispielsweise könnte es bald möglich sein, das An- und Ummelden beim Einwohnermeldeamt komplett per Mausklick zu erledigen. Auch in der Korrespondenz mit Gerichten soll die elektronische Signatur bald die eigenhändige Unterschrift ersetzen können. Noch sind die Einsatzmöglichkeiten der digitalen Signatur allerdings beschränkt, weil nur wenige Organisationen und Unternehmen einen entsprechenden Service anbieten. Dies kann sich aber schnell ändern.

Tipp

Die Zertifizierungsstellen können sich freiwillig staatlich prüfen lassen und erhalten dann eine so genannte Akkreditierung. Nehmen Sie die Dienste solcher akkreditierten Zertifizierungsanbieter in Anspruch. Dann können Sie sich im Rechts- und Geschäftsverkehr auf einen hohen Sicherheitsstandard berufen.

1.3 Mitbieten bei Internet-Auktionen

[Fall 3] *Die widerrufene Internet-Auktion*

A handelt gewerblich mit Schmuck. Eines seiner Armbänder stellt er bei einem Internet-Auktionshaus zur Versteigerung ein. Das Mindestgebot ist ein Euro. Die Versteigerung soll nach einer Woche enden. Das Armband soll nach den Allgemeinen Geschäftsbedingungen (AGB) des Internet-Auktionshauses derjenige erhalten, der bei Ablauf der Auktion das höchste Gebot abgegeben hat. Der Verbraucher B ist bei Auktionsende mit einem Gebot von 250 Euro Höchstbietender. B hat es sich inzwischen jedoch anders überlegt und weigert sich, die Ware abzunehmen und zu bezahlen.

Kann A von B verlangen, dass dieser das Armband abnimmt und 250 Euro bezahlt?

[Lösung nach Frage 24]

1.3.1 Widerruf des Gebotes

[Frage 24] Kann ich, wenn ich über eBay Ware ersteigert habe, diese ohne Angabe von Gründen zurückgeben?

Diese Frage war bis zu der Entscheidung des Bundesgerichtshof vom 3. November 2004, vgl. Entscheidung 5, heftig umstritten. Nunmehr ist höchstrichterlich geklärt, dass es sich bei einer Internet-Auktion nicht um eine Versteigerung im Rechtssinne nach § 156 des Bürgerlichen Gesetzbuches (BGB) handelt. Dies hat zur Folge, dass »normales« Kaufrecht einschließlich des Fernabsatzrechts zur Anwendung kommt, das dem Käufer ein Widerrufs- und Rückgaberecht (§§ 312 b ff. BGB) einräumt. § 312 d Abs. 4 Nr. 5 BGB, der bei Versteigerungen im Sinne des § 156 BGB ein Widerrufs- oder Rückgaberecht ausschließt, kommt bei »Internet-Auktionen« nicht zum Tragen. Ausschlaggebend für das Widerrufs- oder Rückgaberecht ist, dass es sich um ein Geschäft zwischen einem Verbraucher und einem gewerblichen Anbieter, vgl. Frage 11, handelt. Der Verbraucher kann die Ware nach Erklärung des Widerrufs innerhalb der vierzehntägigen Widerrufsfrist ohne Angabe von Gründen zurückgeben. Hiervon ausgenommen sind bereits geöffnete Software, CD's oder DVD's. Unter Umständen muss der Verbraucher auch für eine inzwischen erfolgte Abnutzung des Kaufgegenstandes Wertersatz leisten (§ 357 Abs. 3 BGB).

[Entscheidung 5] Bundesgerichtshof
Urteil vom 3. November 2004 | VIII ZR 375/03 | Widerrufsrecht bei Internet-Auktion

Bei einem Kaufvertrag zwischen einem gewerblichen Anbieter und einem Verbraucher, der im Rahmen einer Internet-Auktion nicht durch Zuschlag im Sinne des § 156 BGB zustande kommt, sondern durch Angebot und Annahme nach §§ 145 ff. BGB, ist das Widerrufsrecht des Verbrauchers nach § 312 d Abs. 4 Nr. 5 BGB nicht ausgeschlossen.

[http://www.jurpc.de/rechtspr/20040281.htm]

[Lösung Fall 3] Sachverhalt vor Frage 24

A kann von B nicht verlangen, dass dieser das Armband abnimmt und 250 Euro bezahlt.

Zwischen A und B ist ein Kaufvertrag in Form eines Fernabsatzvertrages nach § 312 b Abs. 1 des Bürgerlichen Gesetzbuches (BGB) zustande gekommen. Denn A ist Unternehmer und B Verbraucher und der Vertrag ist unter ausschließlicher Verwendung von Fernkommunikationsmitteln abgeschlossen worden. A hat jedoch keinen Anspruch auf Zahlung des Kaufpreises, da B seine auf den Abschluss des Vertrages gerichtete Willenserklärung wirksam gemäß § 312 d Abs. 1 S. 1 in Verbindung mit § 355 BGB widerrufen hat.

Das Widerrufsrecht des B ist auch nicht nach § 312 d Abs. 4 Nr. 5 BGB ausgeschlossen, wonach ein Widerrufsrecht nicht besteht bei Fernabsatzverträgen, die in der Form von Versteigerungen gemäß § 156 BGB geschlossen werden. Denn bei einer klassischen Internet-Auktion handelt es sich nicht um eine Versteigerung im Sinne von § 156 BGB. Eine solche liegt nur dann vor, wenn der Vertrag durch Zuschlag zustande kommt, das heißt durch die Willenserklärung des Auktionators, mit der dieser das Gebot eines Bieters annimmt. Bei einer klassischen Internet-Versteigerung kommt der Vertrag mit dem Höchstbietenden jedoch nicht durch Zuschlag zustande, sondern durch Zeitablauf. Der bloße Zeitablauf, mit dem die Internet-Auktion endet, ist keine Willenserklärung und vermag eine solche auch nicht zu ersetzen. Der Vertrag kommt durch die Abgabe des Höchstgebotes zustande, mit dem der Käufer das befristete Angebot des Verkäufers annimmt.

Der Kaufvertrag zwischen A und B ist zwar durch die fristgerechte Annahme des Verkaufsangebotes des A seitens des B gemäß §§ 145 ff. BGB zustande gekommen. Durch Ausübung seines Widerrufsrechtes ist B aber nicht mehr an den Vertrag mit A gebunden. A hat daher keine vertraglichen Ansprüche gegen B.

[Frage 25] Kann ich einen Gegenstand, den ich bei eBay von einer Privatperson ersteigert habe, zurückgeben, indem ich mein abgegebenes Angebot widerrufe?

Grundsätzlich steht Ihnen bei Käufen im Rahmen von Internet-Auktionen ein Widerrufsrecht zu, vgl. Frage 24. Dies setzt aber voraus, dass der Versteigerer als Unternehmer im Sinne des Bürgerlichen Gesetzbuches (BGB) und nicht lediglich als Privatperson gehandelt hat, vgl. Frage 11. Daher können Sie Ihr Angebot, das Sie im Rahmen einer von einer Privatperson durchgeführten Internet-Auktion abgegeben haben, nicht mittels der verbraucherschützenden Vorschriften des Fernabsatzrechtes widerrufen.

Bei Mangelhaftigkeit der Sache kann sich aber ein Rücktrittsrecht aus dem Kaufvertragsrecht gemäß § 437 Nr. 2 BGB in Verbindung mit §§ 440, 323 BGB ergeben. Hier muss der Käufer dem Verkäufer regelmäßig zunächst eine angemessene Frist zur Nacherfüllung setzen, das heißt bei Fristsetzung entweder die Beseitigung des Mangels oder die Lieferung einer mangelfreien Sache verlangen (§ 439 BGB). Ist die Fristsetzung erfolglos, kann der Käufer vom Kaufvertrag zurücktreten. Zu weiteren Gewährleistungsrechten des Käufers einer mangelhaften Sache vgl. Frage 27 und Frage 28.

1.3.2 Abwicklung des Kaufvertrages

[Frage 26] Was kann ich tun, wenn ich bei einer Internet-Auktion Ware trotz Bezahlung nicht erhalten habe?

Mit dem Ende der Auktion wird ein wirksamer Kaufvertrag geschlossen, der für beide Seiten bindend ist. Sie haben deshalb einen gerichtlich durchsetzbaren Anspruch auf Herausgabe des ersteigerten Gegenstandes. eBay verlangt, dass der Käufer innerhalb von sieben Tagen nach Auktionsende bezahlt. Umgekehrt dürfen Sie deshalb erwarten, den ersteigerten Gegenstand spätestens sieben Tage nach Bezahlung zu erhalten. Ist das nicht der Fall, sollten Sie den Verkäufer zunächst höflich an die Lieferung erinnern, denn es kommt immer wieder vor, dass Ihr Handelspartner die Abwicklung schlicht vergessen hat. Anstatt eines Erinnerungsschreibens kann der säumige Verkäufer auch sogleich schriftlich und unter Setzung einer angemessenen Frist (regelmäßig ein bis zwei Wochen) gemahnt werden. Aus Beweisgründen empfiehlt sich die Verwendung eines Einschreibens mit Rückschein. Durch die Mahnung kommt der Verkäufer in Verzug (§ 286 BGB). Sollte er dann immer noch nicht liefern, können Sie ihn a) auf Herausgabe des

Kaufgegenstandes verklagen, oder b) schriftlich vom Vertrag zurücktreten und den Kaufpreis zurückverlangen und/oder c) Schadensersatz fordern (der sich beispielsweise aus gezahltem Kaufpreis + Kaufpreisdifferenz zu einem anderswo erworbenen, teureren Artikel + den Kosten für Mahnschreiben zusammensetzen kann).

1.3.3 Gewährleistung bei Internet-Auktionen

[Frage 27] Was kann ich tun, wenn bei einer Internet-Auktion die gelieferte Ware nicht der Beschreibung entspricht oder die Ware mangelhaft ist?

Der Käufer muß sich auf die Beschreibung im Auktionstext und die verwendeten Abbildungen verlassen können, da er nicht die Möglichkeit einer intensiven Besichtigung des Kaufsgegenstandes hat. Weist das, was geliefert wurde, eine nicht unwesentliche Abweichung von dem auf, was im Internet angepriesen war, fehlt es an der so genannten »vereinbarten Beschaffenheit« des Kaufgegenstandes mit der Folge, dass Ihnen Mängelgewährleistungsansprüche zustehen. Verlangen Sie deshalb zunächst »Nacherfüllung«, also die Lieferung einer mangelfreien Sache. Da es sich bei *eBay*-Auktionen oft um Einzelstücke handelt, für die der Verkäufer keinen Ersatz nach Maßgabe der vereinbarten Beschaffenheit besorgen kann, wird es sich empfehlen, jeweils nach Fristsetzung den Preis angemessen zu mindern oder vom Kauf zurückzutreten.

[Entscheidung 6] Landgericht Trier
Urteil vom 22. April 2003 | 1 S 21/03 | Angaben im Verkaufstext

Entspricht der gelieferte Gegenstand nicht der Beschreibung im Verkaufsangebot, fehlt es an der vereinbarten Beschaffenheit mit der Folge, dass der Verkaufsgegenstand mangelhaft im Sinne von § 434 Abs. 1 S. 1 des Bürgerlichen Gesetzbuches (BGB) ist.

[*http://www.jurpc.de/rechtspr/20030149.htm*]

[Frage 28] Was kann ich tun, wenn die Ware beschädigt bei mir ankommt?

Bei den auf Auktionsplattformen abgewickelten Verkäufen handelt es sich um so genannte Distanzgeschäfte, für die ganz überwiegend ein Versendungskauf vereinbart wird. Bei Privatverkäufen trägt der Verkäufer die Gefahr der Beschädigung oder des Verlustes der Ware nur bis zu ihrer Übergabe »an eine zur Ausführung der Versendung bestimmte Person oder Anstalt« (§ 447 Abs. 1 des Bürgerlichen Gesetzbuches (BGB)) wie beispielsweise *DHL*, *DPD* oder *UPS*. Der Privatverkäufer muss die Ware allerdings ordnungsgemäß verpacken, das heißt ausreichend gegen Schläge und Stöße schützen, bei Elektrogeräten z. B. unter Verwendung von Formteilen. Kommt die Ware dann beschädigt beim Käufer an oder geht sie verloren, bleibt dieser den Kaufpreis schuldig. Er kann sich aber die Ansprüche des Verkäufers, die dieser aus dem Transportvertrag gegen den Transporteur hat, abtreten lassen. Der Versendungskauf des § 447 BGB findet nicht auf den Verbrauchsgüterkauf (§ 474 BGB) Anwendung, also bei Geschäften zwischen Unternehmer und Verbraucher. Hier trägt der Verkäufer auch das Versendungsrisiko (§ 474 Abs. 2 BGB), bis der Käufer die Ware erlangt hat oder sich im Verzug mit ihrer Annahme befindet. Unternehmer ist jeder, der bei Abschluss eines Rechtsgeschäfts in Ausübung seiner gewerblichen oder selbstständigen beruflichen Tätigkeit handelt (§ 14 BGB). Die Unternehmereigenschaft ist bei Internetversteigerungen allerdings nicht immer leicht herauszufinden. Stichhaltige Indizien sind jedenfalls ein eigener Internet-Shop oder der »Powerseller-Status« bei *eBay*. Aber auch Privatleute können schnell zum (Klein-)Unternehmer werden, wenn sie innerhalb kurzer Zeit viele Geschäfte mit Artikeln gleicher Art tätigen. Hierüber kann das Voting, bei dem die Vertragsparteien sich bei *eBay* nach Abschluss der Transaktion gegenseitig bewerten können, Aufschluss geben.

Tipp

Bei höherwertigen oder fragilen Gegenständen immer die Versendung durch versichertes Paket vereinbaren! Hält der Verkäufer sich nicht daran, ist er dem Käufer für den daraus entstandenen Schaden verantwortlich (§ 447 Abs. 2 BGB).

1.3.4 Schutz vor Betrug

[Frage 29] Wie kann ich mich nach einer Versteigerung bei eBay davor schützen, dass ich das Geld bezahle, ohne dann Ware zu erhalten (Treuhand-Zahlverfahren von eBay)?

Das Vorkasseprinzip bei Online-Auktionen ruft bedauerlicherweise viele Betrüger auf den Plan, die Scheinauktionen veranstalten, das von arglosen Käufern gezahlte Geld kassieren und untertauchen. Um sich vor solchen Missbräuchen schützen zu können, bieten *eBay* und andere Anbieter einen Treuhandservice an. Nachdem sich Verkäufer und Käufer beim Treuhänder mit ihren persönlichen Daten registriert haben, überweist der Käufer den Kaufpreis auf das angegebene Treuhandkonto. Der Treuhänder informiert den Verkäufer per E-Mail über den Zahlungseingang. Anschließend versendet der Verkäufer die Ware an den Käufer. Ergeben sich nach Erhalt der Ware keine Beanstandungen, weist der Käufer den Treuhänder an, den Kaufpreis an den Verkäufer auszuzahlen.

Tipp

Schauen Sie sich vor Abschluss des Geschäfts immer das Bewertungsprofil des Anbieters an. Überprüfen Sie auch, ob die angegebene Kontoverbindung mit dem Namen des Anbieters übereinstimmt. Zweifelsfälle immer erst mit dem Verkäufer klären. Keinesfalls auf den (nicht existierenden) Treuhandservice eines Betrügers hereinfallen!

1.4 Verkaufen durch Internet-Auktion

[Fall 4] *Die entwendeten Zugangsdaten*

A möchte sein Wohnmobil verkaufen und entschließt sich, es über ein Internet-Auktionshaus zu versteigern. B nimmt regelmäßig als Käufer an den Versteigerungen dieses Internet-Auktionshauses teil und ist daher dort mit User-Namen und Passwort registriert. Die Versteigerung des Wohnmobils endet mit einem Gebot von 32 500 Euro, wobei B als Höchstbietender ausgewiesen wird, obwohl er keinerlei Angebote abgegeben hatte. B geht davon aus, dass sich in seinem Computer ein Virus in Form eines so genannten »Trojanischen Pferdes« eingenistet hat, welches seinen User-Namen und Passwort an einen Unbekannten gesendet hat, der dann unter seinem Namen bei der Auktion mitgesteigert hat.

Kann A von B Abnahme und Bezahlung des Wohnmobils verlangen?

[Lösung nach Frage 34]

1.4.1 Anbieterkennzeichnung und sonstige Informationspflichten

[Frage 30] Welche Vorschriften muss ich als gewerblicher Anbieter bei Verkäufen über eBay beachten?

Wenn Sie bei *eBay* geschäftsmäßig, z. b. gewerblich, Waren im Rahmen einer Internet-Auktion oder mit der Option »Sofort kaufen« anbieten, haben Sie die gemäß § 6 des Teledienstegesetzes (TDG) vorgeschriebene Anbieterkennzeichnung, vgl. Frage 131, leicht erkennbar, unmittelbar erreichbar und ständig vefügbar zu halten.

Außerdem haben Sie, wenn Sie als Unternehmer, vgl. Frage 11, handeln, die bei Fernabsatzgeschäften erforderlichen Informationspflichten, vgl. Frage 200, zu beachten, wie z. B. Angaben zum Widerrufsrecht.

Außerdem sind die Preise gemäß den Vorschriften der Preisangabenverordnung (PAngV) anzugeben, vgl. Frage 152.

Wenn Sie als Unternehmer bewegliche Sachen an Verbraucher verkaufen, haben Sie außerdem die speziellen Vorschriften zum Verbrauchsgüterkauf gemäß §§ 474 ff. des Bürgerlichen Gesetzbuches (BGB) zu beachten, vgl. Frage 36.

[Frage 31] Wo muss ich die gesetzlich vorgeschriebenen Angaben platzieren?

Die Preisangaben sollten Sie in jedem Fall in unmittelbarer Nähe zum Produkt in allen erforderlichen Einzelheiten aufführen.

Die Frage, ob es ausreicht, wenn die weiteren gesetzlichen Pflichtangaben nicht in unmittelbarer Nähe der Produktbeschreibung erscheinen, sondern erst über Links erreichbar sind, wird von der Rechtsprechung unterschiedlich beantwortet.

In jedem Fall setzt dies aber voraus, dass die Links so klar gekennzeichnet sind, dass ein Durchschnittsnutzer ohne besondere Fertigkeiten unmittelbar und unmissverständlich zu den gesetzlich vorgeschriebenen Informationen geführt wird.

Allerdings sollten Sie sich darüber im Klaren sein, dass sich mit jedem Klick, der erforderlich ist, um zu den Informationen zu gelangen, das Risiko, durch einen Mitbewerber mit Erfolg abgemahnt zu werden, erhöht.

Tipp

Platzieren Sie alle gesetzlichen Pflichtangaben in unmittelbarer Nähe zur Produktbeschreibung, ohne dass das Anklicken eines Links erforderlich ist. Nur dann sind Sie auf der sicheren Seite.

1.4.2 Zustandekommen des Vertrages

[Frage 32] Kann ich als Versteigerer die Auktion einfach beenden, auch wenn bereits ein Angebot abgegeben wurde?

Grundsätzlich nicht. Bereits das Einstellen des Angebotes bei *eBay* stellt ein rechtsverbindliches Verkaufsangebot dar. Deshalb kann der Versteigerer sein Angebot nur zurückziehen oder ändern, solange kein erstes Gebot abgegeben worden ist. Wurde schon ein Gebot abgegeben, sind Käufer und Verkäufer daran gebunden. Demgemäss wird auch in § 9 Nr. 3 der Allgemeinen Geschäftsbedingungen (AGB) von *eBay* darauf hingewiesen, dass zwischen dem Anbieter und dem das höchste Gebot abgebenden Bieter ein Vertrag über den Erwerb des von dem Anbieter in die *eBay*-Website eingestellten Artikels auch im Falle der vorzeitigen Beendigung durch den Anbieter zu Stande kommt. Die von *eBay* angegebene Möglichkeit der Löschung von Angeboten bzw. Geboten wiederholt lediglich die gesetzlichen Voraussetzungen (§ 119 Abs. 2 des Bürgerlichen Gesetzbuches (BGB)), unter denen eine Willenserklärung durch Anfechtung wieder beseitigt werden kann. Sollten Sie ein Angebot zurückziehen wollen, müssen Sie dies mit einem von *eBay* vorgehaltenen Formular begründen. Rechtlich stellt dies eine Anfechtung wegen Irrtums über so genannte »verkehrswesentliche« Eigenschaften der zu versteigernden Sache dar.

[Frage 33] Bin ich als Versteigerer verpflichtet, bei Ende der Auktion zu liefern, auch wenn mir das Angebot als zu niedrig erscheint?

Ja. Bei Beendigung der Auktion ist mit dem Meistbietenden ein rechtsverbindlicher Kaufvertrag zustande gekommen, der von beiden Seiten erfüllt werden muss. Das Risiko, dass der angebotene Artikel unter Wert verkauft wird, trägt der Verkäufer. Er kann dieses Risiko beispielsweise durch die Festlegung eines Mindestpreises minimieren.

[Entscheidung 7] Bundesgerichtshof
Urteil vom 7. November 2001 | VIII ZR 13/01 | Vertragsschluss bei
Internet-Auktionen – Ricardo

Das Einstellen des Angebots ist eine auf Abschluss des Kaufvertrags mit dem Meistbietenden gerichtete Willenserklärung des Anbieters. Der Anbieter hat die Möglichkeit, das Bietgeschehen durch entsprechende Vorgaben zu steuern (Höhe des Start-
preises, Festlegung der Bietschritte und des Bietzeitraumes) und das Risiko einer Ver-
schleuderung wegen zu geringer Nachfrage auszuschließen (Festlegung eines Mindestpreises).

[*http://www.jurpc.de/rechtsbr/20010255.htm*]

[Frage 34] Wer   Wenn sich beispielsweise herausstellt, dass im Rahmen ei-
trägt das Abnah-   ner Internet-Auktion das Höchstgebot nicht von dem In-
me- und Zah-   haber des benutzten User-Namens und Passwortes abgege-
lungsrisiko bei Da-   ben wurde, sondern durch einen unbefugten und
tenklau?   unbekannten Dritten, der die Zugangsdaten mittels eines
                            Virus in Form eines so genannten »Trojanischen Pferdes«
                            abgefangen hat, kann jedenfalls nach Auffassung des Land-
                            gerichts Konstanz, vgl. Entscheidung 8, vom Inhaber des
                            benutzen User-Namens die Abnahme des versteigerten
                            Gegenstandes kaum verlangt werden.

[Entscheidung 8] Landgericht Konstanz
Urteil vom 19. April 2002 | 2 O 141/01 A | Abgefangenes Passwort

Im Rahmen einer Internet-Auktion obliegt es dem Verkäufer zu beweisen, dass das
Höchstgebot von dem Inhaber des benutzten User-Namens und Passwortes abgegeben wurde und nicht durch einen unbefugten Dritten. Das gilt jedenfalls dann, wenn
nicht ausgeschlossen werden kann, dass ein unbefugter Dritter die Zugangsdaten mittels eines Virus in Form eines so genannten »Trojanischen Pferdes« abgefangen hat.

[*http://www.jurpc.de/rechtspr/20020291.htm*]

[Lösung Fall 4] Sachverhalt vor Frage 30

A kann von B keine Abnahme und Bezahlung des Wohnmobils verlangen.
A kann nicht beweisen, dass es tatsächlich der B war, der sein Kaufangebot
im Rahmen der Versteigerung angenommen hat. Den A trifft aber insoweit
die Beweislast. Denn das Abfangen von User-Namen und Passwörtern
durch so genannte »Trojanische Pferde« stellt im Internet eine reale Gefahr
dar. Daran ändert auch nichts, dass kaum nachvollziehbar ist, warum Dritte
sich die Zugangsdaten der Nutzer von Internet-Auktionshäusern verschaffen sollten, um dann Angebote für diese abzugeben und sie hierdurch zu
schädigen, ohne einen eigenen Nutzen zu haben.

1.4.3 Vebraucherschutz bei Internet-Auktionen

[Frage 35] Habe ich, wenn ich gelegentlich bei eBay etwas versteigere, die fernabsatzrechtlichen Vorschriften zu beachten, hat also der Ersteigerer ein Widerrufsrecht und riskiere ich, dass der Gegenstand zurückgeschickt werden kann?

Ein Widerrufsrecht des Ersteigerers kommt nur in Betracht, wenn es sich bei der Internet-Auktion um ein Fern-
absatzgeschäft handelt. Grundsätzlich kommt auch bei Internet-Auktionen ein Widerrufsrecht in Betracht, vgl.
Frage 24. Allerdings setzt dies voraus, dass der Versteigerer
Unternehmer im Sinne des Bürgerlichen Gesetzbuches
(BGB) ist und nicht nur Privatperson. Denn ein Fernab-
satzgeschäft ist dadurch gekennzeichnet, dass auf Anbie-
terseite ein Unternehmer und auf Abnehmerseite ein Verbraucher steht.

Bei Personen, die nur gelegentlich etwas versteigern, ist die
Unternehmer-Eigenschaft fraglich. Gemäß § 14 BGB ist
Unternehmer eine natürliche oder juristische Person oder
eine rechtsfähige Personengesellschaft, die bei Abschluss
eines Rechtsgeschäfts in Ausübung ihrer gewerblichen
oder selbstständigen beruflichen Tätigkeit handelt.

Eine derartige gewerbliche Tätigkeit erfordert eine planvolle und auf gewisse Dauer angelegte, selbstständige und
wirtschaftliche Tätigkeit, die nach außen hervortritt. Somit
reicht gelegentliches Tätigwerden nicht aus.

Eine planvolle Tätigkeit liegt nach Ansicht des Landgerichts Hof dann vor, wenn der Versteigerer Gegenstände
stetig ankauft, um sie über das Internet weiterzuvertreiben.
Andererseits könne allein aus der Anzahl der Rechtsge-
schäfte eine solche planvolle Tätigkeit nicht abgeleitet wer-

den. Beispielsweise wird jemand, der seine private Brief-
markensammlung bei *eBay* zur Versteigerung anbietet,
noch nicht dadurch zum Unternehmer, dass er innerhalb
kurzer Zeit eine große Anzahl von Einzelverträgen über
die einzelnen Briefmarken schließt.

Insgesamt kommt es auf die Umstände des Einzelfalls an.
Eine hohe Anzahl von Versteigerungen ist jedenfalls ein In-
diz für die Unternehmer-Eigenschaft. Weitere Indizien
sind eine lange Dauer der Verkaufstätigkeit, die Erzielung
eines hohen Gewinns oder das Anbieten von ungebrauch-
ten und originalverpackten Waren.

Der Ersteigerer, der sich auf ein Widerrufsrecht berufen
will, ist für die Unternehmer-Eigenschaft des Versteigerers
in einem etwaigen gerichtlichen Prozess darlegungs- und
beweispflichtig.

Tipp

Wenn Sie selbst etwas privat bei einer Internet-Auktion verkaufen wollen, weisen Sie in der Beschreibung Ihres Angebots deutlich darauf hin,
dass es sich um einen Privatverkauf handelt und dass daher ein Widerruf
nicht in Betracht kommt.

[Entscheidung 9] Landgericht Hof
**Urteil vom 29. August 2003 | 22 S 28/03 | Widerrufsrecht bei Internet-
Auktion**

Ein Widerrufsrecht bei einer Internet-Auktion besteht nur, wenn der Verkäufer ein
Unternehmer ist. Die Unternehmer-Eigenschaft setzt ein planvolles und dauerhaftes
Tätigwerden voraus. Unternehmer ist, wer stetig Gegenstände ankauft, um sie über
das Internet weiter zu vertreiben. Hingegen kann die Unternehmer-Eigenschaft nicht
allein aus dem Umstand geschlossen werden, dass jemand eine Vielzahl von Gegenständen über ein Internet-Auktionshaus verkauft.

[*http://www.jurpc.de/rechtspr/20040041.htm*]

1.4.4 Ausschluss der Gewährleistung

[Frage 36] Kann ich als Verkäufer die Gewährleistung ausschließen?

Die Gewährleistung, also die Haftung für Mängel der verkauften Sache kann – mit Ausnahme beim Verbrauchsgüterkauf – durch Vereinbarung der Parteien vertraglich ausgeschlossen werden. Dies ergibt sich aus §§ 444, 475 des Bürgerlichen Gesetzbuches (BGB). Demgegenüber ist es Unternehmern, die Neuwaren verkaufen, nach den Vorschriften des Verbrauchsgüterkaufs gemäß § 474 BGB untersagt, die Gewährleistung auszuschließen. Eine gegenteilige Vertragsklausel ist unwirksam. Voraussetzung für einen gesetzlich zulässigen Gewährleistungsausschluss ist, dass der bei *eBay* eingestellte Verkaufstext alle Merkmale eines wirksamen Angebots aufweist. Insbesondere muss er hinreichend deutlich alle wesentlichen Angaben zur Verkaufssache enthalten, den Preis, die Partei des Vertragsschlusses und eben den Hinweis auf den Gewährleistungsausschluss. Ein wirksamer Ausschluss der Gewährleistung führt dazu, dass der Käufer keinerlei Rechte wegen Mängeln gleich welcher Art hat. Hiervon ausgenommen sind jedoch solche Mängel, die der Verkäufer arglistig verschweigt oder für die er eine Beschaffenheitsgarantie übernommen hat. Es versteht sich von selbst, dass Sie beispielsweise im Verkaufstext für ein Elektrogerät nicht ohne Prüfung »funktionsfähig« behaupten können, wenn dies nicht stimmt, oder die fehlende Funktionsfähigkeit einfach verschweigen.

[Entscheidung 10] Landgericht Saarbrücken
Urteil vom 3. Dezember 2003 | 12 O 255/03 |
Gewährleistungsausschluss und Beweislast für ein arglistiges Verschweigen offenbarungspflichtiger Umstände

Ein Kaufvertrag kann wirksam durch die Teilnahme an einer Internet-Auktion geschlossen und die Gewährleistung im gesetzlich zulässigen Umfang ausgeschlossen werden.
Ein arglistiges Verschweigen im Sinne von § 444 BGB setzt voraus, dass der Verkäufer zumindest bedingt vorsätzlich einen offenbarungspflichtigen Umstand in dem Bewusstsein verschweigt, der Käufer werde den Kauf bei entsprechender Kenntnis nicht abschließen. Diese begriffsnotwendigen Voraussetzungen hat der Käufer, der sich hierauf beruft, darzutun und zu beweisen.

[*http://www.jurpc.de/rechtspr/20040203.htm*]

1.4.5 Unangemessene Bewertung bei eBay

[Frage 37] Was kann ich dagegen machen, wenn ich mit meiner Bewertung bei eBay nach einer Versteigerung nicht einverstanden bin?

Sie können sich mit Ihrem Handelspartner einvernehmlich auf die Zurücknahme der negativen Bewertung einigen. Allerdings bleibt der sie begründende Text stehen. Ein weiterer Weg ist die Abgabe einer eidesstattlichen Versicherung gegenüber *eBay* mit dem Inhalt, dass die negative Bewertung falsch ist. Das hierfür erforderliche Formular kann auf der Website von *eBay* abgerufen werden. Nach Einreichen der eidesstattlichen Versicherung entscheidet ein *eBay*-Sicherheitsteam über die Löschung. Darüber hinaus können Sie sich gerichtlich gegen unwahre Tatsachenbehauptungen oder ehrverletzende Äußerungen in der Bewertung zur Wehr zu setzen, nicht aber gegen zulässige Meinungsäußerungen. Wegen der großen Bedeutung eines funktionierenden Bewertungssystems zeichnet sich aber bereits eine sehr zurückhaltende Tendenz der Rechtsprechung ab, Bewertungen als unzulässig zu untersagen. Stellt die Bewertung einen unzulässigen Inhalt im Sinne von § 11 des Teledienstegesetzes (TDG) dar, ist jedoch auch *eBay* verpflichtet, den Inhalt umgehend nach Kenntniserlangung zu entfernen. Die Bewertung selbst wird in diesem Fall aber nicht entfernt.

[Entscheidung 11] Landgericht Düsseldorf
Urteil vom 18. Februar 2004 | 12 O 6/04 | *eBay*-Bewertung

Der Informationsaustausch im Bewertungssystem und die Weitergabe von Erfahrungen mit Handelspartnern an andere Interessenten bildet eine wesentliche Grundlage in einem zum Teil anonymisierten Handel bei *eBay*. Wenn sich ein Unternehmen über eine Internet-Plattform bewusst dem öffentlichen Handel aussetzt, um eine größtmögliche Vielzahl von Kunden zu erreichen und akquirieren zu können, rechtfertigt dies auch grundsätzlich eine Gegenäußerung der Vertragspartner in der Öffentlichkeit. Ein grundsätzlich überwiegendes Schutzinteresse seitens des Verkäufers besteht nicht, zumal ihm das Bewertungssystem seinerseits die Möglichkeit einer Gegenäußerung eröffnet.

[*http://www.jurpc.de/rechtspr/20040243.htm*]

1.4.6 Handel mit Markenpiraterie-Produkten

[Frage 38] Was kann mir passieren, wenn ich über eBay Markenpiraterie-Produkte versteigere?

Der Verkauf von gefälschten Markenartikeln (»Plagiate«) wird gemäß § 143 des Markengesetzes (MarkenG) mit Freiheitsstrafe bis zu drei Jahren oder mit Geldstrafe bedroht. Auch der Versuch ist strafbar. Handelt der Täter gewerbsmäßig, kann die Freiheitsstrafe sogar bis zu fünf Jahren betragen. Strafbar ist selbst der Kauf gefälschter Markenware, wenn der Käufer nicht in gutem Glauben gehandelt hat. Hierfür trifft ihn die Beweislast!

Daneben haftet der Verkäufer gefälschter Markenartikel dem geschädigten Käufer zivilrechtlich. Der Käufer kann auf Lieferung eines echten Markenartikels bestehen und, wenn der Verkäufer nicht liefert, als Schaden die Differenz zwischen Kaufpreis und Preis des echten Markenartikels ersetzt verlangen.

[Frage 39] Wie kann ich bei eBay den Namen von Versteigerern erfahren, die unter Verletzung meiner Markenrechte Markenpiraterie-Produkte anbieten?

eBay bietet hierfür das »Verifizierte Rechte-Inhaber Programm« (VeRi) an, um Inhaber gewerblicher Schutzrechte und sonstiger Immaterialgüterrechte beim Melden und Löschen rechtswidriger Angebote zu unterstützen. Werden beispielsweise Markenrechte durch eine Versteigerung verletzt, erhält der VeRi-Teilnehmer die bei *eBay* hinterlegten Adressdaten des Versteigerers. Voraussetzung ist, dass der Rechte-Inhaber ein konkretes Verkaufsangebot beanstandet und die Rechtsverletzung darlegt. Auf diesem Weg kann auch die Löschung der beanstandeten Angebote verlangt werden. Zur Anmeldung für das VeRi-Programm hält *eBay* das Formular »Mitteilung einer Rechtsverletzung« zum Download bereit, empfiehlt aber in Zweifelsfällen, vor einer VeRi-Mitteilung den Rat eines Rechtsanwalts einzuholen.

[Frage 40] Kann ich eBay in Anspruch nehmen, wenn dort unter Verletzung meiner Markenrechte Markenpiraterie-Produkte versteigert werden?

Ja. Der Bundesgerichtshof hat in Sachen »Rolex gegen Ricardo« entschieden, dass das Haftungsprivileg der so genannten Host-Provider für fremde Inhalte nur hinsichtlich des Anspruchs auf Schadensersatz, nicht aber für Unterlassungsansprüche in Frage kommt. Für den Unterlassungsanspruch gilt das allgemeine Zivilrecht mit der Folge, dass die Auktionsplattform *eBay* in Zukunft Markenrechtsverletzungen durch Piraterieprodukte nach den Grundsätzen der so genannten Störerhaftung beachten muss. Voraussetzung für die Durchsetzung des Unterlassungsanspruchs ist, dass das Online-Auktionshaus die tatsächliche Möglichkeit hat, die rechtswidrige Handlung zu verhindern. Denn einem Online-Auktionshaus ist es nach der Auffassung des Bundesgerichtshofs nicht zuzumuten, jedes Angebot, das in einem automatischen Verfahren unmittelbar online gestellt wird, darauf zu überprüfen, ob Schutzrechte Dritter verletzt werden.

[Entscheidung 12] Bundesgerichtshof
Urteil vom 11. März 2004 | I ZR 304/01 | Haftungsprivileg des Host-Providers gilt nicht für Unterlassungsansprüche

Ein Unternehmen, das seine Internet-Plattform für Fremdversteigerungen zur Verfügung gestellt und dort Angebote veröffentlicht hat, durch die Markenrechte verletzt wurden, wird nicht selbst zum Täter oder Teilnehmer einer Markenrechtsverletzung. Es kommt jedoch eine Haftung als Störer in Betracht.
Dem Unternehmen ist es zwar einerseits nicht zuzumuten, jedes Angebot vor Veröffentlichung im Internet auf eine mögliche Rechtsverletzung hin zu untersuchen. Andererseits ist zu bedenken, dass es durch die ihm geschuldete Provision an dem Verkauf der Piratieware beteiligt ist. Daraus folgt, dass das Unternehmen immer dann, wenn es auf eine klare Rechtsverletzung hingewiesen worden ist, nicht nur das konkrete Angebot unverzüglich sperren muss (§ 11 S. 1 Nr. 2 des Teledienstegesetzes (TDG)); es muss vielmehr auch Vorsorge treffen, dass es möglichst nicht zu weiteren derartigen Markenverletzungen kommt. Hierbei ist die Verwendung einer Software in Betracht zu ziehen, die Verdachtsfälle aufdeckt.

[http://www.jurpc.de/rechtspr/20040265.htm]

2. Internet-Recht für Anbieter

[Fall 5] *Die örtliche Internet-Adresse*

A betreibt in Süddeutschland ein Kleinunternehmen im Bereich der Software-Entwicklung mit regionalem Wirkungskreis. Seit 1989 benutzt A die Abkürzung »SoCo« im geschäftlichen Verkehr. B, ein Konkurrent von A, hat seinen Geschäftssitz in einer 500 km entfernten Stadt in Mitteldeutschland. Auch bei B handelt es sich um ein Unternehmen mit einem räumlich beschränkten Wirkungskreis. B verwendet seit 1996 ebenfalls das Kürzel »SoCo« für seine geschäftliche Tätigkeit. Seit 1999 präsentiert B sich und seine Dienstleistungen im Internet unter dem Domain-Namen »soco.de«. A ist der Ansicht, dass B durch die Benutzung des Domain-Namens »soco.de« seine prioritätsälteren Kennzeichenrechte verletzt und durch die Registrierung und Nutzung des Domain-Namens eine Verwechslungsgefahr begründet wird.

Kann A von B Unterlassung der Benutzung des Domain-Namens »soco.de« verlangen?

[Lösung nach Frage 34]

2.1. Die Internet-Adresse

2.1.1 Erwerb des Domain-Namens

[Frage 41] Wofür benötige ich einen Domain-Namen? Wenn Sie eine Website (dt. Ort im Netz) ins Internet stellen, veröffentlichen Sie Ihre Informationen weltweit. Typischerweise mieten Sie hierzu Speicherplatz, so genannten Webspace, bei einem Webhosting-Provider, vgl. Frage 89, an. Mittels entsprechender Software, so genannter FTP-Tools, laden Sie Ihre Dateien auf den Webserver Ihres Webhosting-Providers hoch. Damit der Ihnen zugewiesene Webspace von Internetnutzern angesprochen und Ihre Website gefunden werden kann, ist er mit einer eindeutigen Adresse versehen. Diese Adresse wird Internet-Protokoll-Adresse (IP-Adresse) genannt und besteht aus einer Nummernfolge, unterteilt in Gruppen von Ziffern, z. B. 80.237.216.69. Damit sich die Internetnutzer die Internet-Adressen einfacher merken können, erhält jede IP-Adresse zusätzlich noch einen Namen, den so genannten Internet-Domain-Namen, z. B. *http://www. domaindefence.de*. Dieser Domain-Name kann von dem Website-Betreiber frei gewählt werden, die Verfügbarkeit vorausgesetzt. Denn um die Eindeutigkeit der Adressierung zu erhalten, wird jeder Name nach dem Prioritätsprinzip (»First come, first served«) nur einmal vergeben.

Die Domain-Namen, die man auch Uniform resource locator (URL) nennt, setzen sich wie folgt zusammen: Ganz rechts befindet sich die so genannte Top-Level-Domain, welche das Land kennzeichnet, in welchem sich der jeweilige Computer befindet (z. B. ».de«). Links von der Top-Level-Domain, getrennt durch einen Punkt, befindet sich die so genannte Second-Level-Domain.

Neben den Länder-Top-Level-Domains, auch »country code TLD« (ccTLD) genannt, wie z. B. ».de« für Deutschland, gibt es weitere Top-Level-Domains, die keinen Bezug zu einem Land aufweisen. Es handelt sich hierbei um die so genannten generischen Top-Level-Domains, auch »generic TLD genannt« (gTLD), wie z. B. ».com«, ».net«, ».org«, ».biz« oder ».info«.

[Frage 42] Wo bekomme ich meinen Domain-Namen? Nach wie vor sind Top-Level-Domains mit der Endung ».de« für Unternehmen mit deutscher Zielgruppe am attraktivsten. Für Informationsanbieter, auch mit deutscher Zielgruppe, setzt sich zunehmend die Top-Level-Domain ».info« durch. Für Unternehmen, die internationale Zielgruppen bedienen, ist insbesondere die Top-Level-Domain ».com« von Interesse.

Die Second-Level-Domain beantragt man am einfachsten über einen Webhosting-Provider, vgl. Frage 89. Die Länder-Top-Level-Domains werden durch eine zentrale Landes-Vergabestelle vergeben, in Deutschland durch das Deutsche Network Information Center (DENIC) in Frankfurt am Main, *http://www.nic.de*. Informationen zur Vergabe der generischen Top-Level-Domains bietet »The Internet's Network Information Center (InterNIC)« unter *http://www.internic.net*.

Grundsätzlich können Sie so viele Domain-Namen registrieren wie Sie wollen, vorausgesetzt, Sie verletzen keine Rechte Dritter, vgl. Frage 43.

Ab Frühjahr 2006 können Domains unter der Top-Level-Domain ».eu« registriert werden. Die so genannte Sunrise Period, während derer Inhaber von Kennzeichen- und Namensrechten .eu-Domains bevorrechtigt registrieren können, startet im Herbst 2005. Nähere Infos finden Sie unter *http://www.eurid.eu*.

Tipp

Ob ein Domain-Name noch frei ist, können Sie unter *http://www.nic.de* (.de-Domains) und unter *http://www.internic.net* (generische Domains) prüfen.

[Frage 43] Was muss ich bei der Registrierung eines Domain-Namens beachten? Da jeder Domain-Name nur einmal vergeben wird, kommt es, insbesondere mit der zunehmenden Verknappung der verfügbaren Domain-Namen, immer häufiger zu Domain-Streitigkeiten. Während es vor der Etablierung des Internet möglich war, dass namensgleiche Unternehmen, beispielsweise in verschiedenen Regionen, nebeneinander existierten, stoßen solche namensgleichen Unternehmen nunmehr im Internet aufeinander. Unternehmen, die sich nicht früh genug um die

Sicherung ihres Domain-Namens gekümmert haben, haben
wegen des Vergabeprinzips »first come, first served« zunächst
das Nachsehen, wenn der Name bereits durch einen Dritten
registriert wurde.

Nach deutschem Recht können sich bessere Rechte Dritter
aus Kennzeichenrechten nach dem Markengesetz (MarkenG) oder aus Namensrecht nach dem Bürgerlichen Gesetzbuch (BGB) ergeben. Die Registrierung eines Domain-
Namens kann auch eine wettbewerbswidrige Handlung
nach dem Gesetz gegen den unlauteren Wettbewerb
(UWG) oder eine unerlaubte Handlung im Sinne der
§§ 823 ff. BGB sein. Bei Verstoß gegen die Rechte Dritter
müssen Sie damit rechnen, auf Unterlassung und Schadensersatz in Anspruch genommen zu werden. Die Streitwerte
bei anwaltlichen Abmahnungen und nachfolgenden Gerichtsverfahren sind sehr hoch und können daher zu hohen
Kosten führen. Daher ist vor jeder Domain-Registrierung
genauestens zu prüfen, ob nicht durch die Domain-Registrierung Rechte Dritter verletzt würden, vgl. Frage 61.

Tipp

Unter *http://www.domaindefence.de* finden Sie eine Datenbank mit
vereinfachenden Zusammenfassungen von Urteilen zum Domain-
Recht. Dort können Sie recherchieren, wie die Rechtsprechung in der
Vergangenheit aufgetretene Domain-Kollisionen beurteilt hat.

[Frage 44] Darf mein Web-Dienstleister sich selbst als Admin-C meiner Domain eintragen lassen?
Wenn Sie einen Internet-Dienstleister damit beauftragen,
für Sie einen Domain-Namen zu registrieren, sollten Sie bei
der Auftragserteilung darauf achten, dass Ihr Internet-
Dienstleister sich verpflichtet, Sie als Domain-Inhaber,
aber insbesondere auch als so genannten Admin-C einzu-
tragen. Admin-C bedeutet übersetzt: administrativer Kontakt. Der Admin-C ist nach den Richtlinien der Domain-
Vergabestellen der Ansprechpartner für alle Verfügungen
über die Domain. Dieser kann also bestimmen, ob eine Domain z. B. gelöscht oder auf einen Dritten übertragen wird.
Faktisch ist der Admin-C damit der eigentliche Domain-
Inhaber. Ob Sie ordnungsgemäß als Domain-Inhaber und
Admin-C registriert wurden, können Sie bei Domain-Na-

men unter der Top-Level-Domain ».de«, die von dem Deutschen Network Information Center (DENIC) vergeben werden, unter *http://www.nic.de* kontrollieren.

Falls beispielsweise der Web-Dienstleister sich selbst als Admin-C einträgt, was immer wieder vorkommt, dürften Sie diesem gegenüber regelmäßig einen Übertragungsanspruch aus Geschäftsbesorgungsvertrag gemäß § 675 des Bürgerlichen Gesetzbuches (BGB) besitzen.

**[Entscheidung 13] Oberlandesgericht München
Urteil vom 5. Dezember 2002 | 6 U 5570/01 | ritter.de**

Beauftragt ein Unternehmen einen Internet-Provider mit der Registrierung eines Domain-Namens und trägt sich der Provider daraufhin selbst als Domain-Inhaber ein, so kann dem Auftraggeber aus Geschäftsbesorgungsvertrag gemäß § 675 BGB ein Anspruch auf Domain-Übertragung zustehen, wenn sich aus den Vertragsumständen ergibt, dass dem Auftraggeber die Stellung des Domain-Inhabers zustehen soll. Hierbei sind auch die außerhalb der Erklärungsakte liegenden Begleitumstände einzubeziehen, wobei sich wichtige Anhaltspunkte für die Vertragsauslegung aus der Abwicklung früherer Geschäfte und des aktuellen Geschäfts ergeben können.

[*http://www.jurpc.de/rechtspr/20030257.htm*]

[Frage 45] Habe ich einen Schadensersatzanspruch gegen meinen Provider, wenn ich meinen Domain-Namen durch dessen Verschulden verliere?

Wenn Sie bei einem Provider einen Domain-Namen beantragen, verpflichtet sich der Provider regelmäßig, den Domain-Namen nicht nur bei der zuständigen Vergabestelle zu beantragen, sondern ihn auch ordnungsgemäß zu verwalten. Dazu gehört auch, die gegenüber der Vergabestelle, z. B. dem Deutschen Network Information Center (DENIC), fälligen Gebühren für den Domain-Namen zu entrichten. Kommt Ihr Provider dieser Pflicht nicht nach und verlieren Sie dadurch Ihren Domain-Namen, verletzt er schuldhaft den mit Ihnen geschlossenen Vertrag. Daher ist er Ihnen wegen positiver Vertragsverletzung gemäß § 280 Abs. 1 des Bürgerlichen Gesetzbuches (BGB) zum Schadensersatz verpflichtet. Die Höhe des Schadensersatzanspruchs kann beispielsweise der Betrag sein, der erforderlich ist, um den Domain-Namen durch Ankauf von einem Dritten wiederzubeschaffen.

[Entscheidung 14] Landgericht Frankfurt am Main
Urteil vom 30. April 2004 | 2-8 S 83/03 | muehlhausen.com

Ein Provider-Vertrag kann dadurch verletzt werden, dass die Gebühr für die Bereitstellung einer Internet-Adresse bei der zuständigen Registrierungsstelle nicht gezahlt wird und die Domain deswegen an einen Dritten übergeht. Die schuldhafte Vertragsverletzung begründet einen Schadensersatzanspruch, z. B. in Höhe des Betrages, der erforderlich ist, um die Domain durch Ankauf von einem Dritten wiederzubeschaffen.

[*http://www.jurpc.de/rechtspr/20040244.htm*]

2.1.2 Kollidierende Markenrechte Dritter

[Frage 46] Darf ich Begriffe als Domain-Namen registrieren, die identisch mit Begriffen sind, die Dritte beim Deutschen Patent- und Markenamt als Wortmarke registriert haben?

Gemäß § 14 Abs. 2 Nr. 1 des Markengesetzes (MarkenG) ist es Dritten untersagt, ohne Zustimmung des Markeninhabers ein mit der Marke identisches Zeichen im geschäftlichen Verkehr für Waren und Dienstleistungen zu benutzen, die mit denjenigen Waren und Dienstleistungen identisch sind, für die die Marke Schutz genießt. Eine derartige Benutzung ist beispielsweise die Registrierung einer Domain mit der Absicht, hierunter eine geschäftliche Website zu betreiben, welche entsprechende Waren und Dienstleistungen bewirbt.

Der Markeninhaber genießt Schutz für all diejenigen Waren- und Dienstleistungen, welche in dem Waren- und Dienstleistungsklassenverzeichnis der eingetragenen Marke aufgelistet sind. Dies gilt auch dann, wenn der Markeninhaber die aufgeführten Produkte derzeit nicht herstellt bzw. entsprechende Dienstleistungen derzeit nicht erbringt. Der Gesetzgeber gewährt dem Markeninhaber gemäß § 25 MarkenG eine so genannte Nichtbenutzungsschonfrist von fünf Jahren seit Eintragung der Marke in das Markenregister.

Aber der Schutz des Markeninhabers geht noch darüber hinaus. Gemäß § 14 Abs. 2 Nr. 2 MarkenG kann der Markeninhaber sogar untersagen, dass Sie im geschäftlichen Verkehr den Begriff als Domain registrieren, wenn Sie diese im Zusammenhang mit Waren und Dienstleistungen einsetzen wollen, die nur ähnlich mit den geschützten Waren und Dienstleistungen sind, wenn es hierdurch zur Gefahr von Verwechslungen kommen könnte.

§ 14 Abs. 2 Nr. 3 MarkenG definiert einen noch weitergehenden Schutzanspruch des Markeninhabers: Wenn es sich nämlich bei der Marke um eine bekannte Marke handelt, können Sie den Begriff nicht einmal für Waren und Dienstleistungen einsetzen, welche mit den geschützten Waren und Dienstleistungen nicht verwechslungsfähig sind. Dies setzt voraus, dass Sie die Bekanntheit der Marke in unlauterer Weise ausnutzen oder die Wirkung der Marke beeinträchtigen würden.

[Entscheidung 15] Oberlandesgericht Hamm
Urteil vom 19. Juni 2001 | 4 U 32/01 | veltins.com

Bereits die Registrierung eines Domain-Namens, welcher mit einer bekannten Marke identisch ist, ist eine verbotene Benutzungshandlung gemäß § 14 Abs. 2 Nr. 3 MarkenG, wenn die Gefahr der Rufausbeutung und Verwässerung besteht, z. B. durch Beeinträchtigung des Werbewertes der bekannten Marke.

[*http://www.jurpc.de/rechtspr/20010208.htm*]

[Frage 47] Darf ich Begriffe als Domain-Namen registrieren, die Begriffen ähneln, welche Dritte als Wortmarke beim Deutschen Patent- und Markenamt registriert haben?

Der Markeninhaber besitzt Schutzansprüche nicht nur, wenn Sie ein identisches Zeichen als Domain registrieren, vgl. Frage 46, sondern gemäß § 14 Abs. 2 Nr. 2 des Markengesetzes (MarkenG) selbst dann, wenn sich die gegenüberstehenden Zeichen nur ähneln. Je ähnlicher die sich gegenüberstehenden Zeichen sind, desto weniger ähnlich müssen die sich gegenüberstehenden Waren und Dienstleistungen sein, um eine Verwechslungsgefahr zu begründen. Und je ähnlicher die sich gegenüberstehenden Waren und Dienstleistungen sind, desto weniger ähnlich brauchen die sich gegenüberstehenden Zeichen zu sein, um eine Verwechslungsgefahr zu begründen. Hierbei sind drei Arten von Verwechslungsgefahren zu unterscheiden: die klangliche, die schriftbildliche und die begriffliche Verwechslungsgefahr. Die letztere meint eine Verwechslungsgefahr dem Sinngehalt nach.

Unzulässig sind daher auch so genannte Tippfehler-Domains, bei denen eine Domain registriert wird, die der Domain der Marke eines Konkurrenten ähnelt. Gewünschter Effekt ist dabei, dass Besucher, die eigentlich die Website des Markeninhabers aufrufen wollen, sich bei Eingabe der Internet-Adresse vertippen und so auf die Website der Konkurrenz gelangen.

[Entscheidung 16] Bundesgerichtshof
Urteil vom 27. November 2003 | I ZR 148/01 | donline.de

Der Domain-Name »donline.de« kollidiert mit der Wortmarke »T-Online« gemäß § 14 Abs. 2 Nr. 2 MarkenG wegen klanglicher Verwechslungsgefahr. Denn die Aussprache der bekannten Marke »T Online« wirkt gewissermaßen stilbildend auf die Gewohnheiten des Verkehrs, den Begriff »donline« auszusprechen, nämlich »d-online«.

[*http://www.jurpc.de/rechtspr/20040076.htm*]

[Frage 48] Darf ich Begriffe als Domain-Namen registrieren, die mit Begriffen identisch sind oder diesen ähneln, welche Bestandteil einer beim Deutschen Patent- und Markenamt registrierten Wort-/Bildmarke eines Dritten sind?

Die in Frage 46 und Frage 47 dargestellten Schutzansprüche gelten auch für die Inhaber so genannter Wort-/Bildmarken. Das sind Marken, die neben einem Wort auch noch eine Abbildung enthalten. Bei solchen Wort-/Bildmarken steht nach Auffassung der Rechtsprechung der Wortbestandteil im Vordergrund, weil er vom Rechtsverkehr vorrangig wahrgenommen wird. Allerdings kann es im Einzelfall sein, dass der Inhaber der Wort-/Bildmarke nicht den Anspruch besitzt, die Domain-Registrierung von Begriffen zu verhindern, die identisch oder ähnlich mit in seiner Marke enthaltenen Wörtern sind. Dies ist insbesondere der Fall, wenn der Wortbestandteil der Marke im Hinblick auf die im Waren- und Dienstleistungsklassenverzeichnis aufgeführten Waren und Dienstleistungen glatt beschreibend ist.

Gemäß § 23 Nr. 2 des Markengesetzes (MarkenG) kann der Inhaber einer Marke einem Dritten nämlich nicht untersagen, im geschäftlichen Verkehr ein mit der Marke identisches oder ähnliches Zeichen als Angabe über Merkmale oder Eigenschaften von Waren oder Dienstleistungen wie insbesondere ihre Art, ihre Beschaffenheit, ihre Bestimmung, ihren Wert, ihre geografische Herkunft oder die Zeit ihrer Herstellung oder ihrer Erbringung zu benutzen, sofern die Benutzung nicht gegen die guten Sitten verstößt. Besitzt beispielsweise ein Autohersteller in der Warenklasse 12 (»Kraftfahrzeuge«) für das Produkt »Kraftfahrzeuge« eine Wort-/Bildmarke, die das alleinige Wort »Auto« enthält, kann er einem konkurrierenden Autohersteller die Verwendung des Begriffs »Auto« für die von ihm hergestellten Kraftfahrzeuge nicht untersagen.

Anders als bei der Anmeldung einer Wortmarke prüft das deutsche Patent- und Markenamt (DPMA) bei der Anmeldung einer Wort-/Bildmarke regelmäßig nicht, ob das zur Aufnahme in das Markenregister angemeldete Wort für sich betrachtet in das Markenregister eintragungsfähig und damit schutzfähig ist. Bei einer Wort-/Bildmarke kann es also sein, dass sich der Markenschutz nur auf die identische oder verwechslungsfähige Benutzung des Bildes erstreckt.

[Frage 49] Welche nicht beim deutschen Patent- und Markenamt registrierten Marken können mit meiner Domain-Registrierung kollidieren?

Neben den im deutschen Markenregister registrierten Marken genießen gemäß § 4 Nr. 2 des Markengesetzes (MarkenG) auch ohne Eintragung ins Register solche Zeichen Markenschutz, die durch die Benutzung im geschäftlichen Verkehr innerhalb der beteiligten Verkehrskreise als Marke Verkehrsgeltung erworben haben. Gemäß § 4 Nr. 3 MarkenG erlangen sehr bekannte Marken, selbst wenn sie nur im Ausland benutzt werden, ebenfalls ohne Registereintragung Markenschutz in Deutschland. Solche Marken werden als notorisch bekannte Marken bezeichnet.

Darüber hinaus kann eine Domain-Registrierung mit den so genannten Gemeinschaftsmarken kollidieren. Das sind Marken, die in das Gemeinschaftsmarkenregister beim Europäischen Harmonisierungsamt für den Binnenmarkt (HABM) in Alicante eingetragen wurden und Schutz für alle Mitgliedstaaten der Europäischen Union beanspruchen.

Schließlich können Domain-Registrierungen auch mit den so genannten international registrierten Marken kollidieren. Eine international registrierte Marke ist eine Marke, die als nationale Marke in einem anderen Staat eingetragen wurde und durch eine internationale Registrierung nach dem Madrider Markenabkommen Schutz auch für Deutschland beansprucht.

2.1.3 Kollidierende Unternehmenskennzeichen und Werktitel Dritter

[Frage 50] Darf ich Begriffe als Domain-Namen registrieren, die mit der Firma eines Unternehmens identisch sind oder dieser ähneln?

Gemäß § 15 Abs. 2 des Markengesetzes (MarkenG) kann die Registrierung einer Domain nicht nur mit Markenrechten, vgl. Fragen 46 ff., kollidieren, sondern auch mit so genannten Unternehmenskennzeichen. Unternehmenskennzeichen sind gemäß § 5 Abs. 2 MarkenG Zeichen, die im geschäftlichen Verkehr als Name, Firma oder als besondere Bezeichnung eines Geschäftsbetriebs oder eines Unternehmens benutzt werden.

Es gelten die gleichen Grundsätze wie beim Schutzanspruch auf Grund von Marken, vgl. Fragen 46 ff. Das Unternehmenskennzeichen ist nicht nur vor einer identischen Benutzung geschützt, sondern auch vor einer ähnlichen Benutzung, vorausgesetzt, hierdurch entsteht eine Verwechslungsgefahr. Die Verwechslungsgefahr bestimmt sich insbesondere nach der Nähe der sich gegenüberstehenden Branchen. Bei einem bekannten Unternehmenskennzeichen bestehen Schutzansprüche auch dann, wenn eine Branchennähe nicht besteht, aber das Unternehmenskennzeichen durch die Domain-Registrierung in unlauterer Weise ausgenutzt oder beeinträchtigt würde.

Aus einem Unternehmenskennzeichen lassen sich aber nur dann Ansprüche gegenüber Dritten herleiten, wenn es hinreichend unterscheidungskräftig ist. Aus Unternehmenskennzeichen, die im Hinblick auf die Branche oder in Bezug auf den Gegenstand des Unternehmens glatt beschreibend sind und damit über keine originäre Kennzeichnungskraft verfügen, lassen sich daher regelmäßig keine Schutzansprüche ableiten, es sei denn, das Unternehmen ist mit dieser Bezeichnung bekannt geworden und hat Verkehrsgeltung erlangt.

Der Schutz der Unternehmenskennzeichen beginnt bei Kennzeichen mit originärer Kennzeichnungskraft mit der Benutzungsaufnahme im geschäftlichen Verkehr, anderenfalls zum Zeitpunkt, in dem die Bezeichnung Verkehrsgeltung erlangt hat.

[Entscheidung 17] Bundesgerichtshof
Urteil vom 16. Dezember 2004 | I ZR 69/02 | literaturhaus.de

Unternehmenskennzeichen erlangen nur dann Schutz nach § 5 Abs. 2 MarkenG, sofern ihnen eine originäre Unterscheidungskraft zukommt. Diese fehlt, wenn das Unternehmenskennzeichen lediglich den Tätigkeitsbereich des Unternehmens beschreibt, z. B. bei Zusammenfügung von zwei beschreibenden Wörtern, ohne dass es hierdurch zu einer einprägsamen Neubildung der beschreibenden Begriffe kommt. Ohne originäre Unterscheidungskraft kann das Unternehmenskennzeichen nur dann Schutz beanspruchen, wenn es Verkehrsgeltung erlangt hat.

[*http://www.jurpc.de/rechtspr/20050047.htm*]

[Frage 51] Wem steht eine Domain zu, wenn es in Deutschland in der gleichen Branche mehrere Unternehmen gibt, die den gleichen Namen tragen?

Sie wollen das unterscheidungskräftige Kennzeichen Ihres Unternehmens als Domain registrieren, stellen aber durch eine Recherche fest, dass es in einer anderen Region Deutschlands noch ein weiteres Unternehmen gibt, das den gleichen Namen trägt. Bevor Sie in diesem Fall die Domain registrieren, sollten Sie zunächst ermitteln, ob die Domain Ihnen oder dem anderen Unternehmen zusteht, das heißt, welches von beiden Unternehmen die besseren Kennzeichenrechte besitzt. Im Kennzeichenrecht gilt das so genannte Prioritätsprinzip: Innerhalb einer Branche steht ein unterscheidungskräftiges Kennzeichen demjenigen Unternehmen zu, welches das Kennzeichen als Erstes im Geschäftsverkehr nutzt. Stellen Sie also prioritätsältere Rechte des anderen Unternehmens fest, sollten Sie von der Registrierung der Domain grundsätzlich absehen oder eine Absprache mit dem prioritätsälteren Unternehmen treffen.

Eine Ausnahme besteht jedoch dann, wenn beide Unternehmen ihrem Zweck und Zuschnitt nach nur lokal oder regional tätig sind und auch nicht auf Expansion ausgelegt sind. In diesem Fall gelten die Unternehmenskennzeichen nämlich nur in räumlich beschränkten Schutzbereichen und nicht wie in der Regel deutschlandweit. In diesem Fall kann auch das Unternehmen mit dem jüngeren Unternehmenskennzeichen die Domain registrieren, da es hierdurch nicht in den räumlich beschränkten Schutzbereich des anderen Unternehmens mit dem älteren Unternehmenskennzeichen eingreift. Denn die Rechtsprechung geht davon aus, dass ein Unternehmen allein durch den Umstand, dass es im Internet auftritt, die herkömmlichen räumlichen Grenzen seiner bisherigen Tätigkeit nicht durchbricht.

[Entscheidung 18] Bundesgerichtshof
Urteil vom 22. Juli 2004 | I ZR 135/01 | soco.de

Eine kennzeichenrechtliche Kollision ist ausgeschlossen, wenn die sich gegenüberstehenden Unternehmen in räumlich voneinander klar abgegrenzten lokalen oder regionalen Wirkungskreisen tätig sind. Allein der Auftritt eines Unternehmens im Internet lässt nicht den Schluss zu, dass das Unternehmen seinen lokalen Wirkungskreis verlassen und seine Waren und Dienstleistungen nunmehr bundesweit anbieten will.

[*http://www.jurpc.de/rechtspr/20050019.htm*]

[Lösung Fall 5] Sachverhalt vor Frage 41

A kann von B keine Unterlassung der Benutzung des Domain-Namens »soco.de« verlangen.

Die Bezeichnung »SoCo« ist ein unterscheidungskräftiges und im Verkehr als Kurzbezeichnung geeignetes Firmenschlagwort, welches zwar geringe, jedoch ausreichende Kennzeichnungskraft besitzt. Durch die Verwendung im geschäftlichen Verkehr steht A an dieser Abkürzung ein prioritätsälteres Unternehmenskennzeichenrecht gemäß § 5 Abs. 2 des Markengesetzes (MarkenG) zu.

Auf Grund der Waren- und Dienstleistungsähnlichkeit besteht zwischen den Parteien eine Branchennähe. Allerdings sind A und B in ihrer geschäftlichen Tätigkeit räumlich so weit von einander getrennt, dass die Verwendung der Kurzbezeichnung »SoCo« durch B keine Kennzeichenrechte des A verletzt. Allein der Umstand, dass B sein Unternehmen seit 1999 auch im Internet präsentiert, reicht nicht aus, um auf einen räumlich unbeschränkten Wirkungsbereich seines Unternehmens schließen zu lassen. Etwas anderes würde nur gelten, wenn B seine Waren und Dienstleistungen auch Kunden außerhalb seines bisherigen Wirkungskreises anböte.

[Frage 52] Darf ich Begriffe als Domain-Namen registrieren, die mit dem Firmenschlagwort oder der Unternehmensabkürzung eines Unternehmens identisch oder ähnlich sind?

Gemäß § 15 des Markengesetzes (MarkenG) in Verbindung mit § 5 Abs. 2 MarkenG wird auch die besondere Bezeichnung eines Unternehmens geschützt. Hierunter versteht man insbesondere die so genannten Firmenschlagworte und Unternehmensabkürzungen.

Früher galt der Grundsatz, dass nicht aussprechbare Firmenschlagworte und Unternehmensabkürzungen mangels Namensfunktion nur dann einen kennzeichenrechtlichen Schutz erhalten sollten, sofern sie Verkehrsgeltung besaßen. Inzwischen geht die Rechtsprechung aber davon aus, dass auch derartige nicht aussprechbare Firmenschlagworte und Unternehmensabkürzungen auch ohne Verkehrsgeltung Kennzeichenschutz genießen. Dies wird insbesondere damit begründet, dass derartige Firmenschlagworte und Unternehmensabkürzungen üblich geworden sind.

[Entscheidung 19] Bundesgerichtshof
Urteil vom 9. September 2004 | I ZR 65/02 | mho.de

Auch nicht als Wort aussprechbare Buchstabenkombinationen können als Unternehmenskennzeichen geschützt sein, wobei es auf eine Verkehrsgeltung nicht ankommt.

[*http://www.jurpc.de/rechtspr/20050039.htm*]

[Frage 53] Darf ich Begriffe als Domain-Namen registrieren, die identisch oder ähnlich mit den Titeln von Büchern, Zeitungen, Zeitschriften, Filmen, CD's, Software, Spielen oder Websites sind?

Das Markengesetz (MarkenG) schützt nicht nur Marken und Unternehmenskennzeichen, sondern auch so genannte Werktitel (§ 5 Abs. 3 MarkenG). Das sind die Namen oder besonderen Bezeichnungen von Druckschriften, Filmwerken, Tonwerken, Bühnenwerken oder sonstigen vergleichbaren Werken. Zu den sonstigen vergleichbaren Werken zählen beispielsweise Computer-Software, Spiele oder auch Internet-Websites (z. B. Online-Zeitungen).

Der Titelschutz beginnt grundsätzlich mit der Benutzung im geschäftlichen Verkehr. Allerdings kann der Titelschutz auch zeitlich vorverlagert werden durch Schaltung einer so genannten Titelschutzanzeige in einer der für Titelschutzanzeigen üblichen Medien, vgl. Frage 75. Dadurch will die Rechtsprechung ermöglichen, sich frühzeitig auf einen bestimmten Titel festzulegen, beispielsweise um das

Werk bereits vor Erscheinen zu bewerben, ohne das Risiko einzugehen, dass ein Dritter prioritätsältere Kennzeichenrechte begründet. Derjenige, der diese Titelschutzanzeige geschaltet hat, kann sich aber nur dann auf Titelschutz berufen, wenn das Werk innerhalb angemessener Zeit, in der Regel spätestens binnen sechs Monaten, auch tatsächlich unter dem Titel erscheint.

Werktitel sind wie Marken und Unternehmenskennzeichen vor identischer und ähnlicher Benutzung im geschäftlichen Verkehr geschützt, soweit eine Verwechslungsgefahr zu befürchten wäre. Auch tendenziell beschreibende Titel mit schwacher Unterscheidungskraft sind schutzfähig. Hier trägt die Rechtsprechung dem Umstand Rechnung, dass Titel grundsätzlich dazu tendieren, beschreibend zu sein, wie beispielsweise die Titel von Tageszeitungen. Die Rechtsprechung verlangt bei Titeln geringere Anforderungen an die Kennzeichnungskraft, weil sie davon ausgeht, dass der Rechtsverkehr daran gewöhnt ist, hier auch auf feinste Unterschiede zu achten. Allerdings kann es bei schwacher Kennzeichnungskraft des Titels an einer Verwechslungsgefahr fehlen.

Der Titelschutz einer Website setzt einen gewissen Fertigstellungsgrad voraus, entsprechend beispielsweise der Nullnummer einer Zeitschrift, vgl. Frage 74.

[Entscheidung 20] Hanseatisches Oberlandesgericht
Urteil vom 24. Juli 2003 | 3 U 154/01 | schuhmarkt.de

Der Gattungsbegriff »Schuhmarkt« hat für eine Zeitschrift, die über den nationalen und internationalen Schuhhandelsmarkt berichtet und die dem allgemeinen Verkehr kaum bekannt ist, bestenfalls normale Kennzeichnungskraft. Der allgemeine Rechtsverkehr, soweit er sich am Internet beteiligt, kann jedenfalls nicht annehmen, es mit dem Anbieter der Zeitschrift zu tun zu haben, wenn er unter der Domain »schuhmarkt.de« auf eine E-Commerce-Handelsplattform und Präsentationsplattform für den Schuhwarenhandel stößt. Denn selbst bekannte Zeitschriften verbreiten im Internet ihre spezifischen Inhalte und dienen nicht als Forum für bestimmte Zwecke. Eine Verwechslungsgefahr scheidet daher aus, weil der Verkehr nicht glauben wird, dass Zeitschrift und Plattform aus demselben oder wirtschaftlich verbundenen Unternehmen stammen.

[*http://www.jurpc.de/rechtspr/20030239.htm*]

2.1.4 Kollidierende Namensrechte Dritter

[Frage 54] Welche Rechte Dritter habe ich neben den Marken, Unternehmenskennzeichen und Werktiteln bei einer Domain-Registrierung zu beachten?

Neben den Marken, Unternehmenskennzeichen und Werktiteln können mit einer Domain-Registrierung auch die Namensrechte Dritter kollidieren. Das Namensrecht, welches allen Menschen, so genannten natürlichen Personen, aber auch Unternehmen und Organisationen, z. B. juristischen Personen, zusteht, ist in § 12 des Bürgerlichen Gesetzbuches (BGB) gewährleistet. Hiernach steht dem Namensinhaber insbesondere der Anspruch zu, dass Dritte es unterlassen, unbefugt den gleichen Namen zu gebrauchen, wenn hierdurch das Interesse des Berechtigten verletzt wird. Registriert beispielsweise jemand einen Begriff, der identisch mit dem Namen eines Dritten ist, so nimmt er hierdurch dem Dritten die Möglichkeit, unter diesem Domain-Namen im Internet aufzutreten. Dies kann zu einer Zuordnungsverwirrung und der Verletzung schutzwürdiger Interessen des Namensträgers führen. Das gilt insbesondere dann, wenn der Inhaber der Domain sich nicht auf eigene Kennzeichen- und Namensrechte berufen kann. Hierin sieht der Bundesgerichtshof den Fall einer so genannten Namensanmaßung gemäß § 12 S. 1, 2. Alt. BGB, der regelmäßig zu Unterlassungsansprüchen des Namensinhabers führt. Von den unteren Gerichten wurde hierin öfters auch eine Namensleugnung im Sinne von § 12 S. 1, 1. Alt. BGB gesehen, weil das Recht zum Gebrauch des Namens bestritten würde.

Die Besonderheit bei den Namensrechten besteht darin, dass auch derjenige, der bei der Domain-Registrierung nicht im geschäftlichen Verkehr, sondern zu privaten Zwecken handelt, die Namensrechte Dritter verletzen kann. Auch eine Domain-Registrierung, die im geschäftlichen Verkehr erfolgt, kann zu Unterlassungsansprüchen aus Namensrecht führen: Nämlich dann, wenn sich ein Unternehmen zur Durchsetzung der Freigabe einer Domain nicht auf sein Unternehmenskennzeichen berufen kann, weil keine Verwechslungsgefahr im Hinblick auf die sich gegenüberstehenden Waren und Dienstleistungen bzw. Branchen besteht.

Bei schuldhafter Beeinträchtigung des Namensrechts können auch Schadensersatzansprüche gemäß § 823 Abs. 2 BGB bestehen.

[Entscheidung 21] Landgericht Düsseldorf
Urteil vom 4. April 2001 | 2 a O 437/00 | friedrich.de

Der Träger des Namens »Fridrich« verletzt durch die Registrierung des Domain-Namens »friedrich.de« das Namensrecht einer Person namens »Friedrich«. Auch die Tatsache, dass beide Namen klanglich identisch sind, rechtfertigt nicht die Registrierung dieses Domain-Namens. Denn die Begrenztheit der zur Verfügung stehenden Domain-Namen erfordert, nur demjenigen das Recht zuzubilligen, sich im Internet unter einer bestimmten Bezeichnung zu präsentieren, der genau diesen Namen trägt.

[*http://www.jurawelt.com/gerichtsurteile/zivilrecht/lg/2190*]

[Frage 55] Darf ich Begriffe als Domain-Namen registrieren, die identisch oder ähnlich mit den Namen von Städten sind?

Städte sind Körperschaften des öffentlichen Rechts und damit juristische Personen. Juristischen Personen steht ein Namensrecht aus § 12 des Bürgerlichen Gesetzbuches (BGB) zu, vgl. Frage 54. Sie würden sich daher Unterlassungsansprüchen aussetzen, wenn Ihre Domain-Registrierung dazu führt, dass sich die Stadt unter einem ihrem Namen entsprechenden Domain-Namen nicht im Internet präsentieren kann.

Tipp

Soweit in Ihrem Domain-Namen der Hinweis auf eine Stadt enthalten ist, nehmen Sie auf der Startseite Ihrer Website jedenfalls den Hinweis auf, dass es sich hierbei nicht um die offizielle Website der Stadt handelt, um den Eindruck einer Irreführung zu vermeiden.

[Entscheidung 22] Oberlandesgericht Düsseldorf
Urteil vom 15. Januar 2002 | 20 U 76/01 | duisburg-info.de

Eine unbefugte Namensanmaßung oder Namensleugnung liegt, in Bezug auf die Stadt Duisburg, nicht vor, wenn ein kommerzieller Anbieter die Domain »duisburg-info.de« verwendet. Denn der Verkehr geht nicht davon aus, dass sämtliche einen Städtenamen enthaltende Domains von dieser Stadt oder mit deren Zustimmung gehalten werden.

[*http://www.jurpc.de/rechtspr/20020300.htm*]

[Frage 56] Darf ich Begriffe als Domain-Namen registrieren, die identisch oder ähnlich mit Kfz-Kennzeichen sind?

Die Registrierung von Buchstabenkombinationen, die einem Kfz-Kennzeichen entsprechen, ist bereits nach den Richtlinien des Deutschen Network Information Center (DENIC) unzulässig. Denn die DENIC will die Möglichkeit behalten, den Namensraum unter der Top-Level-Domain ».de« durch regionale Unterteilungen zu erweitern, wozu sich die Kfz-Kennzeichen eignen würden.

Es kann aber auch problematisch sein, wenn Sie einen mit einem Kfz-Kennzeichen identischen Zusatz in Ihre Domain aufnehmen. Zum einen hat es in der Vergangenheit insoweit eine Abmahnwelle auf Grund eines behaupteten Patents an derartigen Buchstabenkombinationen gegeben. Zum anderen kann die Aufnahme eines derartigen Zusatzes im Einzelfall zu namensrechtlichen Unterlassungsansprüchen führen. Dies gilt insbesondere dann, wenn die Kombination des Kfz-Kennzeichens mit dem weiteren Bestandteil des Domain-Namens eine Bezeichnung entstehen lässt, welche nach Auffassung des Verkehrs ein bestimmtes Unternehmen oder eine bestimmte Organisation schlagwortartig bezeichnet.

**[Entscheidung 23] Oberlandesgericht Braunschweig
Beschluss vom 19. Dezember 2003 | 2 W 233/03 | fh-wf.de**

Die Bezeichnung »fh-wf« ist eine unterscheidungskräftige, schlagwortartige Abkürzung für die Fachhochschule Wolfenbüttel und erscheint ihrer Art nach geeignet, sich im Verkehr als Hinweis auf diese durchzusetzen. Die Registrierung des Domain-Namens »fh-wf.de« durch einen Dritten stellt daher eine Namensleugnung dar und ist somit ein Bestreiten des Namensrechts im Sinne von § 12 des Bürgerlichen Gesetzbuches (BGB).

[*http://www.jurpc.de/rechtspr/20040254.htm*]

[Frage 57] Darf ich Namen von Prominenten als Domain-Namen registrieren?

Wenn Sie den Namen eines Prominenten als Domain-Namen registrieren, ohne selbst so zu heißen, verstoßen Sie gegen das Namensrecht des Prominenten aus § 12 des Bürgerlichen Gesetzbuches (BGB), vgl. Frage 54. Wegen Namensanmaßung haben Sie mit der Geltendmachung von Unterlassungsansprüchen zu rechnen. Einen namensrechtlichen Schutz können auch die Vornamen von Prominenten genießen, wenn der Prominente unter diesem Namen große Bekanntheit erlangt hat.

Anders liegt der Fall, wenn Sie den gleichen Namen wie der Prominente tragen. Bei einer solchen Kollision von Namensrechten gilt das so genannte Gleichnamigen-Recht. Es gilt zunächst der Grundsatz des Prioritätsprinzips, das heißt, der Domain-Name steht demjenigen zu, der ihn als Erster registriert hat. Dieser Grundsatz kann aber durchbrochen werden, wenn weitere besondere Umstände hinzutreten, wie beispielsweise die hohe Bekanntheit des anderen Namensträgers. Dann sind die sich gegenüberstehenden Interessen gegeneinander abzuwägen, was dazu führen kann, dass die nicht prominente Person nur einen Domain-Namen mit einem unterscheidungskräftigen Zusatz verwenden darf. Allerdings ist die Rechtsprechung sehr zurückhaltend, einer berühmten Person an einem Domain-Namen automatisch bessere Rechte zuzugestehen als dem Träger des gleichen Namens.

[Entscheidung 24] Oberlandesgericht Köln
Urteil vom 27. November 2001 | 15 U 108/01, 15 U 109/01 | guenter-jauch.de

Grundsätzlich gilt im Bereich der Gleichnamigen, dass jeder seinen Namen verwenden darf, und wo die Namensverwendung nur einer Person möglich ist, gilt das Prinzip der Priorität. Der überragende Bekanntheitsgrad einer Person ergibt keinen automatischen Vorrang bei der Frage, wem ein Domain-Name zusteht. Denn es fehlt an Abgrenzungskriterien, um in zumutbarer Weise einen Personenkreis zu definieren, der unter dem Blickwinkel der »Berühmtheit« einen besonderen Namensschutz für sich reklamieren könnte.

[*http://www.jurpc.de/rechtspr/20020087.htm*]

[Frage 58] Was muss ich tun, wenn ich meinen Namen als Internet-Adresse verwenden will, mein Name aber mit einem sehr bekannten Unternehmen identisch ist?

Wenn Ihr Name identisch mit dem Namen eines sehr bekannten Unternehmens ist, gilt auch hier das Gleichnamigen-Recht, vgl. Frage 57. Im Rahmen der beim Recht der Gleichnamigen vorzunehmenden Interessenabwägung werden Sie bei der Kollision mit einem sehr bekannten Unternehmen regelmäßig dazu verpflichtet sein, Ihrem Domain-Namen einen unterscheidungskräftigen Zusatz beizufügen. Je bekannter das Unternehmen ist, desto unterscheidungskräftiger sollte dieser Zusatz sein. Eine praktikable und je nach Fallkonstellation auch ausreichende Maßnahme dürfte es sein, dem Nachnamen auch noch den Vornamen beizufügen.

Kollidiert Ihr Name mit dem Namen eines weniger bekannten Unternehmens und haben Sie auf dessen Interessen Rücksicht zu nehmen, kommen auch mildere Mittel zur Vermeidung der Zuordnungsverwirrung in Betracht, vgl. Frage 59.

[Entscheidung 25] Bundesgerichtshof
Urteil vom 22. November 2001 | I ZR 138/99 | shell.de

Wenn mehrere Personen als berechtigte Namensträger für einen Domain-Namen in Betracht kommen, gilt grundsätzlich das Prioritätsprinzip. Eine Ausnahme besteht, wenn einer der Namensträger überragende Bekanntheit genießt, der Verkehr einen Internetauftritt unter seinem Namen erwartet und der namensgleiche Inhaber der Domain seinerseits kein besonderes Interesse an der Nutzung eben dieser Adresse darlegen kann. In diesem Fall ist dem Inhaber der Domain zuzumuten, seiner Internet-Adresse einen individualisierenden, unterscheidenden Zusatz hinzuzufügen.

[*http://www.jurpc.de/rechtspr/20020139.htm*]

[Frage 59] Darf ich einen Domain-Namen registrieren, der identisch mit meinem Nachnamen ist, obwohl es viele andere Personen mit dem gleichen Namen gibt?

Auch hier gilt das in Frage 57 beschriebene Gleichnamigen-Recht mit seinem Prioritätsprinzip. Danach steht ein Domain-Name bei zwei berechtigten Namensträgern grundsätzlich demjenigen zu, der den Domain-Namen als Erster registriert hat. In Ausnahmefällen kann sich bei der vorzunehmenden Interessenabwägung ergeben, dass einem der Namensinhaber zuzumuten ist, Maßnahmen zu ergreifen, die die Gefahr einer Verwechslung verringern. Diese Verwechslungsgefahr kann durch die Aufnahme eines unterscheidenden Zusatzes in den Domain-Namen verhindert werden, vgl. Frage 57. Bei tendenziell gleichbedeutenden Namensinhabern kommen aber auch mildere Mittel in Betracht. Beispielsweise kann es ausreichen, dass Sie auf Ihrer Homepage auf die Existenz des anderen Namensinhabers und dessen Website hinweisen.

[Entscheidung 26] Bundesgerichtshof
Urteil vom 11. April 2002 | I ZR 317/99 | vossius.de

Die Verwechslungsgefahr zwischen Gleichnamigen kann auch dadurch ausgeräumt werden, dass auf der ersten sich öffnenden Seite des Internetauftritts darüber aufgeklärt wird, dass es sich nicht um die Website des anderen Namensträgers handelt und darauf hingewiesen wird, unter welcher Adresse dessen Homepage zu finden ist.

[http://www.jurpc.de/rechtspr/20020155.htm]

2.1.5 Recherche von kollidierenden Rechten Dritter

[Frage 60] Prüft nicht bereits mein Provider oder das Deutsche Network Information Centre (DENIC), ob die Domain Rechte Dritter verletzt?

Weder die Provider, bei denen Sie Ihre Domain beantragen, noch die Organisationen, die die Domains verwalten und vergeben, beispielsweise das Deutsche Network Information Center (DENIC), führen Recherchen durch, ob die beantragten Domain-Namen mit den Rechten Dritter kollidieren. Im Interesse der Allgemeinheit an der Aufrechterhaltung eines funktionsfähigen und effektiven Registrierungsverfahrens treffen die DENIC grundsätzlich keinerlei Prüfungspflichten. Selbst auf völlig eindeutige, für jedermann erkennbare Verstöße braucht die DENIC

bei der Erstregistrierung einer Domain nicht zu achten,
weil nur so die Registrierung einer großen Anzahl von Se-
cond-Level-Domains in einem möglichst schnellen und
preiswerten automatisierten Verfahren zu bewältigen ist.
Prüfungspflichten bestehen erst dann, wenn die DENIC
darauf hingewiesen wird, dass eine Domain-Registrierung
Rechte Dritter verletzt.

[Entscheidung 27] Bundesgerichtshof
Urteil vom 19. Februar 2004 | I ZR 82/01 | kurt-biedenkopf.de

Die DENIC ist bei der Registrierung eines Domain-Namens grundsätzlich nicht verpflichtet zu prüfen, ob hierdurch Rechte Dritter verletzt werden.

[*http://www.jurpc.de/rechtspr/20040216.htm*]

[Frage 61] Wie
kann ich kollidie-
rende Rechte
Dritter recher-
chieren?

Weder die Provider, bei denen Sie Ihren Domain-Namen
beantragen, noch die Organisationen, die die Domains verwalten und vergeben, beispielsweise das Deutsche Network Information Center (DENIC), führen Recherchen
durch, ob die beantragten Domain-Namen mit den Rechten Dritter kollidieren, vgl. Frage 60. Daher müssen Sie
selbst entsprechende Recherchen veranlassen, um Unter-
lassungs- und Schadensersatzansprüche Dritter, die sehr
hohe Kosten auslösen können, vgl. Frage 83, zu vermeiden.

Die Rechtsprechung stellt sehr hohe Anforderungen an
Ihre Prüfungspflicht. Sie geht von fahrlässigem Verhalten
aus, wenn Sie die erforderlichen Recherchen nicht professionell durchführen und auswerten lassen. Daher wird eine
von Ihnen durchgeführte Recherche den Anforderungen
der Rechtsprechung regelmäßig nicht genügen.

Allerdings werden auch professionelle Recherchen niemals
vollständig sein können, sondern das Risiko einer Kollision
allenfalls reduzieren. Denn es gibt zahlreiche Unternehmen, wie z. B. Gesellschaften bürgerlichen Rechts oder
nicht als Kaufmann ins Handelsregister eingetragene Gewerbetreibende, die zwar eigene Rechte an Unternehmenskennzeichen geltend machen können, aber in keinem Register oder Verzeichnis auftauchen.

Tipp

Ein auf Kennzeichen-Recherchen spezialisiertes Unternehmen finden Sie beispielsweise unter *http://www.bis-service.de*. Die Rechercheergebnisse sollten Sie unbedingt durch einen auf das Markenrecht spezialisierten Rechtsanwalt auswerten lassen.

[Frage 62] Wo kann ich identische und verwechslungsfähige Marken recherchieren?

Sie können selbst vorab eine kursorische Marken-Kurzrecherche zur ersten Einschätzung der Kollisionslagen durchführen. Allerdings ersetzt eine solche kursorische Kurzrecherche keine professionelle Recherche, welche die Rechtsprechung zur Vermeidung des Vorwurfs fahrlässigen Verhaltens voraussetzt, vgl. Frage 61.

Deutsche Marken können Sie im Markenregister unter *https://dpinfo.dpma.de* recherchieren. Die Recherche ist kostenlos, erfordert aber zunächst eine Registrierung. International registrierte Marken können Sie unter *http://www.wipo.int/madrid/en/madrid_express.htm* recherchieren. Gemeinschaftsmarken können Sie unter *http://oami.eu.int/de/database/ctm-online.htm* recherchieren. Das Deutsche Patent- und Markenamt, *http://www.dpma. de*, bietet zudem in Berlin und München Recherchemöglichkeiten vor Ort an.

Neben den eingetragenen Marken ist es jeweils auch erforderlich, angemeldete Marken zu recherchieren, da die Markenpriorität durch den Tag der Anmeldung bestimmt wird, falls es zu einer Eintragung der angemeldeten Marke kommen sollte.

Tipp

Bitte denken Sie daran, dass es neben den Register-Marken auch nicht registrierte Marken geben kann, nämlich Marken kraft Verkehrsgeltung oder notorisch bekannte Marken, vgl. Frage 49.

[Frage 63] Wie kann ich identische und verwechslungsfähige Unternehmenskennzeichen recherchieren?

Sie können selbst vorab eine kursorische Unternehmens-kennzeichen-Kurzrecherche zur ersten Einschätzung der Kollisionslagen durchführen. Allerdings ersetzt eine solche kursorische Kurzrecherche keine professionelle Recherche, welche die Rechtsprechung zur Vermeidung des Vorwurfs fahrlässigen Verhaltens voraussetzt, vgl. Frage 61.

Bei Ihrer regionalen Industrie- und Handelskammer erhalten Sie Informationen, ob in Ihrer Region ein Unternehmen mit identischer oder ähnlicher Bezeichnung existiert. Dieser Service ist regelmäßig kostenpflichtig. Allerdings erhalten Sie dort normalerweise keine Informationen über Unternehmen aus anderen Regionen Deutschlands, welche möglicherweise auch in Ihrer Region Kennzeichenschutz genießen.

Unter *http://www.handelsregister.de* können Sie bundesweit in den jeweiligen Handelsregistern recherchieren. Umfassende Firmendatenbanken finden Sie auch unter *http://www.genios.de*. Beide Suchmöglichkeiten sind kostenpflichtig und können nur nach einer entsprechenden Anmeldung durchgeführt werden.

Bitte bedenken Sie, dass verfügbare Datenbanken niemals alle Unternehmen erfassen. Denn es gibt zahlreiche Unternehmen wie z. B. Gesellschaften bürgerlichen Rechts oder nicht als Kaufmann ins Handelsregister eingetragene Gewerbetreibende, die zwar eigene Rechte an Unternehmenskennzeichen geltend machen können, aber in keinem Register oder Verzeichnis auftauchen.

Tipp

Recherchieren Sie ergänzend mit Hilfe von Internet-Suchmaschinen, z. B. unter *www.google.de*.

[Frage 64] Wie kann ich identische und verwechslungsfähige Werktitel recherchieren?

Sie können selbst vorab eine kursorische Titel-Kurzrecherche zur ersten Einschätzung der Kollisionslagen durchführen. Allerdings ersetzt eine solche kursorische Kurzrecherche keine professionelle Recherche, welche die Rechtsprechung zur Vermeidung des Vorwurfs fahrlässigen Verhaltens voraussetzt, vgl. Frage 61.

Sie müssen zum einen die Titel bereits erschienener Werke in den einzelnen Werkgattungen, vgl. Frage 53, recherchieren. Zum anderen müssen Sie recherchieren, ob jemand vor Erscheinen eines Werkes per Titelschutzanzeige Rechte an einem bestimmten Titel geltend macht, vgl. Frage 75. Bitte beachten Sie, dass ältere Titelschutzanzeigen, die ins Leere gingen, weil binnen angemessener Frist kein Werk erschienen ist, keine Prioritätsrechte begründen.

Erschienene Buchtitel beispielsweise können Sie unter *http://www.buchhandel.de* oder *http://www.amazon.de* kostenlos recherchieren. Titelschutzanzeigen können Sie unter *http://www.titelschutzanzeiger.de* kostenlos recherchieren. Bitte bedenken Sie, dass Titelschutzanzeigen auch in anderen branchenüblichen Medien veröffentlicht werden können.

Tipp

Unter *http://www.mediaregister.de* können Sie gegen eine Gebühr in spezialisierten Titelschutz-Datenbanken recherchieren.

[Frage 65] Wie kann ich Namensrechte Dritter recherchieren?

Sie können selbst vorab eine kursorische Namens-Kurzrecherche zur ersten Einschätzung der Kollisionslagen durchführen. Allerdings ersetzt eine solche kursorische Kurzrecherche keine professionelle Recherche, welche die Rechtsprechung zur Vermeidung des Vorwurfs fahrlässigen Verhaltens voraussetzt, vgl. Frage 61. Für die Kurzrecherche eignet sich am besten das Internet.

Bitte beachten Sie hierbei, dass nicht nur die Namensrechte von so genannten natürlichen Personen kollidieren können. Kollidieren können beispielsweise auch die Namen von juristischen Personen und unter einem Gesamtnamen auftretende Personenvereinigungen.

Tipp

Kollidierende Namen Dritter können Sie beispielsweise kostenlos in Telefonnummern-Datenbanken, z. B. unter *http://www.teleauskunft.de* recherchieren. Ergänzend sollten Sie zudem eine Recherche mit Hilfe von Internet-Suchmaschinen, z. B. unter *http://www.google.de*, durchführen.

2.1.6 Wettbewerbsschranken und Domain-Grabbing

[Frage 66] Darf ich beschreibende Begriffe als Domain-Namen registrieren?

Es ist höchstgerichtlich anerkannt, dass Sie beschreibende Begriffe, so genannte Gattungsbezeichnungen, als Domain-Namen registrieren können. Die ganz früher teilweise vertretene Ansicht, dass die Nutzung von beschreibenden Begriffen als Domain-Namen gegen das Gesetz gegen den unlauteren Wettbewerb (UWG) verstoße, ist seit längerem überholt. Man hatte damals argumentiert, dass beschreibende Domain-Namen Kundenströme unzulässig kanalisieren und Mitbewerber unter Verstoß gegen die Grundsätze lauteren Wettbewerbs behindern würden.

Auch liegt nach Auffassung des Bundesgerichtshofs in der Registrierung eines Gattungsbegriffs in der Regel keine sittenwidrige Schädigung gemäß § 826 des Bürgerlichen Gesetzbuches (BGB), selbst wenn es nahe liegt, dass ein Unternehmen diesen Domain-Namen für seinen Internetauftritt verwenden könnte.

Allerdings macht der Bundesgerichtshof auch Einschränkungen, vgl. Frage 68.

[Entscheidung 28] Bundesgerichtshof
Urteil vom 2. Dezember 2004 | I ZR 207/01 | weltonline.de

Die Registrierung beschreibender Begriffe als Domain-Namen ist im Grundsatz keinen rechtlichen Schranken unterworfen. Auch wenn an einem Gattungsbegriff gleichzeitig Namens- oder Kennzeichenrechte bestehen, verbleibt es in der Regel beim Prinzip der Priorität der Registrierung. Ein beschreibender Domain-Name kann auch in der Weise genutzt werden, dass Nutzer, die diesen Domain-Namen eingeben, zu einer anderen Website umgeleitet werden. Wenn ein Gattungsbegriff einem Dritten zum Kauf angeboten wird, kann regelmäßig nicht auf eine Schädigungsabsicht geschlossen werden.

[*http://www.bundesgerichtshof.de*]

[Frage 67] Was genau sind Gattungsbezeichnungen?

Gattungsbezeichnungen sind solche Begriffe, welche Waren und Dienstleistungen glatt beschreiben. Allerdings ist die Grenzziehung zwischen glatt beschreibenden und schon kennzeichnungskräftigen Begriffen kaum möglich.

Beispielsweise hielten Gerichte Begriffe wie »rechtsanwaelte«, »autovermietung«, »sauna«, »mitwohnzentrale« oder »weltonline« für Gattungsbezeichnungen, nicht aber Begriffe wie »kuecheonline« oder »tipp«.

Tipp

Achten Sie bei der Registrierung beschreibender Begriffe darauf, dass es sich um Gattungsbegriffe der Umgangssprache handelt, die für eine ganz bestimmte Ware oder Dienstleistung stehen, und nicht möglicherweise um schwach kennzeichnungskräftige Zeichen.

[Entscheidung 29] Hanseatisches Oberlandesgericht
Urteil vom 16. Juni 2004 | 5 U 162/03 | tipp.ag

Das Wort »tipp« steht – anders als »Auto« oder »Rechtsanwalt« – nicht für eine ganz bestimmte Ware oder Dienstleistung und ist deshalb grundsätzlich kennzeichnungskräftig.
[*http://www.jurpc.de/rechtspr/20040262.htm*]

[Frage 68] Welche Beschränkungen gibt es bei der Registrierung beschreibender Begriffe?

Die Registrierung einer Gattungsbezeichnung als Domain-Name ist grundsätzlich nicht wettbewerbs- oder sittenwidrig, vgl. Frage 66. Jedoch hat der Bundesgerichtshof angemerkt, dass die Registrierung von beschreibenden Begriffen als Domain-Namen wettbewerbswidrig im Sinne von § 3 des Gesetzes gegen den unlauteren Wettbewerb (UWG) sein kann, wenn die Verwendung des fraglichen Begriffs dadurch für Dritte blockiert wird, dass gleichzeitig andere Schreibweisen des registrierten Begriffs unter derselben Top-Level-Domain oder dieselbe Bezeichnung unter anderen Top-Level-Domains registriert werden.

Auch kann, unter dem Gesichtspunkt der Alleinstellungsbehauptung, eine wettbewerbswidrige und damit unzulässige Irreführung gemäß § 5 UWG vorliegen. Zwecks Vermeidung einer derartigen Alleinstellungsbehauptung kann es daher, abhängig von dem beschreibenden Begriff und abhängig von der Fallkonstellation, erforderlich sein, auf der Homepage darauf hinzuweisen, dass man nicht der einzige Anbieter der betroffenen Waren und Dienstleistungen ist.

Ein Wettbewerbsverstoß wegen Irreführungsgefahr kommt auch dann in Betracht, wenn unter einem beschreibenden Begriff Produkte und Dienstleistungen angeboten werden, die mit dem beschreibenden Begriff nichts zu tun haben.

Tipp

Nehmen Sie zur Vermeidung einer Alleinstellungsbehauptung auf der Homepage Ihrer Website den Hinweis auf, dass Sie nicht der einzige Anbieter der angebotenen Waren und Dienstleistungen sind.

[Entscheidung 30] Bundesgerichtshof
Urteil vom 17. Mai 2001 | I ZR 216/99 | mitwohnzentrale.de

Die Benutzung einer Gattungsbezeichnung als Domain-Name ist grundsätzlich nicht wettbewerbswidrig. Wettbewerbswidrig kann es hingegen sein, wenn der Domain-Inhaber durch die Registrierung weiterer Domains die Verwendung des fraglichen Begriffs als Domain durch Dritte blockiert. Auch kann, unter dem Gesichtspunkt der Alleinstellungsbehauptung, eine wettbewerbswidrige und damit unzulässige Irreführung vorliegen.

[http://www.jurpc.de/rechtspr/20010219.htm]

[Frage 69] Darf ich eine Tippfehler-Domain, welche sich an den beschreibenden Domain-Namen meines Mitbewerbers anlehnt, als Weiterleitung auf mein eigenes Angebot einsetzen?

Das Landgericht Erfurt hält es wegen Behinderung des Mitbewerbers für wettbewerbswidrig, wenn jemand einen beschreibenden Domain-Namen registriert, der sich kaum vom beschreibenden Domain-Namen des Mitbewerbers unterscheidet, und diese Tippfehler-Domain automatisch auf das eigene Internet-Angebot weiterleitet, welches jedoch unter einem anderen Namen präsentiert wird.

[Entscheidung 31] Landgericht Erfurt
Urteil vom 21. Oktober 2004 | 2 HK O 77/04 | deutsche-anwaltshotline.de

Wer einen Domain-Namen registriert, der sich an den glatt beschreibenden Domain-Namen eines Mitbewerbers anlehnt (sogenannte Tippfehler-Domain), und diesen auf das eigene Internet-Angebot automatisch weiterleitet, obwohl das eigene Internet-Angebot unter einem anderen Namen präsentiert wird, behindert die wettbewerblichen Entfaltungsmöglichkeiten des Mitbewerbers und handelt wettbewerbswidrig.

[*http://www.jurpc.de/rechtspr/20050084.htm*]

[Frage 70] Darf ich meinen Domain-Namen weiterverkaufen bzw. mit Domain-Namen handeln?

Glatt beschreibende Domain-Namen, vgl. Frage 67, werden heutzutage als normales Wirtschaftsgut betrachtet. Sie können also derartige Namen unbeschränkt registrieren, auch allein zu dem Zweck, sie weiterzuverkaufen. Aber beachten Sie, dass die Registrierung eines Begriffs in verschiedenen Schreibweisen und unter mehreren Top-Level-Domains durch die hierdurch bewirkte Monopolisierung und Blockierung gegenüber Dritten wettbewerbswidrig sein kann, vgl. Frage 68.

Tipp

Unter *http://www.adresso.de* finden Sie ein kostenloses Tool, mit dem Sie, insbesondere im Hinblick auf die begriffliche Geeignetheit, eine erste Einschätzung zum Wert Ihrer Domain erhalten. Unter *http://www.sedo.de* finden Sie einen Marktplatz für Domain-Namen.

[Frage 71] Darf ich einen Begriff, der mit der Marke eines Dritten identisch ist, als Domain-Namen registrieren, um den Domain-Namen nicht selbst zu nutzen, sondern dem Markeninhaber zu verkaufen?

Es ist unzulässig, einen Begriff, der mit der Marke eines Dritten identisch ist, als Domain zu registrieren, um auf einen Verkauf an den Markeninhaber zu spekulieren. In diesem Fall spricht man von Domain-Grabbing. Dieses löst Unterlassungs- und Schadensersatzansprüche des Markeninhabers aus. Zwar besitzt der Markeninhaber in diesem Fall keine Handhabe aus Markenrecht mangels Verwechslungsgefahr sich gegenüberstehender Waren und Dienstleistungen. Doch gewährt die Rechtsprechung dem Markeninhaber Unterlassungs- und Schadensersatzansprüche gemäß §§ 826, 226, 1004 des Bürgerlichen Gesetzbuches (BGB) wegen vorsätzlicher sittenwidriger Behinderung und Schädigung.

[Entscheidung 32] Oberlandesgericht Frankfurt am Main
Beschluss vom 12. April 2000 | 6 W33/00 | weideglueck.de

Die Registrierung einer Domain, welche mit der Marke eines Unternehmens übereinstimmt, jedoch ohne nachvollziehbares eigenes Interesse gesichert wurde, weil sie weder mit dem Namen noch der Tätigkeit des Domain-Inhabers in Zusammenhang steht, stellt eine sittenwidrige Behinderung und Schädigung gemäß §§ 826, 226, 1004 BGB dar, wenn die Umstände darauf schließen lassen, dass die Domain-Registrierung erfolgt ist, um Kapital aus dem Verkauf der Domain zu schlagen.

[*http://www.jurpc.de/rechtspr/20000086.htm*]

2.1.7 Absicherung des Domain-Namens

**[Frage 72]
Erwerbe ich ein
Unternehmens-
kennzeichenrecht,
wenn ich unter
einem nicht
beschreibenden
Domain-Namen
mein Internet-
Business
betreibe?**

Ein Unternehmenskennzeichen gemäß § 5 Abs. 2 des Markengesetzes (MarkenG) entsteht mit der Aufnahme der Benutzung eines unterscheidungskräftigen Zeichens im Geschäftsverkehr, vgl. Frage 50, und zwar durch jede nach außen gerichtete geschäftliche Tätigkeit im Inland, sofern sie auf eine dauernde wirtschaftliche Betätigung schließen lässt. Hierzu zählt beispielsweise die Anmietung gewerblicher Räume oder die Schaltung eines Telefonanschlusses oder auch das Anbieten von Waren und Dienstleistungen im Internet unter dieser Bezeichnung.

Daher erwerben Sie regelmäßig allein schon durch die Verwendung eines Domain-Namens im geschäftlichen Verkehr ein Unternehmenskennzeichen gemäß § 5 Abs. 2 MarkenG, vorausgesetzt, die Bezeichnung ist hinsichtlich der auf der Website präsentierten Waren und Dienstleistungen nicht beschreibend. Allerdings darf der Rechtsverkehr den Domain-Namen nicht als reine Internet-Adresse auffassen, sondern muss darin einen Hinweis auf die betriebliche Herkunft der angebotenen Waren und Dienstleistungen verstehen. Das ist z. B. dann der Fall, wenn der Internetnutzer Ihrer Anbieterkennzeichnung entnehmen kann, dass der Domain-Name mit Ihrer Unternehmensbezeichnung identisch ist oder jedenfalls daraus schlagwortartig abgeleitet wurde.

[Entscheidung 33] Kammergericht Berlin
Urteil vom 4. April 2003 | 5 U 335/02 | arena-berlin.de

Die Verwendung eines hinreichend unterscheidungskräftigen Domain-Namens kann ein Unternehmenskennzeichenrecht begründen, wenn der Domain-Name erkennbar aus Namen, Firmenbezeichnungen, Markenwörtern oder entsprechenden Abkürzungen besteht, da der Verkehr den Domain-Namen dann als Bezeichnung des unter der Internet-Adresse erreichbaren Unternehmens versteht.

[*http://www.jurpc.de/rechtspr/20030281.htm*]

[Frage 73] Kann ich mich auf Unternehmens-kennzeichen-rechte berufen, wenn ich mir bereits vor der Benutzungsauf-nahme meiner Unternehmensbe-zeichnung einen Domain-Namen sichere?

Es entspricht nach Ansicht der Rechtsprechung vernünftiger kaufmännischer Praxis, sich bereits vor der Benutzungsaufnahme einer Unternehmensbezeichnung einen entsprechenden Domain-Namen zu sichern. Wenn Sie alsbald nach der Registrierung des Domain-Namens die Bezeichnung als Unternehmenskennzeichen genutzt haben, wird man Ihnen regelmäßig nicht vorhalten können, Ihnen hätten zum Zeitpunkt der Domain-Registrierung noch keine Unternehmenskennzeichenrechte am Domain-Namen zugestanden.

Wenn Sie ein Unternehmen neu gründen, sollten Sie eine unterscheidungskräftige Unternehmensbezeichnung wählen, unter welcher Sie auch im Internet auftreten wollen. Prüfen Sie jedoch zunächst, ob diese Bezeichnung nicht mit Rechten Dritter kollidieren würde, vgl. Frage 43. Wenn eine Kollision mit Rechten Dritter nicht besteht, nutzen Sie diese Bezeichnung vor oder alsbald nach Registrierung der Domain möglichst frühzeitig im Geschäftsverkehr, beispielsweise als Firmenschlagwort auf Ihrem Briefpapier. Hierdurch können Sie unter den in Frage 50 genannten Voraussetzungen Prioritätsrechte begründen, auch wenn Ihre Website, mit der Sie unter Ihrer Unternehmensbezeichnung im Internet Waren und Dienstleistungen anbieten wollen, noch nicht fertiggestellt ist.

[Entscheidung 34] Bundesgerichtshof
Urteil vom 9. September 2004 | I ZR 65/02 | mho.de

Wenn ein Nichtberechtigter einen Domain-Namen unter Verletzung von Namensrechten eines Dritten registriert, ist dies grundsätzlich ein unbefugter Namensgebrauch. Eine Ausnahme besteht dann, wenn die Registrierung der erste Schritt im Zuge der – für sich genommen rechtlich unbedenklichen – Aufnahme einer entsprechenden Benutzung in einer anderen Branche ist. Die der Benutzungsaufnahme unmittelbar vorausgehende Domain-Registrierung ist in diesem Fall nicht als Namensanmaßung anzusehen.

[http://www.jurpc.de/rechtspr/20050039.htm]

[Frage 74] Erwerbe ich Titelschutzrechte, wenn ich unter einem bestimmten Domain-Namen ein Informationsportal veröffentliche?

Sobald Sie unter Ihrem Domain-Namen eine Website veröffentlichen, welche die Anforderungen an ein titelschutzfähiges Werk im Sinne von § 5 Abs. 3 des Markengesetzes (MarkenG) erfüllt, erwerben Sie an dem Domain-Namen eigene Titelschutzrechte. Das Entstehen von Titelschutzrechten setzt allerdings eine gewisse Unterscheidungskraft des Domain-Namens voraus, vgl. Frage 53. Der Domain-Name darf demnach nicht glatt beschreibend im Hinblick auf die präsentierten Informationen sein.

Eine Website erfüllt nur dann die Anforderungen eines titelschutzfähigen Werkes, wenn ein gewisser Fertigstellungsgrad erreicht ist. Daher reicht es nicht aus, einen Domain-Namen zu registrieren oder unter einem Domain-Namen Konzepte für das noch zu erstellende Werk zu veröffentlichen. Ein titelschutzfähiges Werk besteht beispielsweise dann, wenn Sie eine Online-Zeitung veröffentlichen, deren Fertigstellungsgrad mit der Nullnummer einer Zeitschrift vergleichbar ist.

[Entscheidung 35] Oberlandesgericht München
Urteil vom 11. Januar 2001 | 6 U 5719/99 | kueche-online.de

An ein titelschutzfähiges Werk im Internet sind die gleichen Anforderungen zu stellen wie an ein titelschutzfähiges Werk außerhalb des Internet. Daher ist bei einer Website ein gewisser Fertigstellungsgrad erforderlich, der der Nullnummer oder Erstausgabe einer Print-Zeitschrift entspricht. Das Stadium der reinen Vorbereitungshandlungen genügt den Anforderungen eines titelschutzfähigen Werkes nicht.

[http://www.jurpc.de/rechtspr/20010100.htm]

[Frage 75] Wie kann ich meinen Domain-Namen schützen, wenn ich dort noch keine Inhalte online gestellt habe, aber die Veröffentlichung einer Online-Zeitung plane?

Wenn Sie unter Ihrer Domain noch keine Inhalte veröffentlicht haben, besitzen Sie auch kein titelschutzfähiges Werk, welches Voraussetzung für das Entstehen von Titelschutzrechten ist, vgl. Frage 74. Allerdings besteht die Möglichkeit, durch Schaltung einer so genannten Titelschutzanzeige in branchenüblicher Weise und in branchenüblichen Medien das Entstehen eines Titelschutzrechts zeitlich vorzuverlagern, vgl. Frage 53.

Dies setzt voraus, dass Sie binnen einer angemessenen Frist unter Ihrer Domain das angekündigte titelschutzfähige Werk tatsächlich auch veröffentlichen, in der Regel spätestens sechs Monate nach Erscheinen der Titelschutzanzeige.

Allerdings hält die Rechtsprechung die Veröffentlichung einer Titelschutzanzeige im Internet im Zweifel nicht für ausreichend, da es interessierten Mitbewerbern dort nicht ohne weiteres möglich ist, von einer derartigen Titelschutzanzeige auf einfachem Wege Kenntnis zu erlangen

Tipp

Sie können z. B. unter *http://www.titelschutzanzeiger.de* eine branchenübliche, im Druck erscheinende Titelschutzanzeige aufgeben.

[Entscheidung 36] Oberlandesgericht München
Urteil vom 11. Januar 2001 | 6 U 5719/99 | kuecheonline.de

Eine Titelschutzanzeige gibt es im Internet (noch) nicht. An eine öffentliche Ankündigung eines Titels sind strenge Anforderungen zu stellen, die es ermöglichen, dass die interessierten Mitbewerber von einer derartigen Ankündigung auf einfachem Weg Kenntnis erlangen können. Sie sollen nicht gezwungen sein, in der allgemeinen Presse oder in anderen Medien, z. B. dem Internet, nach entsprechenden Ankündigungen zu recherchieren.

[*http://www.jurpc.de/rechtspr/20010100.htm*]

[Frage 76] Warum sollte ich eine Marke anmelden? Wenn Sie im geschäftlichen Verkehr handeln und Ihnen keine Unternehmenskennzeichenrechte, Titelschutzrechte oder Namensrechte zur Seite stehen, bleibt Ihnen die Möglichkeit, eine Marke anzumelden, um Ihren unterscheidungskräftigen Domain-Namen abzusichern. Aber auch bei bestehenden Unternehmenskennzeichen-, Titelschutz- und Namensrechten kann es sinnvoll sein, eine Marke beim deutschen Markenregister oder beim Gemeinschaftsmarkenregister der Europäischen Union anzumelden.

Denn eine eingetragene Marke bietet den umfassendsten Kennzeichenschutz: Der Prioritätszeitpunkt einer eingetragenen Marke, nämlich der Tag der Anmeldung, ist klar definiert. Sie erhalten nicht nur einen regionalen, sondern bei deutschen Registermarken einen deutschlandweiten und bei Gemeinschaftsmarken einen EU-weiten Kennzeichenschutz. Auch bietet eine Registermarke Flexibilität: Sie können zunächst einen relativ weiten Schutzumfang Ihrer Marke bestimmen, wenn Sie noch nicht genau einschätzen können, in welche Richtung sich Ihr Unternehmen entwickelt. Insbesondere eine eingetragene Wortmarke bietet die Möglichkeit, unterscheidungskräftige Begriffe für relevante Branchen zu monopolisieren.

Tipp

Auch wenn Sie bereits die Idee und einen unterscheidungskräftigen Namen für ein Internet-Projekt haben, aber noch nicht genau wissen, wann Sie die Idee umsetzen wollen, sollten Sie eine Marke anmelden. Denn diese gewährt Ihnen gemäß § 25 des Markengesetzes (MarkenG) eine so genannte Benutzungsschonfrist: Sie können sich seit Eintragung der Marke bis zu fünf Jahren Zeit lassen mit der Aufnahme der Markennutzung.

[Frage 77] Wie melde ich eine Marke an?

Bevor Sie eine Marke anmelden, müssen Sie, wie bei einer Domain-Registrierung, vgl. Frage 61, sorgfältig und professionell recherchieren, ob der Markenanmeldung, insbesondere im Hinblick auf die von Ihnen beanspruchten Waren und Dienstleistungen, kollidierende Rechte Dritter entgegenstehen. Wenn Sie eine Gemeinschaftsmarke anmelden wollen, müssen Sie die kollidierenden Rechte Dritter in allen Mitgliedstaaten der Europäischen Union recherchieren.

Wahlweise können Sie so genannte Wortmarken oder, wenn Sie auch das Logo Ihres Unternehmens mitschützen wollen, so genannte Wort-/Bildmarken anmelden. Mitunter ist es schwierig, die Eintragung einer Wortmarke, mit der Sie unterscheidungskräftige Begriffe für verschiedene Branchen monopolisieren können, durchzusetzen. Denn nicht selten wird die Markenanmeldung wegen mangelnder Unterscheidungskraft und Freihaltebedürftigkeit des angemeldeten Begriffs zurückgewiesen.

Grundsätzlich ist es empfehlenswert, mit der Markenanmeldung einen auf Markenrecht spezialisierten Rechtsanwalt zu betrauen, der Sie auch beraten kann, ob und gegebenenfalls wie die Zurückweisung der Markenanmeldung vermieden werden kann. Dieser prüft auch, ob und inwieweit die geplante Markenanmeldung mit den ermittelten Rechten Dritter kollidiert. Auf diese Weise kann insbesondere verhindert werden, dass besser berechtigte Markeninhaber einen Markenwiderspruch einlegen oder Unterlassungs- und Schadensersatzansprüche geltend machen, was für Sie mit hohen Kosten verbunden wäre, vgl. Frage 83.

Tipp

Sie können Ihre Marke aber auch selbst anmelden. Formulare finden Sie unter *http://www.dpma.de* (deutsches Markenregister) und unter *http://oami.eu.int* (Gemeinschaftsmarkenregister).

[Frage 78] Sollte ich eine deutsche Marke oder eine Gemeinschaftsmarke anmelden?

Eine deutsche Marke gewährt deutschlandweiten Markenschutz, eine europäische Marke (so genannte Gemeinschaftsmarke) gewährt EU-weiten Schutz in allen 25 Mitgliedstaaten der Europäischen Union. Damit eignet sich die Gemeinschaftsmarke für die vorsorgliche Sicherung von Markenrechten im Hinblick auf eine zukünftige EU-weite Expansion Ihres Internet-Unternehmens.

In den meisten Fällen lässt sich aber zunächst nicht absehen, ob eine EU-weite Expansion in Betracht kommt und ob es sich daher lohnt, die relativ hohen Kosten für die Eintragung einer Gemeinschaftsmarke zu investieren. In diesem Fall empfiehlt sich, zunächst eine deutsche Marke anzumelden. Sie können binnen eines Zeitraumes von sechs Monaten seit Anmeldung der deutschen Marke eine entsprechende Gemeinschaftsmarke anmelden, wobei Sie gemäß Artikel 29 Abs. 1 der Verordnung über die Gemeinschaftsmarke (GMV) die Markenpriorität der deutschen Markenanmeldung erhalten.

Tipp

Auch wenn Sie sich entschließen, sofort eine Gemeinschaftsmarke anzumelden, sollten Sie vorsorglich und parallel auch eine deutsche Marke
anmelden. Denn wenn und soweit der Anmeldung der Gemeinschaftsmarke auch in nur einem Mitgliedstaat der Europäischen Union ein Ein-
tragungshindernis entgegensteht, wird die Gemeinschaftsmarke gemäß
Artikel 7 Abs. 2 GMV nicht eingetragen. Das würde dazu führen, dass
Sie, wenn Sie keine deutsche Marke besitzen, auch in Deutschland ohne
Schutz wären.

[Frage 79] Was kostet die Anmeldung einer Marke?
Die amtlichen Gebühren bei Anmeldung einer Marke beim
Deutschen Patent- und Markenamt betragen bei bis zu drei
Waren- und Dienstleistungsklassen 300 Euro. Für jede darüber hinausgehende Klasse zahlen Sie 100 Euro. Die Gebühren des Harmonisierungsamtes in Alicante für die Gemeinschaftsmarke sind um einiges höher: Hier zahlen Sie
für die Anmeldung einer Gemeinschaftsmarke bei bis zu
drei Klassen eine Anmeldegebühr von 975 Euro. Zusätzlich, im Fall der Eintragung, haben Sie eine Eintragungsge-
bühr in Höhe von 1100 Euro zu zahlen. Für jede weitere
Klasse zahlen Sie sowohl für die Anmeldung wie auch die
Eintragung 200 Euro. Anwaltsgebühren kommen zu den
obigen amtlichen Gebühren jeweils hinzu.

Tipp

Bei der Anmeldung einer deutschen Marke haben Sie drei Monate ab
Anmeldung der Marke Zeit, die Gebühren des Deutschen Patent- und
Markenamtes zu zahlen.

2.1.8 Verteidigung des Domain-Namens

[Frage 80] Was ist der typische Inhalt einer Abmahnung?
Wenn Sie wegen der Registrierung eines Domain-Namens
eine anwaltliche Abmahnung erhalten, werden Sie hierin
üblicherweise aufgefordert, eine so genannte vertragsstrafenbewehrte Unterlassungsverpflichtungserklärung abzugeben. Kennzeichen-Inhaber, deren Rechte durch eine Do-

main-Registrierung verletzt wurden, sind regelmäßig verpflichtet, den Kennzeichen-Verletzer zunächst abzumahnen, bevor ein kostspieliges Gerichtsverfahren in Gang gesetzt wird. Daher ergeht eine Abmahnung auch im Interesse des Abgemahnten, da ihm hierdurch erspart wird, die Mehrkosten für einen gerichtlichen Prozess zu tragen.

Die geforderte Unterlassungsverpflichtungserklärung enthält typischerweise vier Elemente: Eine Erklärung, wonach Sie sich verpflichten, die Domain freizugeben und es, bei Vermeidung einer Vertragsstrafe meist in Höhe von 5100 Euro, zu unterlassen, den betreffenden Begriff zukünftig im geschäftlichen Verkehr zu nutzen. Die Vertragsstrafe soll die Wiederholungsgefahr einer erneuten Kennzeichenverletzung beseitigen, deren Bestehen bei einer vorangegangenen rechtswidrigen Beeinträchtigung vermutet wird. Außerdem werden Sie meistens aufgefordert, Auskunft über die bisherige Nutzung der Domain zu geben und zu erklären, dass Sie zum Schadensersatz für bereits entstandene und zukünftig entstehende Schäden verpflichtet sind. Schließlich sollen Sie erklären, die Anwaltskosten des Abmahnenden in einer näher bestimmten Höhe zu übernehmen. Hierbei wird als so genannter Gegenstandswert für die Berechnung der Anwaltsgebühren regelmäßig ein sehr hoher Wert zu Grunde gelegt, der bei Kennzeichenverletzungen typischerweise bei 25 000 Euro beginnt, aber auch schon mal 250 000 Euro betragen kann.

Tipp

Beachten Sie in jedem Fall die in der Abmahnung gesetzte Frist und lassen Sie durch einen auf das Domain- und Markenrecht spezialisierten Rechtsanwalt prüfen, ob und inwieweit die geforderte Unterlassungsverpflichtungserklärung überhaupt berechtigt ist.

[Frage 81] Was kann passieren, wenn ich eine berechtigte Unterlassungsverpflichtungserklärung nicht innerhalb der gesetzten Frist abgebe?

Falls Sie die Unterlassungsverpflichtungserklärung nicht abgeben, obwohl die Unterlassungsverpflichtungserklärung in der verlangten Fassung berechtigt ist, riskieren Sie, dass der verletzte Kennzeichen-Inhaber Klage erhebt, was wegen der bei Kennzeichenstreitsachen sehr hohen Streitwerte mit erheblichen Kosten verbunden ist, vgl. Frage 83. Wenn Sie die Klage verlieren, sind Sie verpflichtet, alle Kosten zu tragen. Außerdem kann es sein, dass der Abmahnende zur vorläufigen Sicherung seines Unterlassungsanspruchs eine einstweilige Verfügung beantragt, vgl. Frage 86.

[Frage 82] Welche Schritte wird Ihr Rechtsanwalt bei einer Abmahnung typischerweise ergreifen?

Ihr Rechtsanwalt wird die Abmahnung daraufhin überprüfen, ob Ihre Domain-Registrierung überhaupt geeignet ist, die behaupteten Unterlassungs-, Auskunfts- und Schadensersatzansprüche auszulösen. Es kann auch sein, dass der Rechtsanwalt feststellt, dass die behaupteten Ansprüche nur teilweise bestehen. Beispielsweise ist die abverlangte Unterlassungserklärung sehr häufig zu weit formuliert. Sie kann auf das erforderliche Maß eingeschränkt werden, muss aber dem Abmahnenden mindestens das zugestehen, was er verlangen kann. Anderenfalls bleibt bei dieser so genannten modifizierten Unterlassungserklärung dennoch das Risiko einer einstweiligen Verfügung oder Klageerhebung bestehen. Ihr Rechtsanwalt wird insbesondere prüfen, ob die behaupteten Auskunfts- und Schadensersatzansprüche bestehen. Denn diese setzen im Gegensatz zum Unterlassungsanspruch ein schuldhaftes Verhalten voraus. Falls Sie sich verpflichten, Auskunft zu geben und Schadensersatz zu leisten, erspart sich der Abmahnende nämlich den Nachweis, dass Sie schuldhaft gehandelt haben. Möglicherweise sind auch die Abmahnkosten nicht zu zahlen, z. B. wenn es sich um eine Serienabmahnung handelt, die allein dem Zweck dient, Abmahnkosten entstehen zu lassen. Es kann auch sinnvoll sein, dem Abmahnenden einen Vergleich anzubieten, z. B. in Form des so genannten Domain-Sharing, bei dem mehrere Personen einen Domain-Namen gemeinsam nutzen.

Wenn der Rechtsnwalt zu dem Schluss kommt, dass die Abmahnung insgesamt unberechtigt ist, kann der Abmahnende aufgefordert werden, seine Abmahnung zurückzu-

nehmen. Anderenfalls kann eine so genannte negative Fest-
stellungsklage erhoben werden, mit der gerichtlich
festgestellt wird, dass der erhobene Anspruch nicht besteht. Um einer drohenden einstweiligen Verfügung zuvor-
zukommen, kann der Rechtsanwalt für den Abgemahnten
bei Gericht eine so genannte Schutzschrift hinterlegen.

Tipp

Geben Sie gegenüber dem Abmahnenden keine Stellungnahme ab, bevor
Ihr Rechtsanwalt die erhobenen Ansprüche nicht abschließend geprüft
hat.

[Frage 83] Mit welchen Kosten muss ich rechnen, wenn es zum Rechtsstreit kommt?

Die Kosten des gerichtlichen Verfahrens bemessen sich auf
der Grundlage des so genannten Streitwertes, welchen das
Gericht auf Vorschlag des Klägers oder Antragstellers, aber
letztlich nach eigenem Ermessen festsetzt. Die bei Kennzeichenverletzungen typischerweise sehr hohen Streitwerte beginnen bei unterdurchschnittlichen Markenangelegen-
heiten bei 25 000 Euro, können aber auch, abhängig von der
wirtschaftlichen Bedeutung und Bekanntheit der Marke,
das zehn- bis zwanzigfache betragen. Hierbei ist es insbesondere der geltend gemachte Unterlassungsanspruch, der
den Streitwert in die Höhe treibt.

Bei einem Streitwert von 25 000 Euro liegt Ihr Kostenrisiko
in der ersten Hauptsache-Instanz bei mindestens 4958,20
Euro, bei einem Streitwert von 50 000 Euro bereits bei mindestens 7481,20 Euro.

Tipp

Vermeiden Sie nach Möglichkeit, dass es zu einem Prozess kommt. Aus
Kostengründen werden Sie häufig nicht die Möglichkeit haben, den an
sich gegebenen Rechtsweg mit seinen drei Instanzen Landgericht, Oberlandesgericht und Bundesgerichtshof voll auszuschöpfen.

2.1.9 Durchsetzung von Kennzeichenrechten

[Frage 84] Welche Möglichkeiten habe ich, wenn meine Wunsch-Domain bereits durch einen Dritten registriert wurde?

Handelt es sich bei Ihrer Wunsch-Domain um einen beschreibenden Domain-Namen, können Sie grundsätzlich nicht viel tun. Eine beschreibende Domain steht nach dem Prinzip »First come, first served« (Wer zuerst kommt, mahlt zuerst) demjenigen zu, der sie als Erster registriert hat. Wenn der derzeitige Domain-Inhaber nicht bereit ist, Ihnen den Domain-Namen zu verkaufen, und auch kein Fall der wettbewerbswidrigen Behinderung vorliegt, vgl. Frage 68, müssen Sie auf eine andere Top-Level-Domain ausweichen.

Besser kann Ihre Situation bei nicht beschreibenden, unterscheidungskräftigen Domain-Namen sein. Wenn Sie hier ein besseres Kennzeichen- oder Namensrecht als der derzeitige Domain-Inhaber besitzen, können Ihnen markenrechtliche oder namensrechtliche Unterlassungsansprüche zustehen, vgl. Frage 43, gerichtet auf Freigabe der Domain. Ein Anspruch auf Übertragung einer Domain wird Ihnen mangels gesetzlicher Anspruchsgrundlage regelmäßig jedoch nicht zustehen. Auch deswegen kann es sinnvoll sein, auf rechtliche Maßnahmen zu verzichten und den derzeitigen Domain-Inhaber durch Zahlung eines geringen Entgelts zur Überlassung der Domain zu bewegen. Allerdings sollten Sie vor der Kontaktaufnahme zunächst Maßnahmen ergreifen, die verhindern, dass der Domain-Name auf einen Dritten übertragen wird, vgl. Frage 85.

Tipp

Den Inhaber eines Domain-Namens unter der Top-Level-Domain ».de« können Sie unter *http://www.nic.de* ermitteln, den Inhaber eines Domain-Namens unter einer generischen Top-Level-Domain, wie ».com«, ».net« oder ».info«, unter *http://www.internic.net*.

[Frage 85] Wie kann ich verhindern, dass der unberechtigte Inhaber des Domain-Namens die Domain einfach auf einen Dritten überträgt, wenn ich ihn kontaktiere?

Bei Domain-Namen unter der Top-Level-Domain ».de« besitzen Sie als Inhaber von Kennzeichen- oder Namensrechten eine einfache und kostenlose Möglichkeit, zu verhindern, dass der Domain-Name weiterübertragen wird, bis gerichtlich entschieden ist, ob der Domain-Name Ihnen zusteht. Es handelt sich hierbei um das vom deutschen Network Information Center (DENIC) angebotene Dispute-Verfahren. Auf einen Antrag des Inhabers von Kennzeichen- oder Namensrechten erfolgt nach Glaubhaftmachung der bestehenden Rechte ein so genannter Dispute-Eintrag für die streitige Domain.

Solange der Dispute-Eintrag besteht, ist es dem Domain-Inhaber dann nicht mehr möglich, die Domain auf eine andere Person als Sie zu übertragen. Der Dispute-Eintrag hat außerdem die Wirkung, dass Sie automatisch als Inhaber der Domain nachrücken, sobald der bisherige Domain-Inhaber die Domain freigibt. Der Dispute-Eintrag wird regelmäßig für ein Jahr gewährt. Sofern der Rechtsstreit bis dahin nicht beendet werden konnte, kann der Eintrag verlängert werden. Bitte achten Sie darauf, nur dann einen Dispute-Antrag zu stellen, wenn Sie bessere Rechte an dem Domain-Namen besitzen. Anderenfalls hätte der Domain-Inhaber wegen Beschränkung seiner Verfügungsbefugnis einen gerichtlichen durchsetzbaren Anspruch auf Aufhebung des Dispute-Eintrages.

Leider existiert bei Domain-Namen unter den so genannten generischen Top-Level-Domains, wie ».com«, ».net« oder ».info«, ein entsprechendes Instrument zur vorläufigen Sicherung Ihrer Ansprüche nicht. Wenn Sie hier vorläufig verhindern wollen, dass die Domain auf einen Dritten übertragen wird, sind Sie auf das einstweilige Verfügungsverfahren vor Gericht angewiesen. Allerdings haben Sie bei generischen Domains – im Gegensatz zu Domains unter der Top-Level-Domain ».de« – die Möglichkeit, Ihre Ansprüche auch mittels eines Schiedsverfahrens zu verfolgen, vgl. Frage 87.

Tipp

Ein Formular für die Stellung eines Dispute-Antrags bei der DENIC für Domains unter der Top-Level-Domain ».de« finden Sie unter *http://www.nic.de*.

[Frage 86] Was sollte ich tun, wenn der unberechtigte Domain-Inhaber den Domain-Namen nach Aufforderung nicht unverzüglich freigibt, sondern ihn unter Verletzung meiner Kennzeichen- und Namensrechte weiternutzt?

Wenn der Domain-Inhaber nach Ihrer Aufforderung keinerlei Anstalten macht, die Domain freizugeben und Sie jedenfalls die Nutzung der Domain schnellstmöglich unterbinden möchten, ist ein gerichtlicher Antrag auf Erlass einer einstweiligen Verfügung zur vorläufigen Sicherung Ihres Unterlassungsanspruchs ein geeignetes Mittel. Denn es kann viel Zeit vergehen, bis über Ihren mit einer Klage gestellten Unterlassungsantrag in der so genannten Hauptsache entschieden wird.

Bitte beachten Sie, dass eine einstweilige Verfügung eine so genannte Dringlichkeit voraussetzt. Diese wird regelmäßig verneint, wenn Sie bereits länger als einen Monat Kenntnis von der Rechtsverletzung besaßen. Daher sollten Sie schnellstmöglich handeln, wenn Sie einen Rechtsanwalt mit der Beantragung einer einstweiligen Verfügung beauftragen wollen. Allerdings kann der Anspruch auf Freigabe der Domain im Verfahren der einstweiligen Verfügung wegen unzulässiger Vorwegnahme der Hauptsache im Regelfall nicht durchgesetzt werden. Dies bleibt der Hauptsache-Entscheidung im Klageverfahren vorbehalten.

[Frage 87] Wie sollte ich meine Kennzeichenrechte gegenüber Dritten durchsetzen, wenn es mir um einen Domain-Namen unter einer generischen Top-Level-Domain, z. B. unter der Top-Level-Domain ».com«, geht?

Früher gab es in domain-rechtlichen Streitigkeiten keine Alternative zu den Gerichtsverfahren vor den staatlichen Gerichten. Weil jedoch die Verfahren vor den staatlichen Gerichten mit hohem Kostenrisiko verbunden sind und häufig lange dauern, suchte man nach einem neuen Streitbeilegungsinstrument auf dem Gebiet der Domain-Namen. Seit dem 1. Dezember 1999 gibt es ein Schiedsverfahren zur Beilegung von rechtlichen Auseinandersetzungen betreffend Domain-Namen unter generischen Top-Level-Domains wie ».com«, ».net«, ».org«, ».biz« und ».info«. Es handelt sich hierbei um das internationale Schiedsgerichtsverfahren nach der »Uniform Domainname Dispute Resolution Policy« (UDRP). Dieses wird durch das WIPO Arbitration and Mediation Center durchgeführt, welches bei der World Intellectual Property Organization (WIPO) in Genf angesiedelt ist (WIPO-Schiedsverfahren).

Inzwischen ist das WIPO-Schiedsverfahren auch anwendbar bei Streitigkeiten betreffend Domain-Namen unter einigen Länder-Top-Level-Domains, wie z. B. unter ».tv« oder ».ws«. Allerdings können Domains unter der vom Deutschen Network Infomation Center (DENIC) vergebenen Top-Level-Domain ».de« bislang nicht Gegenstand des Schiedsverfahrens sein.

Die Initiative zur Etablierung dieses Schiedsverfahrens hat die Internet Corporation for the Assigned Numbers and Names (ICANN) ergriffen, eine private Organisation mit Sitz in Kalifornien, USA. Die Aufgabe von der ICANN ist es unter anderem, die Verwaltung der Internet-Domain-Namen zu überwachen. Ihre Legitimation erhält die ICANN dadurch, dass die Mitglieder des Direktoriums durch die Internetnutzer selbst gewählt werden.

Vorteile des WIPO-Schiedsverfahrens sind kurze Verfahrenszeiten, überschaubare Kosten und kompetente Entscheidungen. Auch können die Schiedssprüche leicht vollstreckt werden. Außerdem verurteilen die deutschen Gerichte die nicht berechtigen Domain-Inhaber regelmäßig nur zur Freigabe des Domain-Namens, nicht aber zur Übertragung auf den Kläger. Hierdurch besteht das Risiko, dass die Domain zwischenzeitlich durch einen Dritten registriert wird. Auch hier ist das WIPO-Schiedsverfahren von Vorteil, welches dem Verfahrenssieger einen Übertragungsanspruch einräumt.

Allerdings hat der Domain-Inhaber bei einem für ihn nachteiligen Schiedsspruch die Möglichkeit, innerhalb einer Frist von zehn Tagen ein gerichtliches Verfahren vor einem nationalen Gericht anhängig zu machen. Die gleiche Möglichkeit steht dem nicht erfolgreichen Initiator des Schiedsverfahrens zu.

Tipp

Infos und Formulare zum WIPO-Schiedsverfahren finden Sie unter *http://arbiter.wipo.int/domains/index.html*.

[Frage 88] Welche Maßnahmen wird der Rechtsanwalt typischerweise ergreifen?

Zunächst wird der Rechtsanwalt, falls noch nicht geschehen, einen Dispute-Antrag stellen, vgl. Frage 85. Auch wenn Sie den Domain-Inhaber bereits kontaktiert haben, wird der Rechtsanwalt den Domain-Inhaber nochmals formell abmahnen und ihn unter Fristsetzung und Androhung gerichtlicher Mittel auffordern, eine Unterlassungsverpflichtungserklärung abzugeben. Denn wenn der Rechtsverletzer nicht ordnungsgemäß abgemahnt wurde, kann dies dazu führen, dass Sie in einem nachfolgenden Prozess, den Sie gewinnen, dennoch die Kosten tragen müssen. Falls die Abmahnung zu keinem Erfolg führt, wird Ihr Rechtsanwalt Klage zur Durchsetzung Ihrer Unterlassungs-, Auskunfts und Schadensersatzansprüche erheben. Gegebenenfalls wird er die Nutzung der Domain durch Beantragung einer einstweiligen Verfügung vorläufig stoppen lassen.

In Kennzeichenstreitsachen sind in erster Instanz regelmäßig die Landgerichte zuständig, an welchen Anwaltszwang herrscht. Das bedeutet, dass nur Rechtsanwälte Klagen erheben und Prozessanträge stellen können. Örtlich zuständig ist nach dem so genannten deliktischen Gerichtsstand gemäß § 32 der Zivilprozessordnung (ZPO) jedes Gericht, in dessen Bezirk die betroffene Website abgerufen werden kann, also jedes Landgericht in Deutschland. Man spricht insoweit auch von dem fliegenden Gerichtsstand.

Bei Domain-Namen unter den so genannten generischen Top-Level-Domains, wie z. B. unter ».com«, ».net« und ».info«, kann es empfehlenswert sein zu versuchen, Ihre Rechte zunächst in einem internationalen Schiedsgerichtsverfahren nach der »Uniform Domainname Dispute Resolution Policy« (UDRP) bei einer beim World Intellectual Property Organization (WIPO) angesiedelten Schiedsstelle, dem WIPO-Arbitration and Mediation Center in Genf, durchzusetzen, vgl. Frage 87.

2.2 Der Webspace-Provider

[Fall 6] *Der überlastete Online-Shop*

A vertreibt Eintrittskarten für Konzerte und andere Veranstaltungen. Er möchte diese auch über das Internet anbieten. Dazu schließt er mit B, einem Internet-Dienstleister, einen Webhosting-Vertrag. Zunächst läuft der Shop ohne Probleme. Nach drei Monaten kommt es jedoch auf Grund einer Presse-Empfehlung zu starken Zugriffen auf das Angebot von A. Wegen Überlastung schaltet B den Online-Shop des A ab. Trotz umgehender Aufforderung des A, den Shop wieder anzuschalten, reagiert B nicht. Durch die Abschaltung des Online-Shops entgeht A ein wahrscheinlich erzielter Gewinn in Höhe von 5000 Euro.

Kann A von B Schadensersatz wegen entgangenen Gewinns in Höhe der 5000 Euro verlangen?

[Lösung nach Frage 91]

2.2.1 Auswahl eines Webspace-Providers

[Frage 89] Worauf sollte ich bei Wahl meines Webhosting-Providers achten? Es gibt am Markt unzählige Webhosting-Provider. Einige dieser Webhosting-Provider haben einen Schwerpunkt bei der Registrierung von Domains, andere im Hosten von Websites. Speziell wenn Sie erst Projekte in der Zukunft planen und sich bereits jetzt Domains sichern wollen, sollten Sie Angebote von Providern zum so genannten Domain-Parking nutzen. Hier erwerben Sie hauptsächlich eine Internet-Domain. Solange Sie die Domain nicht für eigene Inhalte nutzen, zahlen Sie nur eine sehr geringe monatliche Gebühr. Allerdings sollten Sie sich in diesem Fall Gedanken machen, wie Sie die Domain absichern können, z. B. durch eine Markenanmeldung, vgl. Fragen 76 ff.

Die Wahl Ihres Webhosting-Providers sollte sich im Übrigen an folgenden Fragen orientieren: Welche technischen Features benötige ich? Bietet der Provider beispielsweise die Möglichkeit, datenbankgestützte Websites einzurichten, z. B. die im Internet verbreiteten MySQL-Datenbanken, die durch PHP-Skripte angesprochen werden? Welcher Webhosting-Provider hat das beste Preis-Leistungs-Verhältnis? Sehr günstige Tarife helfen nicht, wenn die Website nur sehr langsam abgerufen werden kann oder wenn es häufiger zu Ausfällen kommt. Wie seriös ist der Provider, das heißt, traue ich ihm zu, über einen längeren Zeitraum im Markt zu bleiben? Innerhalb welcher Fristen kann ich mich vom Vertrag lösen, z. B. wenn der Provider sich als technisch unzuverlässig erweist, vgl. Frage 92?

Tipp

Sie finden im Internet Übersichten mit den günstigsten Webhosting-Providern, z. B. unter *http://www.webhostlist.de*. Dort finden Sie auch Angaben zur Geschwindigkeit der einzelnen Webhosting-Provider.

2.2.2 Nicht-Erreichbarkeit der Website

[Frage 90] Kann ich meinen Provider auf Schadensersatz in Anspruch nehmen, wenn meine Website für meine Kunden – technisch bedingt – nicht erreichbar ist?

Ein Webhosting-Vertrag wird überwiegend nach Mietrecht beurteilt. Teilweise wird auch die Anwendbarkeit von Dienst- und Werkvertragsrecht angenommen. Die Möglichkeit, Ihren Provider bei technisch bedingtem Ausfall Ihrer Website auf Schadensersatz in Anspruch zu nehmen, bestimmt sich nach den von Ihrem Provider übernommenen vertraglichen Pflichten. Da kein Provider hundertprozentige Verfügbarkeit gewährleisten kann, beschränken die Provider den Umfang der technischen Verfügbarkeit der Website in ihren Allgemeinen Geschäftsbedingungen (AGB) häufig auf eine durchschnittliche Verfügbarkeit von 95 bis 97 Prozent im Jahr. Soweit die Beschränkung der vertraglichen Pflichten mit dem Recht der AGB vereinbar ist, vgl. Frage 189, besteht eine Pflichtverletzung nur bei Unterschreiten der garantierten Verfügbarkeit der Website. Die Nichtabrufbarkeit der Website stellt dann einen Mangel der Mietsache gemäß § 536 des Bürgerlichen Gesetzbuches (BGB) dar. Hierfür können Sie einen Schadensersatzanspruch aus § 536 a Abs. 1 BGB geltend machen.

Tipp

Darüber hinaus können Sie bei wiederholten technischen Schwierigkeiten ein außerordentliches Kündigungsrecht besitzen, vgl. Frage 92.

[Frage 91] Wie kann ich meinen Schaden nachweisen, wenn meine Website aus technischen Gründen nicht erreichbar ist?

Wenn Ihr Provider Ihnen zum Schadensersatz verpflichtet ist, vgl. Frage 90, können Sie mit Erfolg nur dann einen Schadensersatzanspruch geltend machen, wenn Sie die Höhe Ihres Schadens, das heißt den Ihnen entgangenen Gewinn, gemäß § 252 des Bürgerlichen Gesetzbuches (BGB) substantiiert beziffern können. Hierfür reicht es jedenfalls nicht aus, wenn Sie lediglich nachweisen, wie viele Zugriffe Sie üblicherweise auf Ihre Website hatten. Das Gericht kann zwar gemäß § 287 Abs. 1 Zivilprozessordnung (ZPO) den entstandenen Schaden schätzen, benötigt hierfür aber eine ausreichende Grundlage. Denn entgangener Gewinn kann nur dann als Schaden durch Schätzung des Gerichts ermittelt werden, wenn eine auf gesicherter Grundlage beruhende Wahrscheinlichkeitsprognose möglich ist.

Daher haben Sie im Prozess auch vorzutragen, welchen konkreten wirtschaftlichen Nutzen Sie durch die ausgefallenen Zugriffe hätten ziehen können. Sie sollten beispielsweise detailliert vortragen, wie hoch Ihr üblicher monatlicher Umsatz und der sich daraus ergebende Gewinn bei Ihren Online-Geschäften ist. Sie sollten auch vortragen, warum Sie glauben, dass Sie diesen Umsatz auch in dem fraglichen Zeitraum, in welchem Ihre Website nicht erreichbar war, getätigt hätten.

Tipp

Teilen Sie dem Gericht mit, wie sich Ihr Umsatz über einen längeren Zeitraum entwickelt hat und fügen Sie auch entsprechende Nachweise und Grafiken bei. Ermitteln Sie hieraus den derzeitigen durchschnittlichen Umsatz und Gewinn pro Kalendertag.

**[Entscheidung 37] Amtsgericht Berlin-Charlottenburg
Urteil vom 11. Januar 2002 | 208 C 192/01 | Schadensersatz wegen
Shop-Abschaltung**

Ein Webhosting-Vertrag beurteilt sich nach Mietrecht. Die Nichtabrufbarkeit gehosteter Inhalte stellt daher einen Mangel der Mietsache nach § 536 Abs. 1 BGB dar. Grundsätzlich kann bei einer Abschaltung des Shops, die der Internet-Dienstleister zu vertreten hat, ein Schadensersatzanspruch in Höhe des entgangenen Gewinns verlangt werden. Dazu ist jedoch substantiiert darzulegen, wie sich der Gewinn bislang entwickelt hat und welcher Gewinn wahrscheinlich im Zeitraum der Abschaltung des Shops erzielt worden wäre.

[*http://www.jurpc.de/rechtspr/20020066.htm*]

[Lösung Fall 6] Sachverhalt vor Frage 89

A kann von B Schadensersatz wegen entgangenen Gewinns in Höhe von 5000 Euro verlangen.

Der Schadensersatzanspruch des A in Höhe des entgangenen Gewinns ist nach § 536 a Abs. 1 des Bürgerlichen Gesetzbuches (BGB) in Verbindung mit § 249 S. 1 BGB und § 252 BGB gegeben.

Ein Webhosting-Vertrag ist nach wohl überwiegender Auffassung nach Mietrecht zu beurteilen. Die Nichtabrufbarkeit gehosteter Inhalte, der so genannte Erreichbarkeitsausfall, stellt einen Mangel der Mietsache gemäß § 536 Abs. 1 BGB dar. Diesen hat B auch zu vertreten, weil er nach Aufforderung durch A nicht die vertraglich geschuldeten Server-Kapazitäten zur Verfügung gestellt hatte. Hierdurch haftet B gemäß § 536 a Abs. 1, 3. Alt. BGB wegen Verzuges der Mängelbeseitigung.

Im Rahmen des Schadensersatzes ist gemäß § 249 Abs. 1 BGB der Zustand herzustellen, der bestehen würde, wenn das schädigende Ereignis nicht eingetreten wäre. Hierzu zählt gemäß § 252 BGB auch der entgangene Gewinn. Diesen kann das Gericht gemäß § 287 der Zivilprozessordnung (ZPO) schätzen, wenn eine auf gesicherter Grundlage beruhende Wahrscheinlichkeitsprognose möglich ist.

A sollte daher substantiiert darlegen, wie sich sein Umsatz über einen längeren Zeitraum entwickelt hat. Auch sollte A seine Kostenquote darlegen, so dass das Gericht die Gewinnentwicklung nachvollziehen kann. Schließlich sollte A darlegen, dass keine Umstände vorgelegen haben, welche nahegelegt hätten, dass in dem fraglichen Zeitraum nicht diejenigen Gewinne erzielt worden wären, die bis dahin regelmäßig erzielt wurden.

2.2.3 Umzug zu einem anderen Provider

[Frage 92] Wie kann ich meinen Webhosting-Vertrag beenden, wenn ich meinen Provider wechseln möchte?

Wenn Ihr Provider technisch unzuverlässig ist oder ein anderer Provider ein besseres Preis-Leistungs-Verhältnis bietet, sollten Sie über einen Provider-Wechsel nachdenken. Aus den Allgemeinen Geschäftsbedingungen (AGB), die zum Zeitpunkt des Vertragsschlusses galten, können Sie typischerweise entnehmen, mit welchen Fristen Sie sich vom Vertrag durch die so genannte ordentliche Kündigung lösen können. Wenn dort keine Fristen bestimmt sind, gelten die gesetzlichen Kündigungsfristen, die sich aus § 542 Abs. 1 des Bürgerlichen Gesetzbuches (BGB) in Verbindung mit

§ 580 a BGB ergeben. Denn ein Webhosting-Vertrag wird nach wohl überwiegender Auffassung nach Mietrecht beurteilt.

Wenn Ihr Provider aber beispielsweise technisch sehr unzuverlässig ist und Ihre Website wiederholt für einen längeren Zeitraum nicht erreichbar war, kann ein wichtiger Grund für die außerordentliche und fristlose Kündigung des Vertrags gemäß § 543 Abs. BGB bestehen. Ein wichtiger Grund besteht dann, wenn es einer Vertragspartei nicht zugemutet werden kann, das Vertragsverhältnis bis zum Ablauf der Kündigungsfrist fortzusetzen. Wann dies der Fall ist, bestimmt sich insbesondere auch unter Berücksichtigung der vom Provider übernommenen Pflichten, beispielsweise im Zusammenhang mit der Verfügbarkeit der Website des Kunden, vgl. Frage 90.

Bevor Sie außerordentlich kündigen, haben Sie Ihrem Provider gemäß § 543 Abs. 3 BGB grundsätzlich zunächst eine angemessene Frist zur Abstellung des Mangels zu setzen.

2.3 Die Internet-Website

[Fall 7] *Die nachgemachte Website*

A präsentiert seine Webdesign-Dienstleistungen mit einer Website im Internet. Die Website ist in der prägenden Farbenkombination blau-orange gehalten. B ist Konkurrent des A und präsentiert seine Webdesign-Dienstleistungen ebenfalls mit einer Website im Internet. Auch B verwendet die Farbenkombination blau-orange als Gestaltungsmerkmal seiner Website. Die Websites von A und B unterscheiden sich aber signifikant, insbesondere durch das Firmen-Logo des B, welches dieser prominent in seine Website eingebaut hat.

Kann A von B verlangen, dass dieser es unterlässt, auf seiner Website die Farbenkombination blau-orange als prägendes Gestaltungsmerkmal seines Internetauftritts zu nutzen?

[Lösung nach Frage 93]

2.3.1 Verwendung von Gestaltungselementen Dritter

[Frage 93] Darf ich Fotografien, Filme, Grafiken, Texte, Sounds, Software, Datensammlungen oder Link-Sammlungen von fremden Websites auf meine Website stellen?

An den einzelnen Gestaltungselementen, die sich auf fremden Websites befinden, bestehen in den meisten Fällen Urheberrechte oder so genannte verwandte Schutzrechte Dritter. Bei diesen Rechten, die kraft Gesetzes bestehen, handelt es sich um absolute Rechte. Das bedeutet, dass diese Rechte von jedermann und unabhängig von einer vertraglichen Beziehung zu beachten sind. Der Urheber eines Werkes kann wie ein Eigentümer mit dem von ihm geschaffenen Werk verfahren und Dritte von der Einwirkung ausschließen. Allerdings ist zu privaten Zwecken die Herstellung einzelner Vervielfältigungsstücke in engen Grenzen zulässig, vgl. § 53 des Urheberrechtsgesetzes (UrhG).

Künstlerische Fotografien und Filme, Grafiken, Texte, Sounds und Software (z. B. auch Java-Applets und Java-Script-Code) sind gemäß § 2 UrhG geschützt, ohne dass eine Eintragung in ein Register erforderlich wäre. Alleinige Voraussetzung ist, dass es sich um persönliche geistige Schöpfungen handelt. Hierzu ist eine gewisse Gestaltungshöhe erforderlich, wobei an die Gestaltungshöhe keine besonderen qualitativen Anforderungen gestellt werden. Denn auch die so genannte »kleine Münze« ist geschützt. Darunter versteht man solche Werke, welche am unteren Rand schöpferischer Tätigkeit anzusiedeln und lediglich das Ergebnis individuellen Schaffens sind. Jedoch erreichen beispielsweise einfach strukturierte Sätze oder simple Tonfolgen die erforderliche Schutzhöhe nicht.

Der Urheberrechtsschutz erstreckt sich auf die Lebenszeit des Urhebers sowie auf einen Zeitraum von 70 Jahren nach dem Tod des Urhebers.

Außerdem sind die ebenfalls im UrhG geregelten so genannten verwandten Schutzrechte zu beachten. Hierzu zählen beispielsweise die Schutzrechte zugunsten von einfachen Licht- und Laufbildern, ausübenden Künstlern (z. B. Schauspielern), Tonträger-Herstellern, Sendeunternehmen, Datenbank-Herstellern und Filmherstellern. Ein verwandtes Schutzrecht setzt keine individuelle Leistung im Sinne einer Werkschöpfung voraus. Vielmehr werden die verwandten Schutzrechte gewährt, weil hier Kosten oder Mühen investiert wurden. Daher bezeichnet man diese

Rechte auch als Leistungsschutzrechte. Die Schutzfrist beginnt regelmäßig mit Erscheinen und dauert dann 50 Jahre.

Bitte bedenken Sie, dass das bloße Anbieten und Veröffentlichen von Gestaltungselementen im Internet keinesfalls das Einverständnis des Urhebers bedeutet, dass Dritte diese für eigene Zwecke nutzen.

Tipp

Da die Grenze zwischen geschützten und nicht geschützten Werken nur schwer zu ziehen ist, sollten Sie nach dem Vorsichtigkeitsprinzip besser immer davon ausgehen, dass Urheberrechts- bzw. Leistungsschutz besteht.

[Entscheidung 38] Oberlandesgericht Hamm
Urteil vom 24. August 2004 | 4 U 51/04 | Urheberrechtlicher Schutz der Grafik einer Website

Soweit kein Sonderrechtsschutz, z. B. in Form eines Urheberrechts oder Leistungsschutzrechts, besteht, kann die Website eines Wettbewerbers grundsätzlich nachgeahmt werden. Die Nachahmung ist nur dann unlauter, wenn zusätzliche Umstände vorliegen, die zur Unlauterkeit führen. Beispiele hierfür sind die Nachahmung mit dem Ziel einer Herkunftstäuschung oder Rufausbeutung durch unangemessene Ausnutzung oder Beeinträchtigung der nachgeahmten Website.

[*http://www.jurpc.de/rechtspr/20040260.htm*]

[Lösung Fall 7] Sachverhalt vor Frage 93

A kann von B nicht verlangen, dass dieser es unterlässt, auf seiner Website die Farbenkombination blau-orange als prägendes Gestaltungsmerkmal seiner Website zu nutzen.

Die Farbenauswahl blau-orange ist nicht so originell, als dass A diese Farbenauswahl über einen Urheberrechtsschutz für sich monopolisieren kann. Da ein urheberrechtlicher Sonderrechtsschutz nicht besteht, kommt lediglich ein Schutz nach Wettbewerbsrecht in Betracht.

Allerdings gilt der Grundsatz der Nachahmungsfreiheit, wenn ein Sonder-schutzrecht nicht existiert. Die Nachahmung ist nur dann unlauter, wenn zusätzliche Umstände zur Unlauterkeit führen, da anderenfalls die Wertun-gen des Urheberrechtsgesetzes (UrhG) unterlaufen würden. An solchen zu-sätzlichen Umständen fehlt es aber.

Eine Herkunftstäuschung kommt wegen des prominent in die Website von B eingebauten Firmenlogos des B nicht in Betracht. Auch liegt in der Ver-wendung der Farbenkombination blau-orange keine Rufausbeutung durch unangemessene Ausnutzung oder Beeinträchtigung der Website des A, da sich die Websites von A und B im Übrigen signifikant unterscheiden.

[Frage 94] Darf ich Gestaltungs-elemente von ausländischen Websites auf meine Website stellen?

Urheberrechtsschutz gilt auch für die Gestaltungselemente von ausländischen Websites, denn durch internationale Abkommen erhalten auch die Angehörigen anderer Staaten den Schutz des deutschen Urheberrechtsgesetzes (UrhG), vgl. §§ 120 ff. UrhG.

Das älteste internationale Urheberrechtsabkommen ist die Berner Übereinkunft (BÜ) von 1886, seit 1908 spricht man von der Revidierten Berner Übereinkunft (RBÜ). Dieses verpflichtet die Unterzeichnerstaaten zum urheberrechtli-chen Mindestschutz der Werke der eigenen Staatsangehöri-gen. Im Rahmen der so genannten Inländerbehandlung er-halten ausländische Urheber den gleichen Schutz wie deutsche Urheber. Ein weiteres wichtiges Kriterium ist das so genannte Schutzlandprinzip, wonach Urheberrechts-verletzungen jeweils nach dem Recht des Staates beurteilt werden, in dem die Rechtsverletzung stattgefunden hat.

Wenn Sie also beispielsweise das Gestaltungselement eines in Frankreich lebenden Franzosen ohne dessen Einwilli-gung verwenden, kann sich dieser Ihnen gegenüber auf deutsches Urheberrecht berufen, weil Deutschland und Frankreich die RBÜ unterzeichnet haben und die Rechts-verletzung in Deutschland stattfindet.

Ein Staat, der der RBÜ nicht beitreten wollte, konnte statt-dessen das Welturheberrechtsabkommen (WUA) von 1952 mit einem niedrigeren Schutzniveau unterzeichnen.

Dem Abkommen über handelsbezogene Aspekte der Rechte des geistigen Eigentums (TRIPs-Abkommen) von

1994 traten auch Staaten bei, die weder der RBÜ noch dem WUA angehörten. Da das TRIPs-Abkommen im Wesentlichen den materiellen Schutzgehalt der RBÜ übernahm, genießen Autoren jetzt weltweit – mit Ausnahme sehr weniger Staaten, z. B. Afghanistan, Irak, Iran – Urheberrechtsschutz.

Da das TRIPs-Abkommen keine nennenswerte Verbesserung des materiell-rechtlichen Schutzstandards gebracht hat, bestand angesichts der technologischen Entwicklungen das Bedürfnis, den internationalen Rechtsschutz zu verbessern. Diesem Zweck dient das WIPO Copyright Treaty (WCT) aus dem Jahre 1996.

[Frage 95] Wie kann der Urheber sein Werk verwerten?

Der Urheber hat das ausschließliche Recht, sein Werk nach Belieben zu verwerten. Gemäß § 15 ff. des Urheberrechtsgesetzes (UrhG) zählen dazu z. B. die Verwertungshandlungen der Vervielfältigung, Verbreitung oder der öffentlichen Zugänglichmachung. Dem Urheber ist es insbesondere aber auch vorbehalten, einem Dritten an seinem Werk gemäß § 31 UrhG Nutzungsrechte einzuräumen. So kann er beispielsweise dem Dritten gegen Zahlung einer Lizenz gestatten, sein Werk zu vervielfältigen und zu verbreiten. Der Lizenzvertrag kann hierbei entweder in der Form geschlossen werden, dass der Dritte das Werk neben anderen Berechtigten auf bestimmte Art nutzen darf (einfaches Nutzungsrecht) oder aber in der Form, dass ihm eine ausschließliche Nutzungsmöglichkeit eingeräumt wird und er selbst einfache Nutzungsrechte einräumen darf (ausschließliches Nutzungsrecht). In diesem Fall ist es selbst dem Urheber untersagt, das Werk auf die vereinbarte Nutzungsart zu nutzen. Allerdings kann gemäß § 31 Abs. 3 S. 2 UrhG die Nutzung durch den Urheber vorbehalten bleiben. § 31 UrhG gilt auch für den Inhaber von Leistungsschutzrechten, also beispielsweise für den Fotografen einfach gestalteter Fotografien.

[Frage 96] Ist es erlaubt, die Gestaltungselemente von anderen Websites mit einem Bildbearbeitungsprogramm zu verfremden und dann auf die eigene Website zu übernehmen?

Bei geringfügiger Änderung des fremden Werkes spricht man von einer so genannten bloßen Bearbeitung, welche gemäß § 23 des Urheberrechtsgesetzes (UrhG) nur dann veröffentlicht und verwertet werden darf, wenn der Urheber des Originalwerkes seine Einwilligung gegeben hat.

Eine freie Benutzung des fremden Werkes gemäß § 24 UrhG liegt hingegen dann vor, wenn Sie das Originalwerk sehr stark verfremden oder die Gestaltungsidee des Originalwerkes lediglich als Ansatz für eine individuelle Gestaltung nutzen. Eine freie Benutzung setzt nach der Rechtsprechung voraus, dass die Wesenszüge des Originals verblassen oder völlig zurücktreten, so dass ein neues Werk entsteht, welchem so genannte »eigenschöpferische Züge« innewohnen. Es reicht z. B. nicht aus, wenn Sie ein fremdes Gestaltungselement in stark verkleinerter und gröberer Auflösung auf Ihrer Homepage bereitstellen, da das ursprüngliche Werk weiterhin in seinen wesentlichen Zügen erkennbar bleibt. In diesem Fall benötigen Sie die Einwilligung des Urhebers des Originalwerkes zur Veröffentlichung und Verwertung.

[Entscheidung 39] Landgericht Hamburg
Urteil vom 5. September 2003 | 308 O 449/03 | thumbnails

In der digitalen Bearbeitung eines Originalfotos in Form eines so genannten »thumbnail« liegt keine freie Benutzung des Originalfotos. Auch wenn das Originalfoto stark verkleinert und mit einer viel gröberen Auflösung zum Abruf bereitgehalten wird, ist die Schwelle zur freien Benutzung gemäß § 24 des Urheberrechtsgesetzes (UrhG) nicht erreicht. Denn die prägenden Züge des Originalwerkes werden beibehalten. Für eine freie Benutzung nach § 24 UrhG ist jedoch erforderlich, dass dem neuen Werk eigenschöpferische Züge innewohnen, welche die dem Originalfoto entnommenen individuellen Züge verblassen lassen.

[http://www.jurpc.de/rechtspr/20040146.htm]

[Frage 97] Muss ich immer, wenn ich fremde Werke für meine Website verwende, Nutzungsrechte einholen?

Nutzungsrechte benötigen Sie nur, wenn die Werke Dritter noch durch die Gesetze geschützt sind. Der Urheberrechtsschutz und der Leistungsschutz der verwandten Schutzrechte enden jedoch nach einer gewissen Zeit. Dann fallen diese Werke zur Nutzung an die Allgemeinheit und können von jedermann verwendet werden. Man spricht insoweit von gemeinfreien Werken.

Gemäß § 64 des Urheberrechtsgesetzes (UrhG) endet die Schutzfrist von urheberrechtlich geschützten Werken 70 Jahre nach dem Tod des Urhebers. Beispielsweise können Sie ein Gemälde von Vincent van Gogh, der im Jahr 1890 gestorben ist, auf Ihrer Website verwenden. Die Schutzfrist ist spätestens 1960 abgelaufen. Zu beachten ist in diesem Fall aber, dass möglicherweise ein Schutzrecht desjenigen besteht, der das Kunstwerk abgebildet hat. So können z. B. Leistungsschutzrechte des Fotografen des Gemäldes einer freien Benutzung entgegenstehen, vgl. Frage 111.

Der Leistungsschutz endet grundsätzlich 50 Jahre nach Erscheinen. Deswegen dürfen Sie einfache Lichtbilder ohne jeglichen künstlerischen Anspruch, z. B. rein dokumentarische Fotografien, die in den 30er oder 40er Jahren veröffentlicht wurden, nutzen. Eine Ausnahme besteht jedoch, wenn Personen abgebildet sind und das Recht am eigenen Bild, vgl. Frage 113, betroffen ist. Sie sollten jedoch beachten, dass sich eine klare Trennlinie zwischen urheberrechtlich geschützten Lichtbildwerken und den dem Leistungsschutz unterliegenden einfachen Lichtbildern praktisch kaum ziehen lässt, vgl. Frage 108.

Gestaltungselemente, welche die für den Urheberrechtschutz erforderliche Gestaltungshöhe nicht erreichen und für die weder ein subsidiärer Leistungsschutz existiert noch ein Registerschutzrecht, z. B. ein Geschmacksmuster, vgl. Frage 116, können ebenfalls genutzt werden.

Bei gemeinfreien Werken können allerdings die Rechte des Verfassers einer wissenschaftlichen Ausgabe gemäß § 70 des Urheberrechtsgesetzes (UrhG) oder die Rechte des Herausgebers eines nachgelassenen Werkes gemäß § 71 UrhG entgegenstehen.

Außerdem kann die Nutzung gemeinfreier Werke im Einzelfall aus wettbewerbsrechtlichen Gründen unzulässig sein, vgl. Frage 146.

Tipp

Auch wenn eine Nutzung gemeinfreier Werke und nicht geschützter Gestaltungselemente grundsätzlich zulässig ist, darf jedoch kein unlauteres Handeln im Wettbewerb vorliegen. Ob eine Nutzung im Einzelfall möglich ist, sollten Sie durch einen Rechtsanwalt prüfen lassen. Denn eine Abmahnung wegen Urheberrechtsverletzung oder unlauteren Wettbewerbs kann recht teuer werden.

[Frage 98] Ist es zulässig, dass ich im Museum gemeinfreie Werke, z. B. Gemälde alter Meister, fotografiere und dann auf meine Website stelle?

Zwar sind in einem solchen Fall die Werke als solche nicht mehr schutzfähig, doch ist hier das Hausrecht des Museums zu berücksichtigen. Die Museumsleitung kann bestimmen, unter welchen Voraussetzungen das Museum betreten werden darf und wie der Benutzer sich in den Räumen zu verhalten hat. Typischerweise ist das Fotografieren der Gegenstände der Ausstellung ohne Genehmigung nicht gestattet. Teilweise ist es möglich, gegen Zahlung eines geringen Beitrags eine Foto-Erlaubnis zu erhalten. Die Erlaubnis zur Herstellung von Aufnahmen zu privaten Zwecken wird hierbei regelmäßig günstiger sein als eine Lizenz zu gewerblichen Zwecken. Falls Sie die Aufnahmen ohne Erlaubnis erstellen, bestehen seitens des Museums Schadensersatzansprüche.

Tipp

Teilen Sie dem Museum schriftlich mit, wofür Sie die Aufnahme verwenden möchten. Häufig erhalten Sie dann gegen Zahlung eines geringen Betrages eine entsprechende schriftliche Genehmigung.

[Frage 99] Was kann mir passieren bei der Übernahme fremder Gestaltungselemente, ohne dass ich Nutzungsrechte erworben habe?

Zunächst besteht das Risiko, dass Sie eine anwaltliche Abmahnung, gerichtet auf Unterlassung der Nutzung, erhalten. Geben Sie daraufhin keine Unterlassungserklärung ab, besteht das Risiko, dass der Rechte-Inhaber seine Unterlassungsansprüche mit einer einstweiligen Verfügung oder einer Klage durchsetzt. Wegen der bei Unterlassungsstreitigkeiten von den Gerichten festgesetzten hohen Streitwerte kommen beträchtliche Kosten für Abmahnung und etwaige nachfolgende Gerichtsverfahren auf Sie zu.

Zudem müssen Sie damit rechnen, zusätzlich auf Zahlung von Schadensersatz in Anspruch genommen zu werden. Dieser kann bei Urheberrechtsverletzungen recht hoch ausfallen.

Außerdem besteht das weitere Risiko einer strafrechtlichen Verfolgung gemäß §§ 106 ff. des Urheberrechtsgesetzes (UrhG).

2.3.2 Recherche der Rechte-Inhaber

[Frage 100] Wenn ich im Internet ein Foto finde, das sich für meine Website eignet, wie kann ich dann den Rechte-Inhaber recherchieren?

Falls der Rechte-Inhaber nicht ausdrücklich genannt ist, sollten Sie zunächst versuchen, über den Betreiber der Website die gewünschte Information zu erhalten. Ansonsten besteht die Möglichkeit, bei den Verwertungsgesellschaften nachzufragen, ob sie die Rechte innehaben. Denn viele Urheber und Leistungsschutzberechtigte schließen mit Verwertungsgesellschaften so genannte Wahrnehmungsverträge ab. Hierbei räumt der Rechte-Inhaber der Verwertungsgesellschaft ausschließliche Nutzungs- und Verwertungsrechte ein, welche diese dann in Form eines fremdnützigen Treuhandverhältnisses wahrnimmt. Bei der Vergabe einfacher Nutzungsrechte besteht Kontrahierungszwang, das heißt, die Verwertungsgesellschaften müssen interessierten Nutzern die erforderlichen Rechte zu angemessenen Bedingungen einräumen. Die erzielten Erlöse werden dann nach einem vorab geregelten Verteilungsplan an die Mitglieder der Verwertungsgesellschaft verteilt. In der Musikbranche ist die treuhänderische Wahrnehmung von Nutzungsrechten sehr verbreitet, in der Kunst- und Fotobranche hingegen weniger.

Tipp

Die meisten Verwertungsgesellschaften verfügen über Online-Datenbanken, wo Sie die Rechte-Inhaber ermitteln können. Unter *http://www.cmmv.de* finden Sie Links zu den Datenbanken der einzelnen Verwertungsgesellschaften.

[Frage 101] Bei welchen Verwertungsgesellschaften können Rechte von Urhebern und Leistungsschutzberechtigten liegen?

Bei der Recherche von Rechten sollten Sie insbesondere folgende Verwertungsgesellschaften berücksichtigen: Die Gesellschaft für musikalische Aufführungsrechte und mechanische Vervielfältigungsrechte (GEMA) ist zuständig für die Wahrnehmung der Rechte von Komponisten, Textdichtern und Musikverlegern, *http://www.gema.de*. Die Rechte der Hersteller von Tonträgern und ausübenden Künstlern wird durch die Gesellschaft zur Verwertung von Leistungsschutzrechten mbH (GVL) wahrgenommen, *http://www.gvl.de*. Text-Autoren wie Schriftsteller, Journalisten und Wissenschaftler werden durch die Verwertungsgesellschaft Wort (VG Wort) vertreten, *http://www.vgwort.de*. Die Verwertungsgesellschaft Bild-Kunst (VG Bild-Kunst) nimmt im visuellen Bereich Rechte von Künstlern, Grafikern, Fotografen, Regisseuren, Filmproduzenten und anderen wahr, *http://www.bildkunst.de*. Zweck der Verwertungsgesellschaft zur Wahrnehmung von Nutzungsrechten an Editionen (Ausgaben) von Musikwerken (VG Musikedition) ist die Wahrnehmung der Rechte von Verlegern, Herausgebern und Verfassern von wissenschaftlichen Ausgaben gemäß § 70 des Urheberrechtsgesetzes (UrhG) und nachgelassenen Werken gemäß § 71 UrhG, *http://www.vg-musikedition.de*. Im Bereich der Filmwerke werden die Rechte-Inhaber durch die Verwertungsgesellschaft der Film- und Fernsehproduzenten (VFF), *http://www.vffvg.de*, von der Verwertungsgesellschaft für Nutzungsrechte an Filmwerken (VGF), von der Gesellschaft zur Übernahme und Wahrnehmung von Filmaufführungsrechten mbH (GÜFA), *http://www.guefa.de*, von der Gesellschaft zur Wahrnehmung von Film- und Fernsehrechten mbH (GWFF), *http://www.gwff.de* und von der Urheberrechtsschutz GmbH (AGICOA) vertreten.

Doch beachten Sie bitte, dass die Verwertungsgesellschaften nur dann die richtigen Ansprechpartner sind, wenn die
Urheber und Leistungsschutzberechtigen mit diesen so genannte Wahrnehmungsverträge abgeschlossen haben, vgl.
Frage 100.

2.3.3 Einholung von Nutzungsrechten

[Frage 102] Wie kann ich unkompliziert einen Lizenzvertrag mit dem Betreiber einer Website schließen, dessen Gestaltungselemente ich nutzen möchte?

Die Einräumung von Nutzungsrechten kann in jeder Form
erfolgen, also nicht nur schriftlich, sondern beispielsweise
auch per Fax, per E-Mail oder sogar telefonisch. Allerdings
ist es Ihr Risiko, ob Sie das Zustandekommen einer Lizenz-
vereinbarung beweisen können, wenn es hierüber Streit geben sollte. Daher ist die sicherste Form der schriftliche Vertrag. Einer E-Mail kommt im Rahmen der vom Gericht
vorzunehmenden freien Beweiswürdigung jedoch auch ein
gewisser Beweiswert zu, welcher Ihre Position, z. B. im
Vergleich zu einer rein mündlichen Vereinbarung, bei welcher keine Zeugen anwesend sind, stärkt.

Sie könnten daher einem Website-Betreiber, dessen Werk
Sie nutzen möchten, ein Angebot zum Abschluss eines Lizenzvertrages schicken. Ein entsprechendes Muster finden
Sie im Anhang zu Ziffer 3.1. Der Lizenzvertrag kommt zustande, wenn Sie von Ihrem Vertragspartner innerhalb einer angemessenen Zeit eine Bestätigung Ihres Vertragsan-
gebotes erhalten, ohne dass Ihr Vertragspartner die von
Ihnen angebotenen Vertragsbedingungen modifiziert hat.

Die Angemessenheit der Antwortzeit hängt von der Art
des verwendeten Kommunikationsmittels ab. Wenn Sie Ihr
Angebot per Fax oder per E-Mail schicken, ist eine Antwort innerhalb von zwei Tagen rechtzeitig, vgl. Frage 183.
Bei Nutzung der Briefpost sollte die Antwort binnen fünf
bis sieben Tagen eintreffen. Die Faustregel lautet: Der Vertragspartner hat, abhängig vom verwendeten Kommunikationsmittel, regelmäßig eine Überlegungsfrist von zwei bis
drei Tagen. Hinzuzurechnen sind die Zeiten, die für die
Übermittlung von Angebot und Annahme erforderlich
sind. Wenn Ihr Vertragspartner auf Ihr Angebot zwar in
angemessener Zeit reagiert hat, aber Ihnen neue Bedingungen vorschlägt, kommt der Vertrag nur dann zustande,

wenn Sie dieses neue Vertragsangebot Ihrerseits in angemessener Zeit annehmen.

Aber Achtung: Ihnen kann nur dann ein Nutzungsrecht
wirksam eingeräumt werden, wenn Ihr Vertragspartner tatsächlich auch der Rechte-Inhaber ist, vgl. Frage 106.

Tipp

Nutzen Sie nach Möglichkeit die Schriftform und geben Sie Ihr Angebot
zum Abschluss eines Lizenzvertrages beispielsweise per Fax ab. In den
meisten Fällen werden Sie dann auch eine Rückantwort per Fax erhalten.
Nur notfalls sollten Sie einen Lizenzvertrag per E-Mail abschließen.
Sobald sich die digitale Signatur durchgesetzt haben wird, vgl. Frage 187,
ist natürlich auch der Lizenzvertrag per E-Mail eine gute Alternative.
Um Klarheit über den Vertragsschluss zu schaffen, können Sie Ihrem
Vertragspartner eine Annahmefrist einräumen.

[Frage 103] Darf ich die Gestaltungselemente, an denen ich Nutzungsrechte erworben habe, verändern?

Die Grenze zieht hier das Urheberpersönlichkeitsrecht gemäß § 14 des Urheberrechtsgesetzes (UrhG). Danach kann
der Urheber Änderungen untersagen, wenn diese das Werk
entstellen oder wenn sie geeignet sind, die berechtigten
geistigen oder persönlichen Interessen des Urhebers am
Werk zu gefährden. Ob durch eine digitale Bearbeitung bereits die berechtigten Interessen des Urhebers berührt werden oder gar eine Entstellung vorliegt, kann nur im Einzelfall geklärt werden.

Tipp

Nach dem Vorsichtigkeitsprinzip sollten Sie bei einer Veränderung der
Vorlage grundsätzlich die Zustimmung des Urhebers einholen.

[Frage 104] Bin ich verpflichtet, den Urheber, der mir Nutzungsrechte eingeräumt hat, auf meiner Website zu benennen?

Ob Sie das Werk mit einer Urheberbezeichnung versehen müssen und welche Bezeichnung im Einzelnen zu verwenden ist, kann der Urheber bestimmen. Diese aus dem Urheberpersönlichkeitsrecht resultierende Befugnis gemäß § 13 des Urheberrechtsgesetzes (UrhG) bestimmt, dass der Urheber ein Recht auf Anerkennung seiner Urheberschaft am Werk hat. Allerdings kann der Urheber Sie von dieser Bennennungspflicht befreien. Ob eine Befreiung von der Urheberbenennungspflicht vorliegt, ist mangels ausdrücklicher Regelung durch Auslegung des Lizenzvertrages unter Berücksichtigung der Branchengepflogenheiten zu ermitteln. Im Internet ist es allerdings inzwischen weitgehend üblich geworden, den Urheber zu benennen.

Tipp

Nach dem Vorsichtigkeitsprinzip sollten Sie sich eine schriftliche Erklärung (jedenfalls als E-Mail) vom Urheber geben lassen, falls Sie die Urheberbenennung weglassen möchten.

[Frage 105] Was kann passieren, wenn ich mit dem Betreiber einer Website über die Nutzung seiner Gestaltungselemente einen Lizenzvertrag geschlossen habe, dieser aber nicht Rechte-Inhaber war?

Grundsätzlich tragen Sie die Verantwortung für das Vorhandensein erforderlicher Nutzungsrechte. Daher kann es passieren, dass Sie auf Unterlassung und Zahlung von Schadensersatz von Dritten in Anspruch genommen werden, obwohl Sie einen Lizenzvertrag geschlossen haben und die Gestaltungselemente in gutem Glauben benutzen. Die Rechtsprechung verlangt von Ihnen die sorgfältige Recherche des Rechte-Inhabers, vgl. Frage 106.

Tipp

Bei Zweifeln an der Rechte-Inhaberschaft Ihres Lizenzpartners verzichten Sie lieber auf den Abschluss des Lizenzvertrages und die Nutzung der Gestaltungselemente.

[Frage 106] Darf ich davon ausgehen, dass die Agentur, die meine Website gestaltet, alle erforderlichen Nutzungsrechte für die einzelnen Elemente besitzt?

Nach ständiger Rechtsprechung können Sie darauf nicht vertrauen. Vielmehr müssen Sie sich bei Ihrer Agentur vergewissern, ob diese tatsächlich im Besitz entsprechender Nutzungsrechte ist. Beispielsweise können Sie sich die Verträge zeigen lassen, in welchen der Agentur die entsprechenden Nutzungsrechte von Dritten eingeräumt werden. Falls Sie auf diese Kontrolle verzichten, besteht das Risiko, dass der Rechte-Inhaber Sie auf Unterlassung und Schadensersatz in Anspruch nimmt. Es wird Ihnen in diesem Fall auch kaum helfen, sich auf guten Glauben zu berufen, da der Unterlassungsanspruch verschuldensunabhängig ist und hinsichtlich des Schadensersatzanspruches die mangelnde Überprüfung der bestehenden Rechte als fahrlässiges Verhalten gewertet wird. Ein schwacher Trost: Sie können Ihre Agentur auf Regress in Anspruch nehmen. Sie tragen in diesem Fall aber das Prozessrisiko und bei gewonnenem Prozess das Risiko, dass Ihre Agentur möglicherweise zahlungsunfähig ist.

Tipp

Lassen Sie sich von Ihrer Agentur die Verträge zeigen, mit der ihr die Nutzungsrechte durch den Rechte-Inhaber eingeräumt wurden.

[Frage 107] Darf ich eine Musikdatei, die mir von einem Dritten als Hintergrundmusik für meine Website zur Verfügung gestellt wurde, auch zum Download bereitstellen?

Häufig erfolgt die Einräumung von Nutzungsrechten mündlich oder sogar konkludent, ohne dass zwischen den Parteien ein detaillierter schriftlicher Vertrag geschlossen wird. Für den Abschluss von Lizenzverträgen ist keine Schriftform erforderlich, obwohl sie zum Beweis der geschlossenen Vereinbarung hilfreich ist.

In solchen Fällen der Einräumung von Nutzungsrechten, bei denen die Nutzungsarten, auf die sich das Recht erstrecken soll, nicht im Einzelnen bezeichnet werden, richtet sich der Umfang des Nutzungsrechts nach dem mit seiner Einräumung verfolgten Zweck. Dies ist die so genannte Zweckübertragungsregel gemäß § 31 Abs. 5 des Urheberrechtsgesetzes (UrhG).

Wenn Ihnen nun das Recht zugestanden wurde, die Datei als Hintergrundmusik für Ihre Website zu verwenden, so ist nach dem Vertragszweck wohl davon auszugehen, dass

Sie nicht zugleich das Recht haben sollen, diese auch zum Download bereitzustellen. Denn der Download der Datei bedeutet aus Sicht des Urhebers einen tiefergehenden Eingriff in sein Urheberrecht als das bloße so genannte Audio-Streaming, weil der Download neue Vervielfältigungs- und Verbreitungsrisiken schafft. Lässt sich der Umfang der Rechte-Einräumung nicht eindeutig klären, so gilt die Regel, dass der Urheber keine über den Vertragszweck hinausgehenden Nutzungsrechte überträgt. Das Urheberrecht hat also die Tendenz, beim Urheber zu verbleiben.

Tipp

Schließen Sie nach Möglichkeit schriftliche Lizenzverträge, notfalls per E-Mail, und listen Sie im Vertrag so präzise, detailliert und umfassend wie möglich auf, für welche Zwecke Sie die Gestaltungselemente nutzen dürfen.

2.3.4 Verwendung von Fotografien, Filmen und Cliparts

[Frage 108] Dürfen dokumentarische Fotografien oder Filme frei verwendet werden?

Fotografien und Filme genießen nach dem Urheberrechtsgesetz (UrhG) einen doppelten Schutz: einen Urheberrechtsschutz nach § 2 UrhG und einen Leistungsschutz nach § 72 UrhG bzw. den §§ 88 ff. UrhG. Rein dokumentarische Fotografien oder Filme ohne künstlerischen Anspruch genießen jedenfalls als einfaches Lichtbild bzw. Laufbild Leistungsschutz, wenn die Fotografie bzw. der Film die für den Urheberrechtsschutz erforderliche Gestaltungshöhe nicht erreicht. Diese Sonderstellung im UrhG ist geschichtlich begründet. Als die Fotografie im Jahr 1839 erfunden wurde, waren die Geräte zur Aufnahme von Fotografien außerordentlich klobig und die fotografischen Verfahren kompliziert. Denn es gab keine fotografische Industrie, die Aufnahmematerialien bereit stellte. Die Herstellung einer Aufnahme kostete somit erheblichen Aufwand an Zeit, Mühe und Kosten.

Um die Fotografen zur Herstellung von Fotografien zu ermutigen und ihre Arbeitsergebnisse zu schützen, wurden im ersten Fotografieschutzgesetz von 1876 Fotografien geschützt, gleich ob sie künstlerisch waren oder nicht. Auch wenn die Technik später vereinfacht wurde und es möglich war, Fotografien kostengünstig und mühelos herzustellen, wurde der Schutz für Lichtbilder ohne künstlerischen Anspruch nicht aufgegeben. Denn man sah es als schwierig an zu beurteilen, ob die Wirkung eines Bildes auf einer Leistung des Fotografen oder auf der Automatik der benutzten Geräte beruhe. Man befürchtete, dass an sich schutzwürdige Fotografien von den Gerichten als solche nicht erkannt würden. Für diesen Fall sollte jedenfalls der subsidiäre Lichtbildschutz greifen.

Der Schutz von Filmen wurde ähnlich wie der von Fotografien geregelt.

Für Lichtbildwerke, die eine erheblich längere Schutzdauer als einfache Lichtbilder genießen, war früher ein bedeutendes schöpferisches Überragen rein handwerklicher Darstellungen erforderlich.

Im Rahmen der europaweiten Harmonisierung wurden die Anforderungen an die Gestaltungshöhe von Lichtbildwerken aber abgesenkt. Heutzutage ist es daher praktisch kaum noch möglich, die Trennlinie zwischen Lichtbildwerken und Lichtbildern zu ziehen.

Tipp

Nach dem Vorsichtigkeitsprinzip sollten Sie grundsätzlich davon ausgehen, dass bei Fotografien oder Filmen nicht nur ein Leistungsschutz, sondern ein Urheberrechtsschutz mit seiner längeren Schutzdauer besteht.

[Frage 109] Wenn ich eine CD oder DVD mit Tausenden von Fotos oder Cliparts gekauft habe, darf ich diese dann für meine Website frei verwenden?

Es gibt inzwischen Clipart- und Fotosammlungen auf CD oder DVD, die Hunderttausende von Einzelbildern enthalten. In welchem Umfang Sie diese Bilder verwenden dürfen, hängt von den beiliegenden Lizenzbedingungen ab. Häufig wird die Benutzung auch für gewerbliche Zwecke erlaubt.

Jedoch bedenken Sie: Zum einen werden gerne so genannte gemeinfreie Bilder verwendet, das heißt Bilder, bei denen das Urheber- bzw. Leistungsschutzrecht bereits abgelaufen ist. Dies bedeutet aber gleichzeitig, dass die Bilder vor relativ langer Zeit erstellt wurden, so dass Sie möglicherweise nicht mehr zu der von Ihnen bevorzugten Bildsprache passen.

Auf der anderen Seite müssen Sie sich im Klaren sein, dass die der Bildersammlung beiliegenden Lizenzbedingungen Ihnen natürlich nur diejenigen Rechte einräumen können, welche der Produzent der Bildersammlung selbst besitzt. Die Rechtsprechung legt hinsichtlich der Prüfungspflicht bei der Benutzung urheberrechtlich geschützter Werke einen strengen Maßstab an. Das Argument, dass Sie von der Genehmigungspflicht geschützten Materials nichts wussten, hilft nicht. Denn Sie sind verpflichtet, sich über die Zulässigkeit der Nutzung zu informieren, vgl. Frage 106. Kommen Sie dieser Informationspflicht nicht nach, so sieht die Rechtsprechung darin ein fahrlässiges Handeln. Es kann also sein, dass Sie trotz guten Glaubens vom Rechte-Inhaber plötzlich auf Unterlassung und Schadensersatz in Anspruch genommen werden. Solche Risiken bestehen insbesondere dort, wo es offensichtlich ist, dass sich die Rechte-Situation nach Art und Zustandekommen der Sammlung nicht verlässlich klären ließ.

Tipp

Wenn Sie Bildersammlungen kaufen, sollten Sie solche nur von möglichst seriösen Anbietern erwerben. Nach dem Vorsichtigkeitsprinzip sollten Sie sich den Bestand des erworbenen Rechts und die Freiheit von Rechten Dritter vertraglich zusichern lassen, um den Lizenzgeber gegebenenfalls auf Schadensersatz in Anspruch zu nehmen.

[Frage 110] Darf ich Fotografien von einer Website verwenden, die dort als lizenzfrei bezeichnet werden?

Hier gilt das zu Frage 109 Gesagte: Grundsätzlich haben Sie das Recht, solche Fotos entsprechend den auf der Website genannten Bedingungen, möglicherweise auch gewerblich, zu nutzen.

Es besteht aber auch hier das Risiko, dass der Betreiber der Website selbst nicht über die erforderlichen Nutzungsrechte verfügt und Sie sich kostspieligen Unterlassungs- und Schadensersatzansprüchen aussetzen, vgl. Frage 106. Manchmal werden auf derartigen Websites Bilder zum lizenzfreien Download bereitgestellt, welche Dritte zuvor mit der Erklärung, Sie seien Inhaber aller Rechte, auf die Website hochgeladen haben. Häufig ist es aber auch für den Bild-Ersteller schwierig, die Rechte-Situation zu klären. Beispielsweise kann bei solchen Bildern übersehen worden sein, dass abgebildete Personen sich auf das Recht am eigenen Bild, vgl. Frage 113, berufen können.

Tipp

Wenn Sie schon Bilder mit unsicherer Rechte-Situation verwenden, verwenden Sie dann jedenfalls nach Möglichkeit keine Fotos, auf denen Menschen – identifizierbar – abgebildet sind.

[Frage 111] Wenn ich ein gemeinfreies Werk für meine Website nutzen will, darf ich dann auch die fotografische Reproduktion dieses Gemäldes nutzen?

Sie müssen bei der Verwendung von gemeinfreien Werken unterscheiden zwischen dem gemeinfreien Originalwerk einerseits und der fotografischen Reproduktion dieses Originalwerkes andererseits. Sie können das Originalwerk beispielsweise selbst fotografieren. Hierbei sollten Sie aber beachten, dass unter Umständen das Hausrecht der Museen entgegenstehen kann, vgl. Frage 98.

Hingegen können Sie nicht ohne weiteres auf die fotografische Reproduktion des Originalwerkes eines Dritten zurückgreifen, da dieses seinerseits Leistungsschutz gemäß § 72 des Urheberrechtsgesetzes (UrhG) genießt. Das bedeutet, dass Sie die fotografische Kopie eines gemeinfreien Werkes ohne Einwilligung des Fotografen grundsätzlich nur dann verwenden dürfen, wenn die Fotografie vor mehr als 50 Jahren erschienen ist und keine Anhaltspunkte für das Bestehen eines Urheberrechtsschutzes der Fotografie bestehen.

Allerdings können bei gemeinfreien Werken die Rechte des Verfassers einer wissenschaftlichen Ausgabe gemäß § 70 des Urheberrechtsgesetzes (UrhG) oder die Rechte des Herausgebers eines nachgelassenen Werkes gemäß § 71 UrhG entgegenstehen.

> ## Tipp
>
> Suchen Sie in Antiquariaten gemeinfreie fotografische Reproduktionen von gemeinfreien Originalwerken. Soweit keine Rechte Dritter mehr daran bestehen, können Sie diese dann digitalisieren und mittels Bildbearbeitung optisch auffrischen.

[Frage 112] Ich besitze die fotografische Reproduktion einer gemeinfrei gewordenen Fotografie. Darf ich diese digitalisieren und auf meine Website stellen?

Zwar genießt grundsätzlich jedes Knipsbild Lichtbildschutz, jedoch nicht die bloße fotografische Vervielfältigung von fotografischen Vorlagen. Lichtbildschutz gemäß § 72 des Urheberrechtsgesetzes (UrhG) entsteht nur dann, wenn ein »Ur«-Bild geschaffen wird, welches Ausdruck einer persönlichen Leistung ist, auch wenn ein schöpferisches Schaffen nicht erforderlich ist. Fotografische Reproduktionen von gemeinfreien Fotografien können Sie daher grundsätzlich für Ihre Website nutzen. Eine Grenze setzt allerdings das Gesetz gegen den unlauteren Wettbewerb (UWG), vgl. Frage 146. Hiernach kann die Übernahme einer derartigen Fotografie bei Vorliegen zusätzlicher Umstände wettbewerbsrechtlich unzulässig sein.

2.3.5 Verwendung von Fotografien mit Personenabbildungen

[Frage 113] Darf ich ein von mir aufgenommenes Foto, auf dem eine Person abgebildet ist, auf meine Website stellen?

Auch wenn Sie an diesem Foto als Urheber bzw. Lichtbildner die Nutzungsrechte besitzen, dürfen Sie ein Foto von Personen, auf welchem diese für Dritte erkennbar sind, grundsätzlich nur mit deren Einwilligung im Internet veröffentlichen. Dieses Recht am eigenen Bild ist in § 22 des Gesetzes betreffend das Urheberrecht an Werken der bildenden Künste und der Fotografie (KunstUrhG) normiert und ist ein Ausdruck des allgemeinen Persönlichkeitsrechts des Abgebildeten.

Jedoch gibt es nach § 23 KunstUrhG auch Ausnahmen. Die Verbreitung und öffentliche Zurschaustellung von Fotos der Betroffenen ist hiernach ohne Einwilligung möglich bei:

1. Den so genannten absoluten Personen der Zeitgeschichte. Das sind Persönlichkeiten, die auf Grund ihrer gesellschaftlichen oder politischen Stellung oder wegen beson-

derer Verdienste prominent sind. Hierzu zählen beispielsweise Mitglieder der Königshäuser oder bekannte Schauspieler, Sportler und Politiker. Bildnisse solcher Personen dürfen dessen ungeachtet nicht völlig schrankenlos verbreitet werden. Die Grenze bildet in diesem Fall das allgemeine Persönlichkeitsrecht. Bei besonders schweren Persönlichkeitsverletzungen kann die Zahlung einer Geldentschädigung gemäß § 253 Abs. 2 des Bürgerlichen Gesetzbuches (BGB) in Betracht kommen.

2. Den so genannten relativen Personen der Zeitgeschichte: Hierzu zählen auch unbekannte Personen, die durch ein besonderes Ereignis plötzlich in den Fokus der Öffentlichkeit geraten sind, z. B. durch Begleitung einer Person der absoluten Zeitgeschichte als deren Angehöriger oder Partner. Keine relativen Personen der Zeitgeschichte sind hingegen Menschen, die nur einmalig oder gar zufällig mit Prominenten auftreten. Allerdings dürfen Aufnahmen von relativen Personen der Zeitgeschichte nur im Zusammenhang zu dem betreffenden Ereignis veröffentlicht werden. Auch hier sind die allgemeinen persönlichkeitsrechtlichen Grenzen zu beachten.

3. Personen, die nur als Beiwerk neben einer Landschaft oder einer sonstigen Örtlichkeit erscheinen und damit nicht den Zweck der Aufnahme bilden.

4. Personen im Kontext einer Versammlung, eines Aufzuges oder ähnlichem, sofern nicht einzelne Personen besonders hervorgehoben sind. Das bedeutet, dass auf Veranstaltungen, wie z. B. Demonstrationen oder öffentlichen Festen, Aufnahmen in die Menge hinein gemacht werden dürfen.

5. Personen, die mit künstlerischem Anspruch und Erfolg fotografiert wurden, wenn die Verbreitung und Zurschaustellung der Fotografie einem höheren Interesse der Kunst dient, es sei denn, die Fotografie wurde auf Bestellung der abgebildeten Person gefertigt.

Allerdings ist im Einzelfall zu prüfen, ob das Informationsinteresse der Allgemeinheit hinter dem Persönlichkeitsinteresse der abgebildeten Person zurückzutreten hat. Hierbei sind die miteinander kollidierenden Interessen gegeneinander abzuwägen.

Tipp

Wenn auf Ihrem Foto eine Person abgebildet ist und Sie keine schriftliche Einwilligung für die Veröffentlichung erhalten konnten, sollten Sie die Person nach dem Vorsichtigkeitsprinzip mittels digitaler Bildbearbeitung lieber aus dem Bild herausretuschieren oder bis zur Unkenntlichkeit verändern.

[Frage 114] Darf ich die Fotos Verstorbener auf meine Website stellen?

Persönlichkeitsrechte und das Recht am eigenen Bild wirken über den Tod hinaus. So sieht § 22 S. 3 des Gesetzes betreffend das Urheberrecht an Werken der bildenden Künste und der Fotografie (KunstUrhG) in der Fassung vom 16. Februar 2001 vor, dass die Veröffentlichung des Bildes eines Verstorbenen bis zum Ablauf von zehn Jahren nach dem Tod der Einwilligung der Angehörigen des Verstorbenen bedarf. Bei groben Ehrverletzungen kann das Persönlichkeitsrecht darüber hinaus sogar mehrere Jahrzehnte Wirkung entfalten und Unterlassungsansprüche der Angehörigen begründen.

[Frage 115] Darf ich das von einem Fotografen aufgenommene Pass- oder Porträtfoto von mir auf meine Website stellen?

Gemäß § 60 des Urheberrechtsgesetzes (UrhG) darf der Abgebildete ein auf Bestellung geschaffenes Bildnis, wie es das Pass- oder Porträtfoto darstellt, unentgeltlich und nichtgewerblich verbreiten. Allerdings erfasst diese Norm nicht das Verwertungsrecht der »öffentlichen Wiedergabe« und damit auch nicht dessen Unterfall der »öffentlichen Zugänglichmachung« nach § 19 a UrhG, also z. B. das Bereitstellen im Internet. Demzufolge dürfen Sie das von einem Fotografen aufgenommene Pass- oder Porträtfoto weder auf Ihre gewerbliche noch auf Ihre private Website stellen, falls Ihnen dieses Recht durch den Fotografen nicht vertraglich eingeräumt wurde.

2.3.6 Verwendung von Grafiken und Schriften

[Frage 116] Darf ich einfach gestaltete Grafiken (z. B. Tapetenmuster) als Hintergrundbild frei verwenden?

Regelmäßig erlangen sehr einfach gestaltete Grafiken mangels ausreichender Gestaltungshöhe keinen urheberrechtlichen Schutz. Allerdings können diese Muster durch das Geschmacksmustergesetz (GeschmMG) geschützt sein. Ein Schutz nach diesem Gesetz wird als kleines Urheberrecht bezeichnet. Es besteht nur dann, wenn das Muster in das Geschmacksmusterregister beim Deutschen Patent- und Markenamt (DPMA) eingetragen ist. Außerdem müssen Sie die europäischen Gemeinschaftsgeschmacksmuster sowie die nach dem Haager Musterabkommen für Deutschland international registrierten Geschmacksmuster berücksichtigen. Der Inhaber eines registrierten Geschmacksmusters hat das ausschließliche Recht, über die Nutzung seines Musters zu entscheiden und kann daher Nutzungen ohne seine Einwilligung untersagen.

Tipp

Unter *https://dpinfo.dpma.de* können Sie den aktuellen Stand von Ihnen bekannten Geschmacksmustern des deutschen Geschmacksmusterregisters einsehen. Weitere Recherchen können Sie kostenlos beim Deutschen Patent- und Markenamt in Berlin und München durchführen. Unter *http://oami.eu.int* können Sie Gemeinschaftsgeschmacksmuster recherchieren und unter *http:// www.wipo.int* international registrierte Geschmacksmuster.

[Frage 117] Sind Schriftarten (Fonts) geschützt oder darf ich sie bedenkenlos verwenden?

Typografische Schriftzeichen sind bei Erreichen der erforderlichen Gestaltungshöhe urheberrechtlich geschützt. Ist dies nicht der Fall, kommt ein Schutz nach dem zum 1. Juni 2004 in Kraft getretenen Geschmacksmustergesetz neuer Fassung (GeschmMG) in Betracht. Ein Schutz nach dem GeschmMG erfordert eine Registrierung beim Deutschen Patent- und Markenamt. Ist diese Voraussetzung erfüllt, so hat der Rechte-Inhaber das ausschließliche Recht, über die Verwendung seines typografischen Schriftzeichens zu entscheiden, vgl. Frage 116. Bitte beachten Sie daher beim Kauf von Schriftarten-Sammlungen auf CD-ROM oder DVD die beiliegenden Lizenzbedingungen.

2.3.7 Bereitstellen von Software

[Frage 118] Darf ich auf meiner Website Software zum Herunterladen bereitstellen?

Software genießt gemäß §§ 69 a ff. des Urheberrechtsgesetzes (UrhG) urheberrechtlichen Schutz. Das bedeutet, dass Sie grundsätzlich die Zustimmung des Rechte-Inhabers benötigen, wenn Sie Software zum Herunterladen bereitstellen.

Allerdings gibt es Ausnahmen. Denn bestimmte Programme können ohne Zustimmung des Urhebers vervielfältigt und verbreitet werden. Hierbei unterscheidet man Freeware, Shareware und Open-Source-Software. Freeware kann ohne Zahlung einer Lizenzgebühr genutzt werden, wobei es jedoch nicht gestattet ist, die Software zu ändern. Der Urheber der Software bestimmt, nach welchen Bedingungen die Software vervielfältigt und verbreitet werden darf. Shareware ist eine Art Vertriebskonzept: Für einen bestimmten Zeitraum (üblicherweise 30 Tage) kann die Software kostenlos getestet werden. Wer die Software darüber hinaus nutzen will, muss sich registrieren lassen, wobei eine Registrierungsgebühr fällig wird. Shareware kann grundsätzlich frei vervielfältigt und verbreitet werden. Jedoch darf die Software nur vollständig, unverändert und unter Nennung des Autors weitergegeben werden. Open-Source-Software ist ein Programm, dessen Quellcode offengelegt ist und das üblicherweise nicht nur zur kostenlosen Vervielfältigung und Verbreitung, sondern auch zur Veränderung und Bearbeitung freigegeben ist. Im letzteren unterscheidet sich Open-Source-Software von Freeware, das von Dritten nicht weiterentwickelt oder bearbeitet werden darf.

Die Urheber von Freeware, Shareware und Open-Source-Software sind an einer weiten Verbreitung ihrer Software interessiert. Daher sind Sie üblicherweise berechtigt, diese Arten von Software auf Ihrer Website zum Herunterladen anzubieten. Sie sollten in jedem Fall jedoch die der Software beigefügten Lizenzbestimmungen lesen, welche sich regelmäßig in einer Textdatei namens »Readme.txt« befinden.

2.3.8 Setzen von Links und Framing

[Frage 119] Darf ich eine Link-Sammlung, die sich auf einer fremden Website befindet, auf meine Website übernehmen?

Link-Sammlungen können als Datenbankwerk gemäß § 4 des Urheberrechtsgesetzes (UrhG) Urheberrechtsschutz genießen. Dies setzt voraus, dass die Auswahl und Ordnung der Links eine persönliche geistige Schöpfung darstellt. Der Urheberrechtsschutz besteht während der Lebenszeit des Autors und 70 Jahre nach dessen Tod.

Außerdem kann der Ersteller einer Link-Sammlung, auch wenn keine persönliche geistige Leistung zu erkennen ist, als Datenbankhersteller gemäß § 87 a UrhG geschützt sein. Dies setzt voraus, dass die Sammlung, Prüfung und Strukturierung der Links eine wesentliche Investition erfordert. Ein derartiger Leistungsschutz wird nur dann gewährt, wenn es sich um eine umfangreiche Link-Sammlung handelt, welche mit nicht unerheblichem Aufwand aktuell gehalten werden muss. Der Hersteller einer Datenbank erhält ab Veröffentlichung einen 15-jährigen Schutz vor Vervielfältigung, Verbreitung und öffentlicher Wiedergabe von wesentlichen Teilen seiner Datenbank. Sofern die berechtigten Interessen des Datenbankherstellers in unzumutbarer Weise beeinträchtigt werden, wird jedoch auch die Verwendung unwesentlicher Datenbankteile sanktioniert, vgl. § 87 b Abs. 1 S. 2 UrhG.

Auch wenn das Urheberrechtsgesetz im Einzelfall nicht greifen sollte, kann die Übernahme einer fremden Link-Sammlung dennoch wettbewerbswidrig im Sinne des § 3 des Gesetzes gegen den unlauteren Wettbewerb (UWG) sein. Zwar gilt zunächst der Grundsatz, dass fremde Leistungsergebnisse, welche nicht unter den Sonderrechtsschutz des UrhG fallen, von Dritten genutzt werden dürfen. Besteht aber ein Wettbewerbsverhältnis und kommen wettbewerbswidrige Umstände hinzu, z. B. die unmittelbare Leistungsübernahme fremder Arbeitsergebnisse, ist ein wettbewerblicher Schutz in Betracht zu ziehen.

Tipp

Sie sollten in jedem Fall vermeiden, fremde Link-Sammlungen, auch falls ein Schutz nach dem UrhG nicht in Betracht kommen sollte, einfach durch ein technisches Vervielfältigungsverfahren (z. B. mit den Computer-Funktionen »copy and paste«) zu übernehmen. Denn wenn Sie fremde Arbeitsergebnisse einfach übernehmen, ohne etwas Eigenes hinzuzufügen, kommt ein Wettbewerbsverstoß in Betracht.

[Frage 120] Darf ich, wenn ich auf meiner Website Links zu den Unternehmens- oder Produkt-Websites Dritter veröffentliche, auf meiner Website den Namen oder das Produkt des Dritten benennen?

Wenn Sie auf Ihrer Website Links zu den Unternehmens- oder Produkt-Websites Dritter aufnehmen, kann dies, einmal abgesehen von wettbewerbsrechtlichen Fragen, markenrechtlich problematisch sein. Noch ist nicht eindeutig geklärt, wann es sich hierbei um eine Kennzeichenbenutzung und wann um eine so genannte bloße Markennennung handelt. Eine bloße Markennennung würde im Regelfall keine Rechtsverletzung darstellen, sondern nur bei Vorliegen besonderer Begleitumstände wie bei Irreführung, Ruf- oder Aufmerksamkeitsausbeutung und Herabsetzung. Die Nennung fremder Kennzeichen ist jedoch dort problematisch, wo das zulässige Maß redaktioneller Nennung oder vergleichender Werbung, vgl. Frage 151, überschritten wird, was möglicherweise bereits beim Setzen eines Links der Fall ist.

[Entscheidung 40] Landgericht München I
Urteil vom 25. Mai 2000 | 4 HK O 6543/00 | FTP-Explorer

Wenn sich auf einer Website ein Link zum Angebot eines Dritten zum Herunterladen von Software unter namentlicher Nennung der markenrechtlich geschützten Software befindet, handelt es sich hierbei nicht um den Fall einer so genannten bloßen Markennennung, sondern um eine markenmäßige Nutzung.

[*http://www.jurpc.de/rechtspr/20000168.htm*]

[Frage 121] Kann ich mich mit einem Link strafbar machen, der von der eigenen Website zu strafbaren Inhalten führt?

Nur, wenn Sie den strafbaren Inhalt, auf den Sie verlinken, wie z. B. beleidigende, rassistische oder gewaltverherrlichende Darstellungen, kennen. Die Tathandlung besteht darin, dass Sie durch den Link weiteren Personen Zugang zu den inkriminierten Seiten verschaffen. Sie müssen jedoch vorsätzlich handeln, die Verbreitung des strafbaren Inhalts also auch wollen oder zumindest billigend in Kauf nehmen. Fahrlässige Unkenntnis reicht bei der Verbreitung unzulässiger Inhalte nicht zur Begründung einer Strafbarkeit aus.

In einer grundlegenden Entscheidung aus den Anfangsjahren des Internet-Rechts hat das Amtsgericht Berlin-Tiergarten im Jahr 1997, vgl. Entscheidung 41, eine damalige Bundestagsabgeordnete vom Vorwurf der strafbaren Beihilfe zur Anleitung von Straftaten freigesprochen, weil ihr eben diese positive Kenntnis nicht nachgewiesen werden konnte. Die *PDS*-Abgeordnete hatte einen Link auf den Server der Zeitschrift *Radikal* gesetzt. Dort fand sich ein Beitrag mit dem Titel: »Kleiner Leitfaden zur Behinderung von Bahntransporten aller Art«, der Sabotageakte gegen die Deutsche Bahn thematisierte. Allerdings bestand der Link zu *Radikal* schon, bevor der unzulässige Artikel veröffentlicht wurde.

**[Entscheidung 41] Amtsgericht Berlin-Tiergarten
Urteil vom 30. Juni 1997 | 260 DS 857/96 | Strafrechtliche Verantwortlichkeit durch Link-Setzung**

Die bloße Weiterexistenz eines Links vermag eine Strafbarkeit jedenfalls dann nicht zu begründen, wenn nicht positiv festgestellt werden kann, dass der Angeklagte den Link bewusst und gewollt in Kenntnis der Existenz und des strafbaren Artikel-Inhalts weiter aufrechterhält.

[Frage 122] Mache ich mich auch dann strafbar, wenn ich mich ausdrücklich von der verlinkten Website distanziere?

Wenn Sie Kenntnis von dem strafbaren Inhalt haben, nützt auch die Verwendung eines distanzierenden Zusatzes nichts. Denn strafbar macht sich auch derjenige, der die als möglich erkannte Verwirklichung der Haupttat in Kauf nimmt, obwohl er dies an sich nicht wünscht (bedingter Vorsatz).

[Frage 123] Wann kann ich für einen Link zu einer fremden Website zivilrechtlich zur Verantwortung gezogen werden?

Strafrechtliche und zivilrechtliche Verantwortlichkeit sind nicht deckungsgleich. So muss Sie zwar kein strafrechtlicher Vorwurf wegen eines Links auf Ihrer Website treffen, der zu einem Angebot mit persönlichkeits-, urheber- oder wettbewerbsrechtlich unzulässigen Inhalten führt. Gleichwohl können Sie, auch ohne Täter oder Teilnehmer einer unzulässigen Handlung zu sein, zivilrechtlich von demjenigen in Anspruch genommen werden, der durch den verlinkten Inhalt in seinen Rechten beeinträchtigt wird. Die Rechtsprechung wendet hier die Grundsätze der Störerhaftung an. Störer im zivilrechtlichen Sinne ist jeder, der in irgendeiner Weise willentlich und ursächlich an der Beeinträchtigung geschützter Rechtsgüter mitwirkt. Willentlich heißt dabei nur, dass Sie die Möglichkeit haben, die Störung zu beenden, etwa durch Beseitigen des beanstandeten Links. Nach diesen Grundsätzen können beispielsweise auch Buchhändler als Störer verantwortlich sein, obwohl sie den Inhalt der von ihnen vertriebenen Titel größtenteils gar nicht kennen. Die Inanspruchnahme eines Link-Setzenden als Störer knüpft der Bundesgerichtshof unter bestimmten Umständen an das Bestehen von Prüfpflichten. Eine solche Prüfpflicht wurde beispielsweise für ein Presseunternehmen verneint, das im Zusammenhang mit einem Bericht über Glücksspiele im Internet einen Link auf den Internetauftritt des dargestellten Unternehmens setzte, vgl. Entscheidung 42. Eine zunächst nicht gegebene Prüfpflicht kann aber nach erfolgter Abmahnung oder Klageerhebung entstehen. Die Störerhaftung hat auch Bedeutung beim Framing oder Inline-Linking, vgl. Frage 130.

[Entscheidung 42] Bundesgerichtshof
Urteil vom 1. April 2004 | I ZR 317/01 | Prüfpflichten bei Link-Setzung

Bei Dritten, die eine rechtswidrige Beeinträchtigung ohne Wettbewerbsförderungsabsicht und ohne Verschulden lediglich objektiv durch ihr Handeln unterstützen, setzt eine Haftung als Störer die Verletzung von Prüfungspflichten voraus. Ob und inwieweit denjenigen, der einen Hyperlink setzt, derartige Prüfungspflichten treffen, richtet sich nach den jeweiligen Umständen des Einzelfalls.

Erleichtern Hyperlinks nur den Zugang zu ohnehin allgemein zugänglichen Quellen, dürfen an die nach den Umständen erforderliche Prüfung im Interesse der Meinungs-

und Pressefreiheit (Art. 5 Abs. 1 des Grundgesetzes (GG)) keine zu strengen Anforderungen gestellt werden.
Wenn beim Setzen des Hyperlinks selbst noch keine Prüfungspflicht verletzt wird, kann eine Störerhaftung jedoch begründet sein, wenn ein Hyperlink aufrechterhalten bleibt, obwohl eine nunmehr zumutbare Prüfung, insbesondere nach einer Abmahnung oder Klageerhebung, ergeben hätte, dass mit dem Hyperlink ein rechtswidriges Verhalten unterstützt wird.

[*http://www.jurpc.de/rechtspr/20040275.htm*]

[Frage 124] Heißt das, dass ich für einen Link auch auf Schadensersatz in Anspruch genommen werden kann? Nicht unbedingt. Wenn Sie – üblicherweise durch eine Abmahnung – davon erfahren, auf eine Website mit rechtswidrigen Inhalten verlinkt zu haben, sind Sie zwar zur sofortigen Unterlassung verpflichtet, denn durch den Link wirken Sie rechtlich an der Verbreitung des beanstandeten Inhalts mit. Dagegen setzt die Haftung auf Schadensersatz grundsätzlich Verschulden, also vorsätzliches oder fahrlässiges Handeln voraus. In einer viel zitierten Entscheidung aus dem Jahr 1998 hat das Landgericht Hamburg, vgl. Entscheidung 43, die Schadensersatzpflicht eines Homepage-Inhabers angenommen, der eine Link-Sammlung auf Websites mit ehrverletzenden Äußerungen über den Kläger angelegt hatte. Das Gericht stellte fest, dass nicht nur das Behaupten, sondern auch das Verbreiten persönlichkeitsverletzender Äußerungen Schadensersatzansprüche auslösen kann, wenn sich derjenige, der die Behauptungen wiedergibt, nicht hinreichend von ihnen distanziert. Es wird dann von einem haftungsbegründenden Zu-Eigen-Machen der streitigen Äußerung gesprochen. Und anders als im Strafrecht ist auch eine Haftung für die fahrlässige Unkenntnis des beanstandeten Inhalts denkbar. Es ist deswegen zu empfehlen, auch die verlinkten Seiten sicherheitshalber regelmäßig zu überprüfen, um sich nicht dem Vorwurf einer Sorgfaltspflichtverletzung auszusetzen. Unrealistisch wäre sicherlich die pauschale Forderung nach einer wöchentlichen Kontrolle der verlinkten Websites, da es auf den Zusammenhang ankommt, in dem der Link steht. Der Internetauftritt von *Radikal* erfordert fraglos mehr Aufmerksamkeit als das Angebot des *Deutschen Wetterdienstes*.

[Entscheidung 43] Landgericht Hamburg
Urteil vom 12. Mai 1998 | 312 O 85/98 | Haftung für Link-Setzung

Eine Link-Setzung auf Internetseiten mit beleidigenden Äußerungen kann ohne hinreichende Distanzierung ein Zu-Eigen-Machen der Inhalte und damit eine schuldhafte Verletzung des allgemeinen Persönlichkeitsrechts des Betroffenen bedeuten. Bei einer eigenen Zusammenstellung ehrverletzender Artikel führt eine »Haftungsfreizeichnungsklausel«, die auf die Verantwortung der jeweiligen Autoren für den Artikel-Inhalt hinweist, jedenfalls zu keiner wirksamen Distanzierung.

[*http://www.jurpc.de/rechtspr/19980086.htm*]

[Frage 125] Kann ich meine zivilrechtliche Haftung ausschließen, wenn ich mich ausdrücklich von dem verlinkten Inhalt distanziere?

Auch hier sind die Umstände des Einzelfalles maßgeblich. Die Pflicht zur Beseitigung einer unzulässigen Verlinkung kann schon deswegen nicht durch einen so genannten Disclaimer (Freizeichnungsklausel) entfallen, weil Sie sonst weiter zur Verbreitung des unzulässigen Inhalts beitragen. Anderenfalls könnte sich jeder an der Störung beteiligen und sich zugleich mit einem formelhaften Lippenbekenntnis distanzieren.

Im Bereich des Schadensersatzes kommt es auf die Art und Weise der Distanzierung von Äußerungen Dritter an. Printmedien verwenden beispielsweise für ihren Leserbriefteil Freizeichnungsklauseln (»Leserbriefe geben nicht die Meinung der Redaktion wieder«). Dessen ungeachtet haftet der Verlag für den Abdruck beleidigender Leserbriefe. Durch die Veröffentlichung wird unterstellt, dass sich das Medium die Beleidigung zu Eigen macht. Ähnlich verhält es sich mit dem kommerziellen Anzeigenteil. Zwar ist es bei einer Vielzahl von Inseraten unmöglich zu prüfen, ob Rechte Dritter beeinträchtigt werden. Dennoch wird eine Verlegerhaftung in Sonderfällen angenommen, beispielsweise wenn das Inserat im Widerspruch zu allgemein bekannten Tatsachen steht.

Im oben erwähnten Fall, vgl. Entscheidung 43 nach Frage 124, ging auch das Landgericht Hamburg von einer Schadensersatzpflicht trotz verwendeter Haftungsfreizeichnung aus. Der Beklagte hatte auf seiner Homepage eine Link-Sammlung von Artikeln zusammengestellt, die sich teilweise ehrverletzend mit dem Kläger auseinander setzten. Der Link-Sammlung war eine Freizeichnungsklausel vorangestellt, die auf die alleinige Verantwortlichkeit der jeweiligen Autoren verwies. Das reichte nach Auffassung des Landgerichts nicht aus. Andererseits betont das Oberlandesgericht München, vgl. Entscheidung 44, dass ein Haftungsausschluss »allenfalls und auch nur unter Umständen« in Betracht kommt, »wenn der Nutzer die Seiten nur über den Disclaimer erreichen kann oder wenn jede Seite einen deutlichen direkten Text zum Haftungsausschluss enthalten hätte«.

Tipp

Ein Muster für einen gängigen Disclaimer findet sich beispielsweise unter *http://www.datenschutz-berlin.de/ueba/impress. htm#links*.

[Entscheidung 44] Oberlandesgericht München
Urteil vom 17. Mai 2002 | 21 U 5569/01 | Haftung für Link-Setzung

Ein Ausschluss der Haftung für Links kommt allenfalls und auch nur unter Umständen in Betracht, wenn der Nutzer die Seiten nur über den Disclaimer erreichen kann oder wenn jede Seite einen deutlichen direkten Text zum Haftungsausschluss enthält.

[*http://www.jurpc.de/rechtspr/20030084.htm*]

[Frage 126] Muss ich – z. B. wegen eines beanstandeten Links – eine Gegendarstellung auf meiner privaten oder gewerblichen Website aufnehmen?

Der Anspruch auf die Aufnahme einer Gegendarstellung im Online-Bereich wird ausschließlich durch den Mediendienste-Staatsvertrag (MDStV) geregelt. Voraussetzung ist, dass es sich bei dem Angebot auf Ihrer Website um einen Mediendienst handelt. Unter diesen Begriff fallen in erster Linie periodisch erscheinende Angebote, bei denen die redaktionelle Gestaltung zur Meinungsbildung für die Öffentlichkeit im Vordergrund steht. Für das Landgericht Düsseldorf, vgl. Entscheidung 45, erklärt sich die Beschränkung auf periodisch verbreitete Texte daraus, dass ihre Ersteller durch die regelmäßige Verbreitung besonderen Einfluss auf die öffentliche Meinungsbildung nehmen. Dies rechtfertige im Interesse der »Waffengleichheit« dann auch ein Gegendarstellungsrecht. Verbreiten Sie keine periodisch erscheinenden Texte, sind Sie demgemäß auch nicht verpflichtet, eine Gegendarstellung aufzunehmen.

Danach erfüllen beispielsweise viele Blogs durchaus die Anforderungen des MDStV mit der Folge, dass ihre Betreiber zur Aufnahme von Gegendarstellungen verpflichtet sind. Doch selbst wenn Ihre Website periodisch redaktionell gestaltet ist, wird wegen eines Links kaum die Pflicht auf Schaltung einer Gegendarstellung bestehen. Im MDStV wird außerdem verlangt, dass die angegriffene Behauptung von Ihnen selbst aufgestellt wird. Ein Link stellt jedoch in aller Regel keine solche Mitteilung dar, sondern bietet lediglich die technische Möglichkeit, durch Mausklick die Mitteilung eines Dritten abzurufen. Etwas anderes kann aber gelten, wenn der Link-Text selbst eine entgegnungsfähige Aussage enthält. Besteht ein Recht auf Gegendarstellung, muss ein Link eingefügt werden, aus dem hervorgeht, dass eine Antwort auf die beanstandete Information existiert.

[Entscheidung 45] Landgericht Düsseldorf
Urteil vom 29. April 1998 | 12 O 132/98 | Gegendarstellungsanspruch

Jedenfalls wenn die Texte auf einer Internet-Homepage nicht periodisch erneuert werden, scheidet ein Gegendarstellungsanspruch für Äußerungen auf dieser Homepage aus.

[*http://www.jurpc.de/rechtspr/19990034.htm*]

[Frage 127] Darf ich auf die Homepage einer fremden Website verlinken, auch wenn der Dritte darauf hinweist, dass er nicht verlinkt werden möchte?

In seiner viel beachteten »Paperboy«-Entscheidung, vgl. Entscheidung 47 nach Frage 129, verneint der Bundesgerichtshof die Schaffung eines widerrechtlichen Störungszustandes, wenn durch das Setzen von Hyperlinks der Zugang zu einer öffentlich zugänglichen Homepage ohne ausdrückliches Einverständnis des Betreibers erleichtert wird. Derjenige, der eine Website ohne technische Schutzmaßnahmen im Internet öffentlich zugänglich macht, ermöglicht dadurch bereits selbst die Nutzungen, die ein Abrufender vornehmen kann. Dieser Grundsatz kennt jedoch viele Ausnahmen, da immer der Kontext zu berücksichtigen ist, in dem die Verlinkung erfolgt. So kann eine Verlinkung auf das Konkurrenzangebot eines Wettbewerbers ebenso unzulässig sein wie der Link auf eine geschützte Datenbank oder eine Link-Sammlung mit abträglichen Darstellungen. Stellt jemand den Zugriff auf seinen Internetauftritt unter den ausdrücklichen Vorbehalt, nicht verlinkt werden zu wollen, ist dies als vertragliche Nutzungsbedingung im Ansatz dem Ergreifen technischer Schutzmaßnahmen vergleichbar, mit dem das so genannte Deep-Linking vermieden werden soll. Sie sollten den Vorbehalt demnach ebenfalls respektieren und eine Link-Setzung unterlassen.

[Frage 128] Darf ich den Screenshot einer fremden Website in Form eines so genannten Thumbnails auf meiner Website (z. B. im Rahmen einer Link-Sammlung) präsentieren?

Grundsätzlich nicht. Selbst wenn der Screenshot nur einen verkleinerten Teil der verlinkten Seite in vergröberter Auflösung zeigt, stellt dies die Vervielfältigung eines anderen Werkes im Sinne des Urheberrechts dar. In diesem Verständnis hat das Landgericht Hamburg entschieden, dass die Veröffentlichung von »Thumbnails« im Internet nach deutschem Urheberrecht eine unfreie Nutzung der zu Grunde liegenden Originalfotos darstellt. Die kommerzielle Nutzung urheberrechtlich geschützter Screenshots ist daher nur mit dem Einverständnis des Betreibers der dargestellten Seite zulässig. Anders ist es bei Seiten, die nicht schutzfähig im Sinne des Urheberrechts sind, beispielsweise, weil sie nur einfache Gestaltungselemente enthalten. Die Vervielfältigung, Verbreitung und öffentliche Wiedergabe von Screenshots müsste aber auch im Rahmen einer Online-Publikation gemäß § 51 Nr. 2 des Urheberrechtsgesetzes (UrhG) als so genanntes Kleinzitat möglich sein, wenn das zitierende Werk nicht nur eine als Artikel getarnte Link-Sammlung darstellt. An der Belegfunktion des Zitats fehlt es, wenn sich der Zitierende lediglich eigene Arbeit ersparen will.

[Entscheidung 46] Landgericht Hamburg
Urteil vom 5. September 2003 | 308 O 449/03 | Widerrechtlichkeit der Verwendung von Thumbnails

Thumbnails sind unfreie Bearbeitungen nach § 23 UrhG, da ihnen keine eigenschöpferischen Züge innewohnen. Ihre Verwendung ist nicht aus einem Allgemeininteresse an der Funktionsfähigkeit des Internet heraus als rechtmäßig anzusehen. Die festgestellte Widerrechtlichkeit einer Thumbnail-Nutzung stellt auch das Grundprinzip einer Suchmaschine nicht in Frage, weil der verweisende Link ohne Verwendung der Originalfotos selbst gestaltet werden kann.

[*http://www.jurpc.de/rechtspr/20040146.htm*]

[Frage 129] Darf ich einen Deep-Link setzen?

Der Bundesgerichtshof hat im »Paperboy«-Urteil, vgl. Entscheidung 47, entschieden, dass das Setzen so genannter Deep-Links, die unter Umgehung der Startseite einer Homepage »in die Tiefe« der Website führen, grundsätzlich zulässig ist. Die Umgehung von Bannerwerbung auf der Startseite sei lediglich ein »unbeabsichtigter Nebeneffekt«, der für sich alleine die Unzulässigkeit – insbesondere Wettbewerbswidrigkeit – des Verlinkens nicht begründen könne. Denselben Effekt erziele jeder Nutzer mittels der Eingabeleiste seines Browsers oder bei Verwendung einer Suchmaschine. Offen gelassen hat der Bundesgerichtshof in seiner Entscheidung, ob etwas anderes gilt, wenn ein Homepage-Betreiber erkennbare technische Anstrengungen unternommen hat, Deep-Links zu verhindern. Im Übrigen ist ebenso wie beim Framing auch das Setzen von Deep-Links bei einem konkret bestehenden Wettbewerbsverhältnis stets problematisch.

[Entscheidung 47] Bundesgerichtshof
Urteil vom 17. Juli 2003 | I ZR 259/00 | Setzen von Deep-Links – Paperboy

Wird ein Hyperlink zu einer Datei auf einer fremden Website mit einem urheberrechtlich geschützten Werk gesetzt, wird dadurch nicht in das Vervielfältigungsrecht an diesem Werk eingegriffen. Ein Berechtigter, der ein urheberrechtlich geschütztes Werk ohne technische Schutzmaßnahmen im Internet öffentlich zugänglich macht, ermöglicht dadurch bereits selbst die Nutzungen, die ein Abrufender vornehmen kann. Es wird deshalb grundsätzlich kein urheberrechtlicher Störungszustand geschaffen, wenn der Zugang zu dem Werk durch das Setzen von Hyperlinks (auch in der Form von Deep-Links) erleichtert wird.

[*http://www.jurpc.de/rechtspr/20030274.htm*]

[Frage 130] Darf ich fremde Websites auf meiner Website in einem Frame zeigen (Framing)?

Auch das Framing oder Inline-Linking von Websites stellt nach einhelliger Auffassung in der Rechtsprechung eine Vervielfältigung im Sinne des Urheberrechts dar. Im Übrigen kommen die Instanzgerichte zu unterschiedlichen Ergebnissen. Nach Auffassung des Landgerichts München, vgl. Entscheidung 48, ist diese Form der Vervielfältigung durch § 53 Abs. 1 des Urheberrechtsgesetzes (UrhG) gedeckt, wenn, wie im entschiedenen Fall, die Zugänglichmachung von Lichtbildern ausschließlich zu privaten Zwecken erfolgt. Hier wird dem Nutzer durch Verwenden der Frame-Technik lediglich die ohnehin zulässige Möglichkeit verschafft, den verlinkten Inhalt zu nutzen. Demgegenüber hat das Hanseatische Oberlandesgericht Hamburg, vgl. Entscheidung 49, entschieden, dass auch die mittels Framing ermöglichte Privatnutzung einer kommerziellen Datenbank, wie z. B. einer geschützten Link-Sammlung, der Einwilligung des Betreibers der verlinkten Seite bedarf. § 53 Abs. 1 UrhG, wonach zum privaten Gebrauch die Herstellung von Vervielfältigungsstücken erlaubt ist, findet gemäß § 53 Abs. 5 UrhG auf Datenbanken keine Anwendung.

[Entscheidung 48] Landgericht München
Urteil vom 14. November 2002 | 7 O 4002/02 | Zulässigkeit des Framing bei privater Nutzung

Bei kommerziellen Websites sind alle Formen des Hyperlinking als vom Zweck des Webauftritts umfasst anzusehen, die die Werbewirkung der verknüpften Seite im Wesentlichen unangetastet lassen. Infolgedessen ist grundsätzlich auch von einem stillschweigenden Einverständnis des Website-Betreibers mit der Vervielfältigung von Lichtbildern in der Form des Framing auszugehen.
Etwas anderes kann gelten, wenn zwischen den Parteien ein konkretes Wettbewerbsverhältnis besteht und Umstände vorliegen, die eine wettbewerbsrechtliche Sittenwidrigkeit begründen.

[*http://www.jurpc.de/rechtspr/20030130.htm*]

[Entscheidung 49] Hanseatisches Oberlandesgericht Hamburg
Urteil vom 22. Februar 2001 | 3 U 247/00 | Zulässigkeit des Framing bei privater Nutzung

Auch die mittels Framing ermöglichte Privatnutzung einer kommerziellen Datenbank, wie z. B. einer geschützten Link-Sammlung, bedarf der Einwilligung des Betreibers der verlinkten Seite.

[*http://www.jurpc.de/rechtspr/20010147.htm*]

2.3.9 Anbieterkennzeichnung und Geschäftsangaben

[Frage 131] Was muss in der Anbieterkennzeichnung meiner Website enthalten sein?

Gemäß § 6 des Teledienstegesetzes (TDG) haben Diensteanbieter für geschäftsmäßige Teledienste bestimmte Angaben zum Anbieter des Teledienstes leicht erkennbar, unmittelbar erreichbar und ständig verfügbar zu halten. Wer beispielsweise als nicht in das Handelsregister eingetragener Einzelkaufmann einen Online-Shop betreibt, sollte gemäß dem Transparenzgebot folgende Angaben in seine Anbieterkennzeichnung aufnehmen: die Firma des einzelkaufmännischen Gewerbes, den Vor- und Nachnamen des Inhabers (einschließlich eines Hinweises auf seine Inhaberschaft), die Anschrift der Niederlassung (ein Postfach ist nicht ausreichend), die Telefonnummer (soweit vorhanden sollte auch die Fax-Nummer angegeben werden), die E-Mail-Adresse, die Umsatzsteuer-Identifikationsnummer (soweit vorhanden, hierbei handelt es sich nicht um die allgemeine Steuer-Nummer). Soweit der Teledienst im Rahmen einer Tätigkeit angeboten oder erbracht wird, die der behördlichen Zulassung bedarf, sind Angaben zur zuständigen Aufsichtsbehörde zu machen, wobei Sie auch deren Anschrift nennen sollten.

Wenn über die Website nicht nur Produkte vertrieben werden, sondern auch redaktionelle Informationen veröffentlicht werden, beispielsweise verbraucherbezogene Artikel, schreibt § 10 Abs. 3 des Mediendienste-Staatsvertrages (MDStV) eine weitere Angabe vor: Sie haben einen für die veröffentlichten Informationen inhaltlich Verantwortlichen einschließlich dessen Anschrift zu benennen.

Bei anderen Rechtsformen und Tätigkeiten können weitere Angaben, wie z. B. Handelsregister und Registernummer, oder, beispielsweise bei Freiberuflern, Angaben zu Kammer, Berufsbezeichnung und berufsrechtlichen Regelungen hinzukommen. Die Details können Sie § 6 TDG und § 10 MDStV entnehmen.

Wichtig ist, dass die Anbieterkennzeichnung leicht auffindbar ist. Am besten setzen Sie auf der Homepage einen deutlichen Link mit der Bezeichnung »Anbieter« oder »Anbieterkennzeichnung«. Die Gerichte halten überwiegend auch die Bezeichnung »Impressum« für ausreichend, wenn man hierunter wohl auch eher eine Kennzeichnungspflicht nach dem

Presserecht erwartet. Die Bezeichnung »Kontakt« ist nicht unproblematisch, weil der Nutzer möglicherweise davon ausgeht, nur eine E-Mail-Adresse zu finden, nicht aber die Anbieterkennzeichnung. Dennoch wird auch diese Bezeichnung von den Gerichten teilweise für ausreichend gehalten.

Die E-Mail-Adresse, die Sie im Rahmen der Anbieterkennzeichnung angeben, ist regelmäßig auf Posteingang zu überprüfen.

Tipp

Nutzen Sie § 6 TDG und § 10 MDStV als Checkliste. Im Internet finden Sie außerdem Software-Assistenten, die Ihnen bei der Gestaltung Ihrer Anbieterkennzeichnung helfen können, beispielsweise unter *http://www.digi-info.de*. Sicherheitshalber sollten Sie die vorgeschlagene Anbieterkennzeichnung nochmals überprüfen, ob sie mit den gesetzlichen Vorschriften übereinstimmt.

Platzieren Sie die Anbieterkennzeichnung im oberen Bereich der Website, so dass sie sichtbar ist, ohne dass der Nutzer scrollen muss.

[Entscheidung 50] Oberlandesgericht München
Urteil vom 12. Februar 2004 | 29 U 4564/03 | Erreichbarkeit der Anbieterkennzeichnung

Wenn die Anbieterkennzeichnung über einen Link erreichbar ist, dieser aber erst mittels Scrollen auf der vierten Bildschirmseite sichtbar wird, verstößt dies gegen die Erfordernisse der leichten Erkennbarkeit und der unmittelbaren Erreichbarkeit im Sinne von § 6 S. 1 TDG.

[*http://www.jurpc.de/rechtspr/20040136.htm*]

[Frage 132] Gilt die Pflicht, eine Anbieterkenn-zeichnung auf der Website anzu-bringen, auch für eine private Website?

Die Pflicht, eine Anbieterkennzeichnung auf der Website anzubringen, gilt gemäß § 6 des Teledienstegesetzes (TDG) nur für geschäftsmäßige Teledienste. Der Begriff »geschäftsmäßiger Teledienst« wird von der Rechtsprechung aber weit ausgelegt und dürfte bereits erfüllt sein, wenn Sie auf Ihrer privaten Homepage Werbebanner schalten. Das Gleiche dürfte gelten, wenn Sie im Rahmen eines so genannten Affiliate-Programms auf Ihrer privaten Homepage einen Link setzen, der zu einem Shop führt, so dass Sie von dem Shop-Betreiber eine Provision erhalten, wenn ein Nutzer nach Betätigung des Links einen Einkauf tätigt.

Teilweise wird sogar darüber hinaus bei privaten Websites eine Kennzeichnungspflicht für erforderlich gehalten. Denn geschäftsmäßig soll nach der Gesetzesbegründung derjenige handeln, der Teledienste auf Grund einer nachhaltigen Tätigkeit, also auf Dauer angelegt, mit oder ohne Gewinnerzielungsabsicht erbringt. Andererseits soll bei privaten Gelegenheitsgeschäften kein geschäftsmäßiges Handeln gegeben sein.

§ 10 Abs. 1 des Mediendienste-Staatsvertrages (MDStV) schreibt für nicht geschäftsmäßige Mediendienste vor, dass jedenfalls Name und Anschrift und bei juristischen Personen auch Name und Anschrift des Vertretungsberechtigten zu nennen sind.

Derzeit wird ein Entwurf zum neuen Telemediengesetz (TMG-E) erarbeitet, der die Pflicht zur Anbieterkennzeichnung von privaten Websites ausdrücklich vorschreibt. Ob und wann dieses Gesetz in Kraft tritt, ist noch nicht abzusehen.

Tipp

Nach dem Vorsichtigkeitsprinzip sollten Sie in jedem Fall eine vollständige Anbieterkennzeichnung aufnehmen, selbst wenn Sie nicht genau wissen, ob Ihre Website bereits ein geschäftsmäßiger Tele- oder Mediendienst ist. Denn eine Abmahnung, vgl. Frage 80, kann teuer werden.

[Frage 133] Kann ich die Anbieterkennzeichnung auch in Form einer Bilddatei bereithalten?

Manche Website-Betreiber erwägen, die Anbieterkennzeichnung nicht in Form eines Textes auf die Website zu stellen, sondern als Bilddatei. Dadurch wollen sie verhindern, dass so genannte E-Mail-Harvester ihre E-Mail-Adresse auslesen können. E-Mail-Harvester durchforsten das Internet nach E-Mail-Adressen, um eine Datenbank mit E-Mail-Adressen als Adressaten für »Spam« (unerwünschte E-Mail-Werbung) aufzubauen. Doch überwiegend wird es für nicht ausreichend gehalten, die Anbieterkennzeichnung in Form einer Bilddatei bereitzuhalten. Denn es besteht die technische Möglichkeit, dass Internetnutzer in ihrem Browser eine Option wählen, nach welcher Bilder nicht angezeigt werden. Für diese Nutzer wäre die Anbieterkennzeichnung dann nicht sichtbar.

[Frage 134]
Welche Angaben müssen meine geschäftlichen E-Mails enthalten?

Gemäß § 7 des Tedienstegesetzes (TDG) haben Dienste-Anbieter bei kommerziellen Kommunikationen im Rahmen eines Teledienstes dafür Sorge zu tragen, dass kommerzieller Zweck, Absender und Inhalt klar und eindeutig sind. Details entnehmen Sie bitte § 7 TDG.

Bei der Frage, welche Angaben Ihre geschäftliche Korrespondenz enthalten muss, spielt es keine Rolle, ob Sie diese per Brief oder per E-Mail verschicken. Denn auch die E-Mail wird als normale geschäftliche Korrespondenz aufgefasst. Daher sind auch in Ihre geschäftlichen E-Mails diejenigen Angaben aufzunehmen, welche für Geschäftskorrespondenz vorgeschrieben sind.

Für im Handelsregister eingetragene Einzelkaufleute, Personengesellschaften (Offene Handelsgesellschaft – ohG, Kommanditgesellschaft – KG) und Kapitalgesellschaften (Gesellschaft mit beschränkter Haftung – GmbH, Aktiengesellschaft – AG) sind folgende Mindestangaben vorgeschrieben: die vollständige Firma, die Rechtsform (»eingetragener Kaufmann« bzw. »eingetragene Kauffrau« oder Abkürzungen wie »e.K.«, »e.Kfm.« bzw. »e.Kfr./oHG/ KG/GmbH/AG«), der Sitz des Unternehmens, das Registergericht des Sitzes des Unternehmens und die Handelsregisternummer.

Spezielle Vorschriften, die teilweise noch weitergehende Informationspflichten für die allgemeine geschäftliche Korrespondenz bestimmen, finden sich für den eingetragenen Kaufmann in § 37 a des Handelsgesetzbuches (HGB) in Verbindung mit § 19 Abs. 1 Nr. 1 HGB, für die oHG und KG in § 125 a und § 177 a HGB, für die GmbH in § 35 a des Gesetzes betreffend die Gesellschaften mit beschränkter Haftung (GmbHG), für die AG in § 80 des Aktiengesetzes (AktG). Beispielsweise sind bei einer GmbH alle Geschäftsführer zu nennen.

Nicht ins Handelsregister eingetragene Gewerbetreibende müssen in ihrer Geschäftskorrespondenz gemäß § 15 b der Gewerbeordnung (GewO) Nach- und Vornamen benennen. Zusätze wie Sachbezeichnungen oder Fantasiewörter sind zulässig.

Gesellschaften bürgerlichen Rechts (GbR) haben die Nach- und Vornamen aller Gesellschafter anzugeben.

Tipp

Speichern Sie in Ihrem E-Mail-Programm die erforderlichen geschäftlichen Angaben als Signatur ab, welche mit jeder neu erstellten E-Mail automatisch aufgerufen wird.

2.3.10 Bestellung eines Jugendschutzbeauftragten

[Frage 135] Was ist ein Jugendschutzbeauftragter und wann habe ich ihn zu bestellen?

Nach § 7 Abs. 1 des Jugendmedienschutz-Staatsvertrages (JMStV) müssen geschäftsmäßige Anbieter von allgemein zugänglichen Telemedien, die entwicklungsbeeinträchtigende oder jugendgefährdende Inhalte enthalten, sowie Anbieter von Suchmaschinen einen Jugendschutzbeauftragten bestellen. Gemäß § 7 Abs. 2 JMStV können geschäftsmäßige Anbieter mit weniger als 50 Mitarbeitern oder weniger als zehn Millionen Zugriffen im Monatsdurchschnitt auf die Bestellung verzichten, wenn sie sich einer Organisation der freiwilligen Selbstkontrolle anschließen und diese zur Wahrnehmung der Aufgaben des Jugendschutzbeauftragten verpflichten. Suchmaschinenbetreiber haben demgegenüber immer einen Jugendschutzbeauftragten zu bestellen. Der Jugendschutzbeauftragte eines Unternehmens ist Ansprechpartner für die Nutzer eines Online-Angebots und Berater des Unternehmens zum Thema Jugendschutz bei der Planung und Herstellung seiner Angebote. Er muss die zur Erfüllung seiner Aufgaben erforderliche Fachkunde besitzen. Wegen der rechtlichen Relevanz der Thematik und den angedrohten empfindlichen Sanktionen im Fall von Zuwiderhandlungen (Geldbuße bis zu 500 000 Euro) werden vermehrt Rechtsanwälte mit der Funktion des Jugendschutzbeauftragten betreut. Ob der Jugendschutzbeauftragte im Rahmen der Anbieterkennzeichnung genannt werden muss, ist strittig. Sicherheitshalber empfiehlt sich eine entsprechende Angabe.

2.3.11 Eintragung in Suchmaschinen

[Frage 136] Darf ich den Namen eines bekannten Unternehmens auf meiner Website als Meta-Tag verwenden, damit meine Seite in den Suchmaschinen leichter gefunden wird?

Wenn Sie den Namen eines bekannten Unternehmens als Meta-Tag in den Header der Datei »index.htm« Ihrer Website aufnehmen, kann dies zu einer Steigerung der Zugriffszahlen auf Ihre Website führen. Denn die Suchmaschinen indizieren die Meta-Tags von Websites und zeigen Ihre Website an, sobald ein Nutzer der Suchmaschine den entsprechenden Suchbegriff abfragt.

Jedoch ist diese Vorgehensweise aus markenrechtlichen Gründen unzulässig. Denn nach überwiegender Auffassung ist die Verwendung fremder Marken und Unternehmenskennzeichen als Meta-Tag eine Kennzeichenverletzung, welche Unterlassungs- und Schadensersatzansprüche der Kennzeichen-Inhaber begründet. Auch können wettbewerbsrechtliche Unterlassungs- und Schadensersatzansprüche auf Grund von Herkunftstäuschung und Rufausbeutung bestehen. Wenn rein beschreibende Begriffe als Meta-Tags eingesetzt werden, die aber keinen Bezug zum Inhalt der Website haben, kommt ein Wettbewerbsverstoß in Betracht.

Tipp

Nehmen Sie keine fremden Kennzeichen in Ihre Meta-Tags auf, sondern lediglich beschreibende Begriffe, welche den Inhalt Ihrer Website präzise beschreiben.

[Entscheidung 51] Hanseatisches Oberlandesgericht Hamburg Urteil vom 6. Mai 2004 | 3 U 34/02 | Benutzung einer fremden Marke als Meta-Tag

Die Benutzung einer »typischen« Markenbezeichnung ohne beschreibenden Inhalt als Meta-Tag im HTML-Code oder in der Benutzungsform »weiß auf Weiß-Schrift« stellt eine markenmäßige Benutzung und bei gegenüberstehenden identischen Waren eine rechtswidrige Markenverletzung dar.

[http://www.jurpc.de/rechtspr/20040274.htm]

2.3.12 Verantwortlichkeit für Inhalte und Foren

[Frage 137] In welchem Umfang hafte ich als Anbieter von Online-Diensten für die angebotenen Informationen?

Die Verantwortlichkeit von Online-Dienste-Anbietern für Inhalte ist schwerpunktmäßig in den Vorschriften des Teledienstegesetzes (TDG) und des Mediendienste-Staatsvertrages (MDStV) geregelt. Es hat sich eine Unterscheidung zwischen Content-, Host- und Access-Provider herausgebildet.

Ein Dienste-Anbieter, der eigene Informationen im Internet anbietet – der so genannte Content-Provider –, ist hierfür uneingeschränkt nach den »allgemeinen Gesetzen« verantwortlich (§ 5 Abs. 1 TDG; § 6 Abs. 1 MDStV). Content-Provider ist sowohl der gewerbliche Anbieter von Informationen als auch der Betreiber einer privaten Homepage.

Dagegen ist der so genannte Access-Provider, der lediglich die Zugangsvermittlung zu einem Kommunikationsnetz oder die Weiterleitung von Nutzerinformationen anbietet, von der Verantwortlichkeit freigestellt (§ 9 TDG; § 6 Abs. 2 MDStV). Diese Privilegierung wird allerdings durch § 8 Abs. 2 S. 2 TDG bzw. § 6 Abs. 2 S. 2 MDStV eingeschränkt, die auch dem Access-Provider die Verpflichtung zur Sperrung oder Entfernung des beanstandeten Inhalts auferlegt, freilich erst nach Kenntniserlangung.

Schwieriger ist die Frage nach der Verantwortlichkeit des Dienste-Anbieters zu beantworten, der als so genannter Host-Provider fremde Informationen zur Nutzung vorhält (»hostet«). Nach § 11 Nr. 1 TDG bzw. § 9 MDStV ist der Host-Provider für fremde Informationen, die er für einen Nutzer speichert, grundsätzlich nur dann verantwortlich, wenn er die unzulässigen Inhalte kennt. Der Anbieter muss sich der Tatsachen und Umstände bewusst sein, aus denen die rechtswidrige Information offensichtlich wird. Art. 15 Abs. 1 der E-Commerce-Richtlinie, die seit Anfang 2002 in das TDG umgesetzt ist, sieht ausdrücklich von einer Prüfungspflicht ab. Diese sehr weitgehende Haftungsprivilegierung des Host-Providers ist auf Kritik gestoßen, weil sie entgegen der geltenden Rechtslage auch das bewusste Wegschauen privilegiert. Auch der Host-Provider ist gemäß § 11 Nr. 2 TDG bzw. § 9 Nr. 2 MDStV verpflichtet, die unzulässige Information unverzüglich nach Kenntniserlangung zu sperren.

[Frage 138] Bin ich für unzulässige Beiträge Dritter verantwortlich, die in das von mir eingerichtete Kommunikationsforum gepostet (gesendet) werden?

Mit Einschränkungen ja. Nach den Wertungen der Multimediagesetze (Teledienstegesetz (TDG) und Mediendienste-Staatsvertrag (MDStV)) sind Dienste-Anbieter – und das sind Sie in aller Regel als Veranstalter einer Community, eines Blogs, eines Chats oder Newsgroup – für fremde Beiträge, die sie zur Nutzung bereithalten, zwar nur dann verantwortlich, wenn sie von diesen Inhalten Kenntnis haben und es ihnen technisch möglich und zumutbar ist, deren Nutzung zu verhindern.

Zum einen hat aber der Bundesgerichtshof klargestellt, dass das Haftungsprivileg des Dienste-Anbieters, das ihn von einer Verantwortung freistellt, nicht für den Unterlassungsanspruch gilt (Urteil vom 11. März 2004 – I ZR 304/01 – »Rolex«). Auch im Internet gelten daher die Grundsätze der allgemeinen zivilrechtlichen Störerhaftung, die Ihnen die Verantwortung für die Unterlassung künftiger Beeinträchtigungen selbst dann aufbürdet, wenn Sie nicht »Täter« oder »Teilnehmer« einer Rechtsgutsverletzung sind, sondern in sonstiger Weise ursächlich zur Störung beitragen. Zum anderen laufen Sie als Dienste-Anbieter unter bestimmten Voraussetzungen Gefahr, sich den fremden Inhalt zu Eigen zu machen mit der Folge, dass Sie einem Geschädigten dann in vollem Umfang wie für eigene Inhalte verantwortlich sind, möglicherweise also auch auf Schadensersatz haften. Bei der Frage des haftungsbegründenden Zu-Eigen-Machens fremder Inhalte werden von der Rechtsprechung im Wesentlichen die Grundsätze der Verlegerhaftung für den Anzeigen- oder Leserbriefteil des Druckwerkes übernommen. Vgl. Fragen 121 ff. (Haftung für Links).

[Entscheidung 52] Oberlandesgericht Köln
Urteil vom 28. Mai 2002 | 15 U 221/01 | Verantwortlichkeit des Betreibers eines Chatforums

Bei der Beurteilung der Frage, wann sich ein Anbieter einen kenntlich gemachten fremden Inhalt haftungsbegründend zu Eigen macht, kann die Rechtsprechung zur erforderlichen Distanzierung von Presseorganen gegenüber wiedergegebenen Zitaten oder Informationen mit Modifikationen herangezogen werden. Diese setzt eine eigene und ernsthafte Distanzierung des Erklärenden von den Äußerungen eines Dritten voraus. Hierzu reicht es beispielsweise nicht aus, dass der Anbieter bei Wiedergabe ehrverletzender Äußerungen lediglich auf die eigene Verantwortung des Urhebers hinweist.

[http://www.jurpc.de/rechtspr/20020184.htm]

[Frage 139] Macht es einen Unterschied, ob das von mir angebotene Kommunikationsforum moderiert oder unmoderiert ist? Ja. In der Diskussion um die Anbieterhaftung und in der Rechtsprechung wird zunehmend die Auffassung vertreten, dass sich der Anbieter eines moderierten Diskussionsforums die eingestellten Inhalte zu Eigen macht und demnach (§ 5 Abs. 1 TDG; § 6 Abs. 1 MDStV) wie für eigene Inhalte voll verantwortlich ist. Denn der Moderator entscheidet, welche Beiträge den festgelegten Bedingungen entsprechen und weitergeleitet werden. Durch die Integration der fremden Inhalte in sein eigenes Angebot bei gleichzeitiger Vorkontrolle gibt der Anbieter unter Umständen zu erkennen, dass er sich mit diesen Inhalten identifiziert. Hierbei kommt es freilich immer auf eine wertende Betrachtung aller Umstände des Einzelfalls an.

[Entscheidung 53] Oberlandesgericht Köln
Urteil vom 28. Mai 2002 | 15 U 221/01 | Verantwortlichkeit des Betreibers eines Chatforums

Bei moderierten News-Groups oder Chatforen ist in aller Regel ohne weiteres erkennbar, dass es sich um Beiträge von Dritten handelt. Dadurch jedoch, dass der Dienste-Anbieter eine an den gestellten Anforderungen ausgerichtete Vorkontrolle ausübt und den Beitrag in sein eigenes Diensteangebot integriert, erweckt er aus Sicht des objektiven Beobachters den Anschein, sich mit den fremden Inhalten grundsätzlich zu identifizieren und sich diese verantwortlich zu Eigen zu machen.

[*http://www.jurpc.de/rechtspr/20020184.htm*]

[Frage 140] Kann ich meine Haftung durch die Verwendung einer Freizeichnungsklausel (Disclaimer) ausschließen? Hier gelten dieselben Grundsätze wie bei Disclaimern im Zusammenhang mit Hyperlinks, da es sich ebenfalls ganz überwiegend um die Verantwortlichkeit für fremde Inhalte handelt. Eine ausreichende ernsthafte Distanzierung darf insbesondere nicht formelhaft sein, sondern wird sich inhaltlich mit dem wiedergegebenen Text auseinandersetzen müssen. Offensichtlich unzulässige Äußerungen wie Formalbeleidigungen sind grundsätzlich zu unterlassen. Vgl. Fragen 121 ff. (Haftung für Links).

2.3.13 Schutz meiner Urheberrechte

[Frage 141]
Welche Vorteile
hat das Anbringen
eines Copyright-
Vermerks?

Nach dem deutschen Urheberrecht ist das Anbringen eines Copyright-Vermerks keine Voraussetzung, um sich auf Urheberrechts- oder Leistungsschutz berufen zu können. Der Urheberrechtsschutz entsteht mit dem Erreichen einer bestimmten gestalterischen Höhe, vgl. Frage 93. Der Leistungsschutz entsteht auch ohne schöpferisches Schaffen, z. B. bei Vornahme von Investitionen, vgl. Frage 93.

Bei Websites kommen Urheberrechts- und Leistungsschutz beispielsweise in Betracht wie folgt: Ein Urheberrechtsschutz der Website als Datenbankwerk gemäß § 4 Abs. 2 des Urheberrechtsgesetzes (UrhG), ein Leistungsschutz des Datenbankherstellers gemäß § 87 a UrhG, ein urheberrechtlicher bzw. leistungsschutzrechtlicher Schutz der Website im Hinblick auf die Gestaltungselemente in ihrer Gesamtheit oder im Hinblick auf die einzelnen Bestandteile.

Ein Copyright-Vermerk (©) kann aber deutlich machen, dass der Urheber sein Werk gegen unbefugte Nutzung schützen möchte. Der Hinweis des unbefugten Verwenders, er habe geglaubt, das Werk sei nicht geschützt, überzeugt dann wenig. Hinzu kommt, dass gemäß § 10 UrhG derjenige, der auf den Vervielfältigungsstücken eines Werkes als Urheber bezeichnet ist, bis zum Beweis des Gegenteils als Urheber des Werkes angesehen wird.

[Frage 142] Wie
kann ich mich
dagegen wehren,
wenn jemand die
Gestaltungsele-
mente meiner
Website ohne
meine Einwilli-
gung für eigene
Zwecke nutzt?

Sobald Sie eigene Fotos, Grafiken und Texte auf Ihrer Website präsentieren, hat jeder Dritte ohne größeren Aufwand die technische Möglichkeit, diese Gestaltungselemente mittels der Funktionen »copy and paste« zu kopieren und für eigene Zwecke zu nutzen.

Sie haben als Inhaber von Urheberrechten oder Leistungsschutzrechten jedoch das ausschließliche Recht, Ihre kreativen Leistungsergebnisse zu verwerten, z. B. durch Vervielfältigung und Verbreitung. Doch auch Ihre Verwertungsrechte haben Grenzen: Dritte haben unter bestimmten Voraussetzungen gemäß § 53 des Urheberrechtsgesetzes (UrhG) das Recht, einzelne Vervielfältigungsstücke Ihrer Werke zum privaten Gebrauch herzustellen, ohne Sie fragen zu müssen. Diese Nutzung darf weder unmittelbar noch mittelbar Erwerbszwecken dienen. Allerdings dürfen auch für private Zwecke gemäß § 53 Abs. 5 UrhG keine Elemente aus einer elektronisch verfügbaren Datenbank entnommen werden. In bestimmten Grenzen, die sich aus § 53 UrhG ergeben, ist es ohne Zustimmung des Urhebers auch möglich, Vervielfältigungsstücke zu sonstigen Zwecken, beispielsweise zum eigenen wissenschaftlichen Gebrauch, herzustellen.

Falls der Dritte jedoch die Grenzen der nach § 53 UrhG zulässigen Nutzungshandlungen überschreitet, können Sie gerichtlich dagegen vorgehen. Typischerweise erfolgt die Geltendmachung einer Urheberrechtsverletzung in folgenden Schritten: Sie oder Ihr Rechtsanwalt mahnen den Verletzer ab. Hierbei ist der Verletzer aufzufordern, die Nutzung unverzüglich zu unterlassen. Um eine Wiederholungsgefahr für die Zukunft auszuschließen, hat der Verletzer zusätzlich eine Vertragstrafe für den Fall der Zuwiderhandlung gegen die Unterlassungsverpflichtungserklärung zu versprechen. Führt die Abmahnung zu keinem Erfolg, sollte der Unterlassungsanspruch unverzüglich im Wege der einstweiligen Verfügung verfolgt werden. Dies sichert Ihnen eine schnelle und effektive Durchsetzung Ihres Unterlassungsanspruchs. Schadensersatzansprüche können mit einer nachfolgenden Hauptsacheklage verfolgt werden. Schadensersatzansprüche bei Urheberrechtsverletzungen können nach der so genannten Lizenzanalogie geltend gemacht werden. Dies bedeutet, dass der Verletzer Ihnen den Betrag zu zahlen hat, den er hätte zahlen müssen, wenn er einen ordnungsgemäßen und branchenüblichen Lizenzvertrag abgeschlossen hätte. Hierdurch können Sie sich ersparen, einen eigenen Schaden nachweisen zu müssen.

Tipp

Falls Sie den Verletzer selbst abmahnen, Ihren Anspruch aber kurzfristig nicht durchsetzen können, sollten Sie unverzüglich anwaltlichen Beistand einholen. Ansonsten besteht beispielsweise die Gefahr, dass Sie Ihr Recht, eine einstweilige Verfügung gegen den Verletzer zu erwirken, verlieren.

[Frage 143] Wie kann ich den Nachweis führen, dass ich Urheber eines Werkes bin? Wenn Sie gegen den unbefugten Verwender eines Ihrer Werke Urheberrechtsklage erheben, streitet Ihr Gegner möglicherweise Ihre Urheberschaft an dem streitgegenständlichen Werk ab oder behauptet gar, selbst Urheber dieses Werkes zu sein. Für diesen Fall sollten Sie vorsorgen und frühzeitig Beweise sammeln, welche Ihre Urheberschaft am Werk belegen.

Beispielsweise könnten Sie bei Schaffung des Werkes einen Zeugen hinzuziehen. Hilfsweise könnten Sie Datenkopien Ihrer Website bei einem Rechtsanwalt oder Notar hinterlegen. Hierdurch können Sie jedenfalls den spätesten Entstehungszeitpunkt des Werkes beweisen. Das Gericht würde im Rahmen der freien Beweiswürdigung prüfen, ob dies zur vollen richterlichen Überzeugung reicht, dass Sie auch der Urheber dieses Werkes sind.

Ein weiteres Mittel: Verschicken Sie eine Diskette oder CD-ROM mit den Daten der Website in einem geschlossenen Brief an sich selbst. Der Verschluss sollte hierbei so fest sein, dass er nur noch durch Aufreißen, das heißt durch Zerstören des Umschlags, geöffnet werden kann. Lassen Sie sich nach Möglichkeit vom Postbediensteten einen handschriftlichen Vermerk auf dem Umschlag geben, dass der Brief bei der Einlieferung zur Post fest verschlossen war und dass er sich nicht anders öffnen ließ als durch Aufreißen des Umschlags. Lassen Sie sich einen deutlichen Stempel geben. Den von der Post zugestellten Brief sollten Sie dann ungeöffnet verwahren, damit Sie ihn bei einem möglichen Urheberrechtsstreit als Beweismittel in den Prozess einführen können. Möglicherweise können Sie das Gericht so von Ihrer Urheberschaft überzeugen.

Tipp

Versehen Sie Ihre Werke stets mit einem Copyright-Vermerk (©). Denn gemäß § 10 des Urheberrechtsgesetzes (UrhG) wird derjenige, der auf den Vervielfältigungsstücken eines Werkes als Urheber bezeichnet ist, bis zum Beweis des Gegenteils als Urheber des Werkes angesehen.

**[Frage 144]
Besitze ich auch
dann urheber-
rechtlichen
Schutz, wenn
meine Gestal-
tungselemente
durch eine
Person, die sich
im Ausland
befindet, ohne
meine Zustim-
mung genutzt
werden?**

Sobald Sie Fotos, Grafiken und Text auf Ihre Website stellen, können diese Elemente weltweit abgerufen und auch kopiert werden. Hier stellt sich die Frage, welche Urheberrechtsordnung zur Anwendung kommt, wenn durch jemanden, der sich im Ausland befindet, unakzeptable Vervielfältigungshandlungen vorgenommen werden.

Es gilt der Grundsatz, dass die Urheberrechtsordnung desjenigen Staates zur Anwendung kommt, in welchem die Verletzungshandlung vorgenommen wurde. Durch internationale Abkommen, nämlich die Revidierte Berner Übereinkunft (RBÜ) in Verbindung mit dem Abkommen über handelsbezogene Aspekte der Rechte des geistigen Eigentums (TRIPs-Abkommen), wurde erreicht, dass nun fast weltweit ein lückenloser Urheberrechtsschutz besteht, vgl. Frage 94. Schwierigkeiten ergeben sich allerdings bei der Durchsetzung eigener Urheberrechte im Ausland. Hier dürfte man auf die Hilfe von Rechtsanwälten angewiesen sein, die im Staat der Verletzungshandlung niedergelassen und mit der dortigen Urheberrechtsordnung vertraut sind.

2.4 Wettbewerb und Werbung im Internet

[Fall 8] *Der unbestellte Newsletter*

A bietet seine Dienstleistungen rund um die elektronische Datenverarbeitung im Internet an. A bietet auf seiner Website die Möglichkeit, kostenlos einen Newsletter mit Branchen- und Produkt-News zu abonnieren. Die regelmäßig erscheinenden Newsletter werden per E-Mail verschickt und enthalten neben Sachinformation auch Werbung. A verschickt diesen Newsletter auch an die E-Mail-Adresse des Konkurrenten B. Dieser möchte jedoch den Newsletter nicht beziehen und behauptet, er habe den Newsletter auch nicht bestellt. A stellt den weiteren Versand des Newsletters an B nach Abmahnung ein, gibt aber nicht die verlangte Unterlassungsverpflichtungserklärung ab, mit welcher A dem B eine Vertragsstrafe für den Fall versprechen soll, dass er den Newsletter erneut versendet.

A besitzt keinen Nachweis über die Bestellung des Newsletters durch B. Wird eine Klage Erfolg haben, mit der B den A auf Unterlassung des Versands des Newsletters in Anspruch nimmt?

[Lösung nach Frage 155]

2.4.1 Aufgreifen fremder Geschäftsideen

[Frage 145] Wenn ein Dritter eine neue Geschäftsidee auf den Markt gebracht hat, darf ich die gleiche Geschäftsidee auch umsetzen?

Grundsätzlich ist es zulässig, fremde Geschäftsideen selbst umzusetzen. Andererseits müssen Sie auch damit rechnen, dass Dritte Ihre eigene erfolgreiche Geschäftsidee selbst umsetzen und hiermit zu Ihnen in Konkurrenz treten. Ausnahmen bestehen für Geschäftsideen in Form von technischen Erfindungen. Hier besitzt derjenige, der beim Deutschen Patent- und Markenamt mit Erfolg ein Gebrauchsmuster oder Patent eintragen konnte, das ausschließliche Recht, diese technische Erfindung zu nutzen und zu verwerten.

Jedoch ist es nicht zulässig, grafische Gestaltungselemente des Wettbewerbers zu übernehmen, da hierin eine Urheberrechtsverletzung liegen kann, vgl. Frage 93. Andererseits ist nur die konkrete Formgebung Ihres Konkurrenten schutzfähig, beispielsweise aber nicht die Gestaltungsidee, die der gestalterischen Umsetzung zu Grunde liegt.

Andererseits handelt es sich gemäß § 4 Nr. 9 des Gesetzes gegen den unlauteren Wettbewerb (UWG) in Verbindung mit § 3 UWG um eine unlautere und damit unzulässige Wettbewerbshandlung, wenn Waren oder Dienstleistungen eines Wettbewerbers bei Vorliegen bestimmter wettbewerblicher Umstände nachgeahmt werden. Hierunter fallen die unmittelbare Leistungsübernahme, die fast identische Leistungsübernahme und die nachschaffende Leistungsübernahme. Eine unzulässige Übernahme einer fremden Geschäftsidee kommt insbesondere dann in Betracht, wenn Sie fremde Leistungen, ganz oder teilweise, z. B. durch technische Vervielfältigungsverfahren, unmittelbar übernehmen und als Ihr eigenes Produkt darstellen.

[Entscheidung 54] Oberlandesgericht Köln
Urteil vom 8. Oktober 2004 | 6 U 113/04 | Set-Top-Box mit Internet-Nutzung

Eine unzulässige unmittelbare Leistungsübernahme liegt vor, wenn eine fremde Leistung direkt und unverändert übernommen wird und aus Sicht des Verkehrs als Leistung des Übernehmenden zu verstehen ist. Dies ist nicht der Fall, wenn das angesprochene Publikum ohne weiteres erkennt, dass es sich nicht um die Einbindung einer fremden Leistung in das eigene Produkt handelt, sondern um voneinander unabhängige Angebote, welche das angesprochene Publikum zutreffend unterschiedlichen Unternehmen zuordnet.

[*http://www.jurpc.de/rechtspr/20040272.htm*]

2.4.2 Werbetexte und Anzeigen auf der Website

[Frage 146] Was muss ich bei der Werbung im Internet beachten? Wer im Internet geschäftlich tätig ist, für den gelten die Verhaltensregeln des Wettbewerbsrechts, welche vor allem im neu gefassten Gesetz gegen den unlauteren Wettbewerb (UWG) vom 3. Juli 2004, in Kraft getreten am 8. Juli 2004, geregelt sind. Wettbewerbshandlungen sind dann unlauter und unzulässig, wenn sie geeignet sind, den Wettbewerb zum Nachteil der Mitbewerber, der Verbraucher oder der sonstigen Marktteilnehmer nicht nur unerheblich zu beeinträchtigen. Unlautere Wettbewerbshandlungen können Unterlassungs- und Schadensersatzansprüche, z. B. von Mitbewerbern, auslösen. Die wichtigsten Fälle wettbewerbswidrigen Verhaltens werden in § 4 UWG exemplarisch aufgezählt, z. B. die Verschleierung des Werbecharakters von Wettbewerbshandlungen. Hierunter fallen auch Werbeanzeigen, die als redaktionelle Beiträge getarnt sind.

Ergänzend sind weitere, internetspezifische Regelungen in Betracht zu ziehen, z. B. § 7 des Teledienstegesetzes (TDG) bzw. § 10 Abs. 4 des Mediendienste-Staatsvertrages (MDStV), welche besondere Informationspflichten für kommerzielle Kommunikationen vorsehen. Allerdings ist durchaus umstritten, ob diese Vorschriften, die für Tele- und Mediendienste oder Bestandteile von Tele- und Mediendiensten gelten, auf bloße Werbebanner Anwendung finden.

Besonders ist auf § 13 Abs. 1 MDStV hinzuweisen, welcher besagt, dass Werbung als solche klar erkennbar und vom übrigen Inhalt der Angebote eindeutig getrennt sein muss (so genanntes Trennungsgebot). Dies gilt beispielsweise auch für gesponserte Links, welche Werbung darstellen und daher eindeutig als solche zu bezeichnen sind.

Tipp

Werbung sollten Sie immer deutlich mit der Bezeichnung »Anzeige« kennzeichnen und vom redaktionellen Angebot deutlich absetzen.

[Frage 147] Was kann passieren, wenn ich versuche, mir durch irreführende Angaben auf meiner geschäftlichen Website Vorteile gegenüber meinen Konkurrenten zu verschaffen?

Im Wettbewerbsrecht gilt der Grundsatz, dass alle Angaben der Wahrheit entsprechen müssen. Wer im Wettbewerb irreführende Angaben macht, um sich Vorteile gegenüber seinen Konkurrenten zu verschaffen, muss damit rechnen, von Konkurrenten, Wettbewerbszentralen, Industrie- und Handelskammern oder Handwerkskammern eine Abmahnung zu erhalten, gerichtet auf Unterlassung oder gar Schadensersatz. § 5 des Gesetzes gegen den unlauteren Wettbewerb (UWG) gibt einen Leitfaden dafür, wann eine Werbung als irreführend anzusehen ist, beispielsweise, wenn über die betriebliche Herkunft der bezogenen Waren falsche Angaben gemacht werden. Ein Wettbewerbsverstoß wegen Irreführung kommt insbesondere auch bei Verwendung eines irreführenden Domain-Namens in Betracht, vgl. Frage 68.

[Frage 148] Was kann mir passieren, wenn ich gegen wettbewerbsrechtliche Vorschriften verstoße?

Zunächst besteht das Risiko, dass Sie eine anwaltliche Abmahnung, gerichtet auf Unterlassung der wettbewerbswidrigen Handlung, erhalten. Geben Sie daraufhin keine Unterlassungserklärung ab, besteht das Risiko, dass der Rechte-Inhaber seine Unterlassungsansprüche mit einer einstweiligen Verfügung oder einer Klage durchsetzt. Wegen der bei Unterlassungsstreitigkeiten von den Gerichten festgesetzten hohen Streitwerte kommen beträchtliche Kosten für Abmahnung und etwaige nachfolgende Gerichtsverfahren auf Sie zu. Zudem müssen Sie damit rechnen, zusätzlich auf Zahlung von Schadensersatz in Anspruch genommen zu werden. Dieser kann bei Wettbewerbsstreitigkeiten ebenfalls recht hoch ausfallen. Insbesondere bei massiven Wettbewerbsverletzungen besteht darüber hinaus das weitere Risiko einer strafrechtlichen Verfolgung.

[Frage 149]
Welche wettbe-
werblichen
Regeln kommen
bei einem grenz-
überschreitenden
Vertrieb meiner
Waren innerhalb
der Europäischen
Union zur Anwen-
dung?

Mit Verabschiedung der E-Commerce-Richtlinie im Jahr 2002 haben sich die Mitgliedstaaten der Europäischen Union im Bereich des elektronischen Geschäftsverkehrs auf die Anwendung des Herkunftslandprinzips geeinigt. Das in der Richtlinie verankerte Herkunftslandprinzip wurde durch § 4 des Teledienstegesetzes (TDG) und § 5 des Mediendienste-Staatsvertrages (MDStV) in deutsches Recht umgesetzt. Es besagt, dass Anbieter von elektronischen Informations- und Kommunikationsdiensten, die in einem anderen Staat der Europäischen Union tätig werden, die Vorschriften desjenigen Staates einzuhalten haben, in dem sich ihre gewerbliche Niederlassung befindet. Hierin wird nach wohl überwiegender Auffassung eine Kollisionsregel des Internationalen Privatrechts (IPR) gesehen, welche auf das deutsche materielle Recht unter Ausschluss der Regeln des IPR verweist. Im Rahmen des E-Commerce kommt es bei der Frage des anwendbaren Wettbewerbsrechts also nicht darauf an, an welchem Ort sich die Wettbewerbshandlung auswirkt. Maßgeblicher Vorteil dieser Regelung ist, dass sich die Anbieter solcher Dienste nicht in die Rechtsordnungen anderer Staaten einarbeiten müssen. In Deutschland niedergelassene Unternehmen, die im europäischen Ausland tätig sind, haben daher deutsches Wettbewerbsrecht zu beachten.

Vom Herkunftslandprinzip gibt es jedoch gemäß § 4 Abs. 3 und 4 TDG bzw. § 5 Abs. 3 und 4 MDStV Ausnahmen. So gilt es beispielsweise nicht für vertragliche Schuldverhältnisse in Bezug auf Verbraucherverträge oder für die Zulässigkeit von E-Mail-Werbung. In diesen Fällen kann das Recht des Ziellandes zur Anwendung kommen. Hierbei ist zu beachten, dass es keine vollständige Harmonisierung der einzelnen Rechtsordnungen bzw. des Wettbewerbsrechts innerhalb der Europäischen Union gibt.

Tipp

Vorsichtshalber sollten Sie sich bei einem grenzüberschreitenden Vertrieb Ihrer Waren bei der Außenhandelskammer des Ziellandes erkundigen, was Sie im Detail zu beachten haben.

[Frage 150] Bin ich auch dann an die Regeln des deutschen Wettbewerbsrechts gebunden, wenn ich zwar inländische Kunden anspreche, aber meine Website auf einem ausländischen Server ablege?

Wenn ein deutsches Unternehmen seine Website auf einem deutschen Server hostet und sich mit der Website an inländische Kunden richtet, hat das Unternehmen selbstverständlich die Regeln des deutschen Wettbewerbsrechts zu beachten. Aber auch, wenn die Website im Ausland gehostet wird, bleibt das Unternehmen an die Regeln des deutschen Wettbewerbsrechts gebunden. Nach dem in § 4 Abs. 1 des Teledienstegesetzes (TDG) bzw. in § 5 Abs. 1 des Mediendienste-Staatsvertrages (MDStV) geregelten Herkunftslandprinzip kommt es bei der Frage des anwendbaren Wettbewerbsrechts auf den Ort an, an welchem der Dienste-Anbieter niedergelassen ist. Unter der gewerblichen Niederlassung des Dienste-Anbieters wird der Ort verstanden, an dem der Dienste-Anbieter mittels einer festen Einrichtung eine Wirtschaftstätigkeit auf unbestimmte Zeit tatsächlich ausübt. Wo der Server steht, ist daher gleichgültig.

[Frage 151] Darf ich auf meiner Website im Rahmen einer vergleichenden Werbung ein anderes Unternehmen erwähnen?

Seit 1998 ist in Deutschland vergleichende Werbung zulässig. Vergleichende Werbung ist gemäß § 6 des Gesetzes gegen den unlauteren Wettbewerb (UWG) jede Werbung, die unmittelbar oder mittelbar einen Mitbewerber oder die von ihm angebotenen Waren und Dienstleistungen erkennbar macht. Hierbei hat die vergleichende Werbung wahrheitsgemäß, nachprüfbar und nicht irreführend zu erfolgen, um so dem Verbraucher einen objektiven Vergleich zu ermöglichen. Eine zulässige vergleichende Werbung kann auch, unter Nennung des Namens des konkurrierenden Unternehmens, auf einer Website erfolgen. Mitbewerber und deren Produkte dürfen jedoch nicht in unlauterer Weise ausgenutzt oder herabgesetzt werden.

Vergleichende Werbung ist z. B. unzulässig, wenn der Vergleich die Wertschätzung des von einem Mitbewerber verwendeten Kennzeichens in unlauterer Weise ausnutzt oder beeinträchtigt. Daher ist es unzulässig, den Namen des verglichenen Unternehmens auf der Website als Blickfang oder technisch hervorzuheben, vgl. auch Frage 120. Beispielsweise ist es unzulässig, das fremde Kennzeichen als bloßen Vorspann für die eigene Produktwerbung einzusetzen. Auch ist es unzulässig, das fremde Kennzeichen so zu präsentieren, dass es bei der Indizierung durch die Suchmaschinen besonders gewichtet wird, z. B. durch die Aufnahme des fremden Kennzeichens als Meta-Tag, vgl. Frage 136.

2.4.3 Angaben zum Preis

[Frage 152] Ist es zulässig, dass ich auf meiner Website lediglich den Nettopreis nenne, wobei ich darauf hinweise, dass die gesetzliche Mehrwertsteuer hinzukommt?

Nach der Preisangabenverordnung (PAngV) muss jeder, der gewerbsmäßig Waren oder Dienstleistungen anbietet, z. B. über das Internet, Preise angeben. § 1 PAngV bestimmt, dass bei an den Endverbraucher gerichteter Werbung der Endpreis der angebotenen Ware anzugeben ist. Hierbei handelt es sich um den die Mehrwertsteuer bereits enthaltenden Bruttopreis.

Wer seine Waren und Leistungen im Fernabsatz, vgl. Frage 11, anbietet, hat gemäß § 1 Abs. 2 PAngV anzugeben, dass der geforderte Preis die Umsatzsteuer und sonstigen Preisbestandteile enthält. Außerdem müssen Sie in diesem Fall angeben, ob zusätzlich Liefer- und Versandkosten anfallen. Sofern dies der Fall ist, ist deren Höhe anzugeben. Soweit die vorherige Angabe dieser Kosten im Einzelfall nicht möglich ist, sind die näheren Einzelheiten der Berechnung anzugeben. Dem Endverbraucher muss daher zumindest die selbstständige Kalkulation der Kosten ermöglicht werden. § 9 Abs. 3 PAngV sieht jedoch vor, dass auf einzelne Arten von Fernabsatzverträgen diese Sondervorschriften nicht zur Anwendung kommen.

Im Rahmen der gebotenen Preisklarheit und Preiswahrheit müssen gemäß § 1 Abs. 6 PAngV alle erforderlichen Angaben dem Angebot oder der Werbung eindeutig zugeordnet werden. Sie müssen leicht erkennbar, deutlich lesbar oder sonst gut wahrnehmbar sein. Bei einer Aufgliederung von Preisen sind die Endpreise hervorzuheben.

Wenn sich Angebote oder Werbung ausschließlich an Kunden richten, die die Ware oder Leistung für ihre selbstständige berufliche oder gewerbliche Tätigkeit verwenden, sind Nettopreis-Angaben zulässig, vgl. Frage 153.

Tipp

Nutzen Sie die detaillierten Regelungen der PAngV als Checkliste.

[Frage 153] Reicht es aus, dass ich auf meiner Website deutlich darauf hinweise, dass die Produkte nicht für Privatpersonen bestimmt sind, wenn ich lediglich die Nettopreise angeben will? § 9 Abs. 1 Nr. 1 der Preisangabenverordnung (PAngV) erklärt bloße Nettopreis-Angaben unter Hinweis, dass die gesetzliche Mehrwertsteuer hinzukommt, für zulässig, wenn sich Angebote oder Werbung ausschließlich an Kunden richten, die die Ware oder Leistung für ihre selbstständige berufliche oder gewerbliche Tätigkeit verwenden. Handelsbetriebe haben hierbei sicherzustellen, dass als Kunden ausschließlich diese Personen Zutritt haben. Sie haben durch geeignete Maßnahmen dafür Sorge zu tragen, dass diese Personen auch nur die in ihrer jeweiligen Tätigkeit verwendbaren Waren kaufen. Zu der Frage, wie dies konkret umgesetzt werden kann, hat sich die Rechtsprechung mit Bezug auf das Internet bislang kaum geäußert. Ein klarer und unmissverständlicher Hinweis, dass das Angebot sich nicht an private Endverbraucher richtet, dürfte Mindestvoraussetzung sein.

Tipp

Möglicherweise sind aber weitere Maßnahmen erforderlich, z. B. die Einrichtung eines passwortgeschützten Kunden-Login-Bereiches, den nur solche Kunden betreten können, welche sich vorher als Gewerbetreibende oder Selbstständige legitimiert haben. Die zusätzliche Verwendung entsprechend angepasster Allgemeiner Geschäftsbedingungen (AGB) kann eine weitere Maßnahme sein, um den gesetzlichen Anforderungen Rechnung zu tragen.

[Frage 154] Was kann mir passieren, wenn ich die Preise anders angebe als in der Preisangabenverordnung vorgesehen? Wenn Sie gegen Bestimmungen der Preisangabenverordnung (PAngV) verstoßen, können gemäß § 3 des Wirtschaftsstrafgesetzes (WiStG) Geldbußen bis zur Höhe von 25 000 Euro die Folge sein. Außerdem riskieren Sie, von Konkurrenten auf Unterlassung und Schadensersatz in Anspruch genommen zu werden. Meistens wird die erste Reaktion der Konkurrenten eine anwaltliche Abmahnung auf der Grundlage des Gesetzes gegen den unlauteren Wettbewerb (UWG) sein, wobei Sie die gegnerischen Anwaltskosten zu tragen hätten, vgl. Frage 80.

2.4.4 E-Mail-Werbung

[Frage 155] Darf ich per E-Mail werben?
Der Bundesgerichtshof hat mit Urteil vom 11. März 2004 zur E-Mail-Werbung Stellung bezogen. Danach ist die Zusendung einer unverlangten E-Mail zu Werbezwecken grundsätzlich eine unlautere Wettbewerbshandlung. Der Versender kann vom Empfänger auf Unterlassung und Schadensersatz in Anspruch genommen werden.

Wenn ein Wettbewerbsverhältnis besteht, sind §§ 3, 7 Abs. 2 des Gesetzes gegen den unlauteren Wettbewerb (UWG) in Verbindung mit §§ 8, 9 UWG die auf E-Mail-Werbung anwendbaren Vorschriften. Besteht kein Wettbewerbsverhältnis, kommt § 823 Abs. 1 des Bürgerlichen Gesetzbuches (BGB) in Verbindung mit § 1004 BGB in Betracht. Bei Privatpersonen wird hierbei auf den Aspekt der Verletzung des allgemeinen Persönlichkeitsrechts, bei Gewerbetreibenden auf den Aspekt des Eingriffs in den eingerichteten und ausgeübten Gewerbebetrieb abgestellt.

Die Gründe für das grundsätzliche Verbot der E-Mail-Werbung liegen darin, dass E-Mails sehr kostengünstig und ohne große Mühe an eine Vielzahl von Adressaten verschickt werden können. Wäre die E-Mail-Werbung unbeschränkt zulässig, wäre mit einer erheblichen Zunahme von E-Mail-Werbung zu rechnen. Die bereits jetzt kursierenden Massen an Werbe-Mails würden noch stärker zunehmen. Die Aussonderung der werbenden E-Mails verursacht dem Empfänger nämlich erhebliche Zeit, Mühe und Kosten, was für diesen nicht zumutbar ist.

E-Mail-Werbung ist nur dann ausnahmsweise zulässig, wenn der Empfänger ausdrücklich oder konkludent sein Einverständnis erklärt hat, E-Mail-Werbung zu erhalten (»opt-in-Modell«), oder wenn bei der Werbung gegenüber Gewerbetreibenden auf Grund konkreter tatsächlicher Umstände ein sachliches Interesse des Empfängers vermutet werden kann. Das die Wettbewerbswidrigkeit ausschließende Einverständnis des Empfängers der E-Mail hat der Werbende darzulegen und gegebenenfalls zu beweisen. Im Rahmen bestehender Kundenbeziehungen sieht § 7 Abs. 3 UWG eine Ausnahmeregelung vor. Hier kann der Unternehmer unter den dort bestimmten Voraussetzungen, auch ohne die Einwilligung des Kunden eingeholt zu haben, bis zum Widerspruch des Kunden für den Absatz ähnlicher Waren und Dienstleistungen per E-Mail werben. Dieses Verfahren wird auch »opt-out-Modell« genannt.

[Entscheidung 55] Bundesgerichtshof
Urteil vom 11. März 2004 | I ZR 81/01 | E-Mail-Werbung

E-Mail-Werbung ist bei Bestehen eines Wettbewerbsverhältnisses grundsätzlich ein Wettbewerbsverstoß. E-Mail-Werbung ist ausnahmsweise zulässig, wenn der Empfänger ausdrücklich oder konkludent erklärt hat, E-Mail-Werbung erhalten zu wollen, oder wenn – bei der Werbung gegenüber Gewerbetreibenden – auf Grund konkreter tatsächlicher Umstände ein sachliches Interesse des Empfängers vermutet werden kann. Die Darlegungs- und Beweislast über das Vorliegen eines die Wettbewerbswidrigkeit ausschließenden Einverständnisses des Empfängers trägt der Werbende.

[*http://www.jurpc.de/rechtspr/20040176.htm*]

[Lösung Fall 8] Sachverhalt vor Frage 145

Eine Klage, mit der B den A auf Unterlassung des Versands des Newsletters in Anspruch nimmt, wird Erfolg haben.

Das Zusenden unverlangter E-Mail-Werbung stellt grundsätzlich eine unlautere Wettbewerbshandlung nach dem Gesetz gegen den unlauteren Wettbewerb (UWG) dar. E-Mail-Werbung ist nur ausnahmsweise zulässig, nämlich wenn der Empfänger ausdrücklich oder konkludent sein Einverständnis erklärt hat, E-Mail-Werbung zu erhalten oder wenn bei Werbung gegenüber Gewerbetreibenden auf Grund konkreter tatsächlicher Umstände ein sachliches Interesse des Empfängers vermutet werden kann.

Dabei spielt es keine Rolle, dass A den Newsletter normalerweise nicht unverlangt versendet, da es auf den Einzelfall ankommt. Hierbei trifft A die Darlegungs- und Beweislast, dass B den Newsletter abonniert und damit sein die Wettbewerbswidrigkeit ausschließendes Einverständnis gegeben hat. Weil A dies nicht beweisen kann, ist der Unterlassungsanspruch des B begründet. Denn A hat die verlangte vertragsstrafenbewehrte Unterlassungsverpflichtungserklärung nicht abgegeben, die allein geeignet gewesen wäre, eine Wiederholungsgefahr für die Zukunft auszuschließen.

[Frage 156] Wie kann ich das Einverständnis der Nutzer meiner Website für E-Mail-Werbung oder die Zusendung eines Newsletters einholen?

Wenn Sie das Einverständnis Ihrer Nutzer zur Zusendung von E-Mail-Werbung oder die Zusendung eines Newsletters einholen wollen, sollten Sie auf zwei Punkte achten: Zum einen sollten Sie sicherstellen, dass Ihr Nutzer eine eindeutige Erklärung abgibt. Beispielsweise könnten Sie eine Check-Box zur Verfügung stellen, die der Nutzer aktiv anklicken muss, falls er zukünftig über Ihre neuen Produkte und Angebote informiert werden oder einen Newsletter abonnieren will. Auf der sicheren Seite sind Sie aber nur dann, wenn Sie technisch gewährleisten können, dass diejenige Person, die die Check-Box angeklickt und eine E-Mail-Adresse hinterlassen hat, mit dem Adressaten der E-Mail identisch ist.

Tipp

Richten Sie eine Funktion ein, bei welcher der Nutzer Ihnen zur Bestellung von E-Mail-Werbung oder Newsletter eine E-Mail schickt. Weisen Sie darauf hin, dass eine Übersendung von E-Mail-Werbung oder Newsletter nur erfolgt, wenn die Absenderadresse der E-Mail mit der Empfängeradresse, an die die E-Mail-Werbung oder der Newsletter geschickt werden soll, übereinstimmt.

[Entscheidung 56] Landgericht Berlin
Urteil vom 16. Mai 2002 | 16 O 4/02 | Zusendung eines unbestellten Newsletters

Um der Gefahr vorzubeugen, dass Dritte ohne Einverständnis des Empfängers einen Newsletter auf dessen Adresse bestellen, bietet sich an, die Bestellung eines Newsletters nur gegen Zusendung einer E-Mail zuzulassen, wobei der Newsletter an die Absenderadresse der Bestell-Mail verschickt wird.

[*http://www.jurpc.de/rechtspr/20020281.htm*]

[Frage 157] Handelt es sich bereits um unzulässige E-Mail-Werbung, wenn ich per E-Mail anfrage, ob der Adressat Werbe-Mails erhalten will?

Bei einer derartigen E-Mail, die darauf abzielt, das Einverständnis des Adressaten für die Zusendung von E-Mail-Werbung zu erhalten, handelt es sich bereits um unzulässige E-Mail-Werbung. Denn der Adressat hat wie bei der eigentlichen Werbe-Mail Zeit, Mühe und Kosten aufzuwenden, um diese E-Mail aus seinem E-Mail-Konto auszusondern. Auch wird es Ihnen kaum nützen, wenn Sie in die E-Mail den zusätzlichen Hinweis aufnehmen, dass der Adressat sich durch Betätigung eines Links aus dem E-Mail-Verteiler austragen könne.

[Entscheidung 57] Landgericht Berlin
Urteil vom 19. September 2002 | 16 O 515/02 | E-Mail-Werbung für Newsletter

Es handelt sich auch dann um eine unzulässige E-Mail-Werbung, wenn eine E-Mail verschickt wird, in der der Empfänger aufgefordert wird, auf einen Aktivierungslink zu klicken, falls er einen Newsletter erhalten möchte bzw. die E-Mail zu löschen, falls er diesen Newsletter nicht erhalten möchte.

[http://www.jurpc.de/rechtspr/20020333.htm]

[Frage 158] Welches Risiko besteht, wenn ich auf meiner Website eine Funktion bereitstelle, mit welcher Nutzer meine Website Dritten durch Angabe von deren E-Mail-Adresse weiterempfehlen können?

Es ist im Internet weit verbreitet, dass die Betreiber von Websites eine Funktion bereitstellen, mit welcher die Nutzer die Website Freunden und Bekannten weiterempfehlen können. Hierbei gibt der Nutzer die E-Mail-Adresse eines Freundes oder Bekannten an, an den eine E-Mail mit dem Link zur Website verschickt wird, typischerweise über die Website des Dienste-Anbieters. Obwohl als Absender der E-Mail der Empfehlende erscheint, betrachtet die Rechtsprechung derartige E-Mails teilweise als unzulässige E-Mail-Werbung. Denn eine solche mittelbare E-Mail-Werbung wirkt gegenüber dem Endkunden letztlich genauso wie eine direkte Werbung durch das Unternehmen. Daher können Sie sich durch das Bereithalten eines solchen Features dem Risiko einer Abmahnung durch den Empfänger einer weiterempfehlenden E-Mail aussetzen.

Das Landgericht Nürnberg-Fürth hat einem Dienste-Anbieter untersagt, auf der eigenen Website Verbraucher aufzufordern, eine persönliche Nachricht per E-Mail an einen Freund mit Produktempfehlung zu schicken, vgl. Entscheidung 58. Leider ergibt sich aus diesem Beschluss nicht, welche Art von Weiterempfehlungs-Feature der Entscheidung zu Grunde lag. Daher ist auch nicht ersichtlich, ob möglicherweise eine solche Gestaltungsvariante weniger problematisch ist, bei der die empfehlende E-Mail nicht über die Website des Anbieters verschickt wird, sondern durch welche nur die Textvorlage für eine E-Mail generiert wird, die der Nutzer aus dem eigenen E-Mail-Programm an seinen Bekannten schickt.

Tipp

Verzichten Sie auf ein Weiterempfehlungs-Feature, bis gerichtliche Klärung herbeigeführt wurde, ob es Gestaltungsmöglichkeiten gibt, die zur Zulässigkeit von Weiterempfehlungs-Features führen.

[Entscheidung 58] Landgericht Nürnberg-Fürth
Beschluss vom 4. März 2004 | 4 HK O 2056/04 | Mittelbare E-Mail-Werbung

Es ist wettbewerbsrechtlich unzulässig, auf der eigenen Website Nutzer dazu aufzufordern, eine persönliche Nachricht mit Produktempfehlungen an Bekannte und Freunde zu verschicken.

[*http://www.jurpc.de/rechtspr/20040185.htm*]

[Frage 159] Kann ich die Unzulässigkeit von E-Mail-Werbung nach deutschem Recht umgehen, indem ich die E-Mail-Werbung von einem ausländischen Server an meine deutschen Kunden verschicke?

Grundsätzlich gilt im Bereich des Wettbewerbsrechts auf dem Gebiet der Europäischen Union das so genannte Herkunftslandprinzip, vgl. Frage 149 und Frage 150. Danach kommen für in Deutschland niedergelassene Unternehmen grundsätzlich die deutschen wettbewerblichen Regelungen zur Anwendung. Hiernach wäre es gleichgültig, ob Sie E-Mail-Werbung aus dem In- oder Ausland verschicken. Doch gilt dieses Prinzip bei E-Mail-Werbung gemäß § 4 Abs. 4 Nr. 3 des Teledienstegesetzes (TDG) bzw. gemäß § 5 Abs. 4 Nr. 3 des Mediendienste-Staatsvertrages (MDStV) nicht, vgl. Frage 149. Dennoch macht es keinen Unterschied, ob die E-Mail-Werbung aus dem In- oder Ausland verschickt wird. Denn für E-Mail-Werbung gilt das so genannte Marktortprinzip, das heißt, es gelten die Regeln des Marktortes, auf den eingewirkt wird, also die in Deutschland geltenden Regeln. E-Mail-Werbung ist daher auch in diesem Fall grundsätzlich unzulässig, vgl. Frage 155.

2.4.5 Internet-Präsenz von Freiberuflern

[Frage 160] Dürfen Freiberufler sich im Internet präsentieren und über das Internet Leistungen anbieten?

Auf Grund wegweisender Urteile des Bundesverfassungsgerichts im Jahr 1996 ist für Ärzte, Zahnärzte und Apotheker nun ebenso wie für Rechtsanwälte, Architekten und Steuerberater anerkannt, dass sie das Internet zur Selbstdarstellung nutzen dürfen, was zuvor vor allem für die Apothekerschaft umstritten war. Freiberufler müssen jedoch für ihren Internetauftritt neben den allgemeinen Regeln, z. B. des Gesetzes gegen den unlauteren Wettbewerb (UWG), des Teledienstegesetzes (TDG) und des Teledienstdatenschutzgesetzes (TDDSG), auch standesrechtliche und andere sondergesetzliche Vorschriften beachten. Grundsätzlich gilt für alle Berufsstände, dass Werbung nunmehr erlaubt ist, aber nur im Sinne der sachlichen Information über die berufliche Tätigkeit und das angebotene Leistungsspektrum, nicht in Form der »berufswidrigen«, beispielsweise reißerischen Werbung, wie sie Gewerbetreibenden erlaubt sein mag. Die Abgrenzung im konkreten Fall kann schwierig sein; hier ergeben sich Unterschiede je nach Aufgabe eines Berufsstands und der daraus abgeleiteten Standespflichten.

Unterschiedliche Regeln gelten auch dafür, welche Leistungen die einzelnen Berufsgruppen über das Internet vermarkten dürfen. Auch hier hat sich allgemein der rechtliche Spielraum – und entsprechend das Angebot, das man im Internet findet – in den letzten Jahren erheblich erweitert. Beispiele sind die neuerdings erlaubten Versandapotheken sowie Gesundheitsportale und virtuelle Rechtsberatung.

2.4.6 Internet-Präsenz von Ärzten und Zahnärzten

[Frage 161] Wie darf ein Arzt im Internet werben?

Mit der Entscheidung 59 (Werbung von Zahnärzten im Internet) und der Entscheidung 62 nach Frage 164 (Klinikwerbung im Internet) hat das Bundesverfassungsgericht noch einmal

klargestellt, dass das überkommene standesrechtliche Verbot
jeglicher Werbung von Ärzten und Zahnärzten für die eigene
Tätigkeit oder die eines Kollegen gegen das Grundrecht der
Berufsausübungsfreiheit aus Artikel 12 des Grundgesetzes
(GG) verstößt. Verhältnismäßig und damit verfassungsrechtlich zulässig ist nicht ein generelles Werbeverbot, sondern
sind nur konkrete Verbote berufswidriger Werbung. Die Berufsordnungen der Kammern, die auf Grundlage der Muster-
berufsordnungen der Bundesärzte- und der Bundeszahnärz-
tekammer   weiterentwickelt   werden,   sind   seither
entsprechend angepasst worden. Demnach ist dem Arzt Werbung im Sinne der sachlichen, interessengerechten, angemessenen, berufsbezogenen Information gestattet. Dagegen ist
berufswidrige Werbung, insbesondere anpreisende, irreführende oder vergleichende Werbung, untersagt. Die Gretchen-
frage ist also, welche Informationen oder bildlichen Darstellungen auf einer Website im einzelnen zulässig und welche als
berufswidrige Werbung einzustufen sind. Die Kriterien dafür
müssen sich am Zweck der Werbe-Restriktionen orientieren,
das Vertrauen des Patienten darauf zu erhalten, dass ein Arzt
nicht aus Gewinnstreben bestimmte Untersuchungen durch-
führt, Behandlungen vorsieht oder Medikamente verordnet.

Die Berufsordnungen der Ärztekammern sehen zum
Teil ausdrücklich vor, dass öffentlich abrufbare Pra-
xisinformationen in Computerkommunikationsnetzen
erlaubt sind. Die aktuelle Musterberufsordnung der
Bundesärztekammer (Stand 2004), abrufbar unter
http://www.bundesaerztekammer.de, verzichtet bereits
darauf, die Internetpräsentation noch gegenüber anderen
Werbeträgern wie Broschüren oder Zeitungsannoncen
eigens zu erwähnen und speziellen Maßstäben zu unter-
werfen (ebenso die Musterberufsordnung der Bundes-
zahnärztekammer vom 16. Februar 2005, abrufbar unter
http://www.bzaek.de). § 27 Musterberufsordnung enthält
nur noch generelle Abgrenzungskriterien zwischen sachlichen berufsbezogenen Informationen und berufswidriger
Werbung (vgl. dazu auch die konkreten Hinweise und Erläu-
terungen unter dem Stichwort »Arzt – Werbung – Öffentlichkeit« unter *http://www.bundesaerztekammer.de/30/
berufsordnung/12Arztwerbung.html*). Mit der Lockerung
der Werbeverbote erkennen die Kammern an, dass ein zuneh-

mender Wettbewerb die Ärzte mehr und mehr zur Spezialisierung zwingt, was wiederum ein größeres Informationsbedürfnis der Patienten bedingt.

Speziell für die Werbung von Ärzten im Internet gilt seit 2003
nach höchstrichterlicher Rechtsprechung, dass die Grenzen
für erlaubte Werbung nicht enger gezogen werden dürfen als
für andere Werbeträger. Im Gegenteil erkennen das Bundesverfassungsgericht und der Bundesgerichtshof im Vergleich
zu Anzeigen in Zeitungen und Zeitschriften sogar einen größeren Spielraum an, vgl. Entscheidung 59 und Entscheidung
60 nach Frage 162. Demnach ist bei der standes- und wettbewerbsrechtlichen Bewertung von Mitteilungen in ärztlichen
Internetauftritten zu berücksichtigen, dass es sich um eine
»passive Darstellungsform« handelt, die typischerweise nur
von solchen Personen zur Kenntnis genommen wird, die
nicht unaufgefordert beeinflusst werden, sondern sich aktiv
informieren. Deshalb dürfen Sie Behandlungsmethoden im
Internet ausführlicher beschreiben als in Zeitungsannoncen
und sogar Vorteile der von Ihnen praktizierten Behandlungs-
technik gegenüber anderen Methoden nennen (Vorsicht aber
trotzdem wegen der möglichen Herabsetzung von Kollegen).
Auch bei der Beurteilung, ob eine Information, etwa ein
Fachausdruck, für den Laien noch verständlich (und damit
zulässig) ist, gelten großzügigere Maßstäbe, weil angesprochene Verkehrskreise hier nur die interessierten Nutzer sind,
die sich bis zu diesen Ausführungen »durchklicken«.

Tipp

Sie sollten als Arzt oder Zahnarzt unbedingt die aktuelle Berufsordnung
Ihrer Kammer nach konkreten Vorgaben für die Selbstdarstellung
durchsehen. Sinnvoll kann es sein, Ihre Homepage nach Beratung durch
die Ärztekammer oder über eine lokale Ärzte-Initiative einzurichten.
Eine große Reichweite erzielen Sie sicherlich, wenn Sie den Internetauftritt mit einem Ärzteverzeichnis, z. B. in einem Gesundheitsportal ver-
knüpfen; dabei sind aber die berufsrechtlichen Vorgaben (§ 28 Musterberufsordnung und eventuelle Sonderregelungen der zuständigen Kammer) zu beachten.

[Entscheidung 59] Bundesverfassungsgericht
Beschluss vom 26. August 2003 | I BvR 1003/02 | Zahnarzt-Werbung im
Internet

Vorschriften zu berufsrechtlichen Werbeverboten von Zahnärzten sind im Lichte der in Artikel 12 des Grundgesetzes (GG) grundsätzlich gewährten Berufsausübungsfreiheit (GG) auszulegen.

[*http://www.bundesverfassungsgericht.de*]

[Frage 162]
Welche Mittei-
lungen sollte ich
auf meiner ärztli-
chen Homepage
vermeiden?

Erlaubt ist die berufsbezogene sachangemessene Information zu Ihrem Tätigkeitsprofil. Dies gestattet die Beschreibung Ihres beruflichen Werdegangs oder die bildliche Wiedergabe einer Mitgliedsurkunde in einer ärztlichen Vereinigung. Mittlerweile sind nicht nur Hinweise auf förmlich anerkannte Gebietsbezeichnungen bzw. nach dem Weiterbildungsrecht erworbene Qualifikationen zulässig, sondern auch Angaben zu Tätigkeitsschwerpunkten, zumal dafür ein wachsendes Informationsbedürfnis besteht. So hat der Bundesgerichtshof, vgl. Entscheidung 60, ein Verbot der Zahnärztekammer Nordrhein-Westfalen aufgehoben, auf der Homepage eines Zahnarztes als Praxisschwerpunkte unter anderem Prophylaxe und professionelle Zahnreinigung anzugeben; dies bringe für den verständigen Empfänger nicht etwa zum Ausdruck, dass andere Zahnärzte diese Tätigkeiten nicht ausüben können, sondern lediglich, dass der Zahnarzt selbst auf diesen Gebieten nachhaltig tätig und erfahren ist. Sie dürfen aber nicht sämtliche Bereiche Ihrer ärztlichen Tätigkeit zur Schwerpunkttätigkeit erklären; auch sollten Sie prüfen, ob Ihre Kammer spezielle Satzungsregelungen dazu erlassen hat, was als Interessenschwerpunkt bezeichnet werden darf, z. B. ob die betreffende Tätigkeit eine bestimmte Zeit lang ausgeübt worden sein muss.

Angesichts des besonderen Vertrauensverhältnisses zwischen Arzt und Patient hält die Rechtsprechung sogar Sympathiewerbung für zulässig, beispielsweise den Hinweis, man spreche in der Arztpraxis den regionalen Dialekt, oder die Erwähnung Ihrer Hobbies. Dies gilt aber nur, wenn dadurch nicht »der Informationscharakter in den Hintergrund gedrängt« wird. Vorsicht bleibt also bei nicht direkt berufsbezogenen Angaben geboten.

Vermeiden Sie die reißerische Aufmachung der Selbstdarstellung, etwa durch übertriebene Aussagen zu den Erfolgsaussichten Ihrer Behandlungsmethoden. Eine unzulässige Anpreisung wird auch angenommen, wenn Mitteilungen für den Patienten keinen objektiv nachprüfbaren Aussagegehalt haben. Keine Werbung dürfen Sie für berufsfremde Produkte oder Dienstleistungen machen, beispielsweise durch hervorgehobene optische Hinweise auf fremde Herstellerfirmen.

Bei Vergleichen verschiedener Behandlungsmethoden ist Zurückhaltung geboten. Das standesrechtliche Kollegialitätsprinzip verbietet herabsetzende Informationen über Kollegen, ihre Tätigkeit und medizinischen Methoden. Insofern sind Slogans wie »Bei uns geht's auch ohne Operation« zu vermeiden. Abzuraten ist auch von Gästebüchern, da ihre Inhalte laufend überprüft werden müssten – z. B. ist dem Arzt keine Angabe von Referenzen gestattet –, und auch für die Äußerungen durch Dritte gelten die sogleich erläuterten Beschränkungen der Werbung für Arzneimittel oder Heilmethoden.

Trotz der Tendenz zur Liberalisierung der Werbe-Restriktionen empfiehlt es sich nach wie vor, im Zweifelsfall bei der zuständigen Ärztekammer nachzufragen. Zu beachten ist, dass jede Verletzung des ärztlichen Berufsrechts zugleich einen wettbewerbsrechtlichen Verstoß gegen die guten Sitten darstellt. Eine als standeswidrig befundene Werbung kann also nicht nur von den Ärztekammern sanktioniert, sondern auch von den Zivilgerichten untersagt werden, beispielsweise auf Grund der Klage eines anderen Arztes. Ärzte dürfen auch keine berufswidrige Werbung durch Dritte, etwa im Rahmen von deren Internetauftritt, dulden.

[Entscheidung 60] Bundesgerichtshof
Urteil vom 9. Oktober 2003 | I ZR 167/01 | Praxisschwerpunkte,
Sympathiewerbung

Die Angabe der Praxisschwerpunkte Prophylaxe, Implantologie und Ästhetische Zahnheilkunde erweckt bei den angesprochenen Verkehrskreisen nicht den irreführenden und falschen Eindruck, gegenüber anderen Zahnärzten über qualifizierende besondere Fähigkeiten zu verfügen. Nach der Lebenserfahrung liegt es fern, dass ein Arzt, der lediglich die Bereiche benennt, in denen er schwerpunktmäßig tätig ist, sich damit zugleich einer besonderen rechtsförmlich erworbenen Qualifikation oder einer im Vergleich zu anderen Ärzten besonders qualifizierenden Befähigung berühmt. Das vom werbenden Arzt zu beachtende Sachlichkeitsgebot verlangt von diesem nicht, sich auf die Mitteilung nüchterner Fakten zu beschränken. Vielmehr ist, da darüber hinausgehende Angaben ebenfalls zu dem – auch emotional geprägten – Vertrauensverhältnis zwischen Arzt und Patient beitragen können, eine »Sympathiewerbung« zulässig, soweit durch sie nicht der Informationscharakter in den Hintergrund gedrängt wird.

[*http://www.jurpc.de/rechtspr/20040057.htm*]

[Frage 163] Darf der Arzt seiner Website einen generischen Namen geben?
Eine Liberalisierung zeichnet sich auch im Bereich der Domain-Namen ab. So gelten nach jüngeren Entscheidungen generische Domains von Ärzte-Homepages wie »www.orthopaede.de« nicht mehr als irreführende Alleinstellungsbehauptung, sondern sind grundsätzlich zulässig. Unter Websites wie »www.hautarzt-xy-Stadt.de« werden bundesweit bereits zahlreiche Ärzte-Homepages betrieben. Auch für Ärztesuchdienste ist höchstrichterlich geklärt, dass sie grundsätzlich zulässig sind, vgl. Entscheidung 61.

[Entscheidung 61] Bundesverfassungsgericht
Beschluss vom 18. Oktober 2000 | I BvR 881/00 | Zahnärzte-Suchservice

Einem Zahnarzt ist es grundsätzlich gestattet, im Internet einen Zahnärzte-Suchservice einzurichten.

[*http://www.bundesverfassungsgericht.de*]

[Frage 164] Gelten für Internetseiten von Kliniken Besonderheiten?
Für Internetauftritte von Kliniken und Sanatorien und ihren ärztlichen Inhabern gelten nach der Rechtsprechung großzügigere Maßstäbe als für selbstständige Ärzte, weil sie von Werbebeschränkungen stärker belastet werden, vor allem, weil sie auch gewerbliche Leistungen wie Unterbringung und Verpflegung anbieten und typischerweise einem höheren Preisdruck unterliegen. Sie dürfen z. B. auch die Klinikausstattung und -atmosphäre beschreiben, da die Patienten ihre Auswahlentscheidung auch von solchen Informationen abhängig machen.

[Entscheidung 62] Bundesverfassungsgericht
Beschluss vom 17. Juli 2003 | 1 BvR 2115/02 | Klinikwerbung im Internet

Für Kliniken gelten nicht dieselben Werbebeschränkungen wie für die ärztliche Tätigkeit eines niedergelassenen Arztes. Kliniken sind Gewerbebetriebe, die auf Grund des höheren personellen und sachlichen Aufwands und der laufenden Betriebskosten durch Werbebeschränkungen typischerweise stärker belastet sind als die Gruppe niedergelassener Ärzte. Es ist angemessen, dass eine Klinik auch über ihre Ausstattung informiert, zumal die Patienten wegen der Aufenthaltsdauer ihre Auswahlentscheidungen hiervon abhängig machen können.

[*http://www.jurpc.de/rechtspr/20030220.htm*]

[Frage 165] Darf ich auf meiner Website für Arzneimittel oder Heilmethoden werben?

Werbung für Arzneimittel wird durch die Vorschriften des Heilmittelwerbegesetzes (HWG) stark eingeschränkt. Insoweit kann auf die Ausführungen zu den Apothekern, vgl. Fragen 169 ff., verwiesen werden.

Auch bei der Darstellung von Behandlungsmethoden ist das HWG zu beachten. So darf der Arzt bislang über Behandlungsmethoden gegen bestimmte, in einer Anlage zum HWG im Einzelnen aufgeführte Krankheiten gegenüber Personen, die nicht Angehörige der Heilberufe sind oder sonst zu den Fachkreisen gehören, nach § 12 HWG überhaupt nicht berichten. Dies betrifft, sofern die im Februar 2005 vom Bundestag beschlossene Änderungsfassung zum HWG verabschiedet wird, künftig nur noch nach dem Infektionsschutzgesetz (IfSG) meldepflichtige, durch Krankheitserreger verursachte Krankheiten, bösartige Neubildungen, Suchtkrankheiten und krankhafte Komplikationen der Schwangerschaft. Im Übrigen sind dann künftig generell nur solche Behandlungsmethoden zu beschreiben, die ohne Tätigwerden eines Arztes für die Diagnose, Verschreibung oder Überwachung der Behandlung verwendet werden können. Gegenüber Personen außerhalb der Fachkreise gelten gemäß § 11 HWG noch andere Werbeverbote, beispielsweise darf nicht mit Gutachten, Zeugnissen, wissenschaftlichen oder fachlichen Veröffentlichungen geworben werden oder damit, dass bestimmte Verfahren und Behandlungen fachlich empfohlen oder geprüft seien oder ärztlich angewendet würden. Untersagt ist auch die Wiedergabe von Krankengeschichten und die bildliche Darstellung von Veränderungen des menschlichen Körpers oder seiner Teile durch Krankheiten oder der Wirkung einer Behandlung oder eines Mittels (»Vorher-nachher-Bilder«). Irreführende Aussagen sind unzulässig, beispielsweise die Behauptung, ein Behandlungserfolg trete mit Sicherheit ein. In diesen Grenzen ist die sachliche Darstellung von Behandlungsmethoden möglich.

[Frage 166] Darf der Arzt sich und seine Mitarbeiter bildlich darstellen?

Grundsätzlich ja; jedoch verbietet das Heilmittelwerbegesetz (HWG) bildliche Darstellungen von Angehörigen der Heilberufe in ihrer Berufskleidung oder bei der Ausübung ihrer Tätigkeit.

[Frage 167] Darf ein Arzt im Internet medizinische Ratschläge erteilen?

Gesundheitstipps allgemeiner Art sind zulässig. Verboten ist es dagegen nach § 9 des Heilmittelwerbegesetzes (HWG), eine Fernbehandlung anzubieten, also eine Behandlung, die nicht auf eigener Wahrnehmung beruht. Man sollte auf seiner Website vorsichtshalber einen Satz wie diesen einfügen: »Beratung oder dergleichen findet nicht statt. Lassen Sie sich bitte von Ihrem Hausarzt beraten.« Vermeiden Sie Ratschläge, mit denen Sie auf die besondere Fallgeschichte eines individuellen Nutzers eingehen. Auffällig ist, dass es gleichwohl Gesundheitsportale im Internet gibt, in deren Diskussionsforen Ärzte konkrete Anfragen öffentlich per E-Mail beantworten. Hier bleibt die Rechtsentwicklung abzuwarten.

[Frage 168] Kann ich die werberechtlichen Beschränkungen umgehen, indem ich meine ärztliche Website auf einem Server im Ausland platziere?

Auch hier werden die Maßstäbe des deutschen Berufsordnungs- und Werberechts angelegt. Damit kann die Website von Wettbewerbern und der berufsständischen Vertretung angegriffen werden. Es wird auf die Ausführungen zum Herkunftslandprinzip verwiesen, vgl. Frage 149 und Frage 150.

2.4.7 Internet-Präsenz von Apothekern

[Frage 169] Darf ein Apotheker auf einer Website seine Apotheke vorstellen?

Das Bundesverfassungsgericht hat entgegen der restriktiven Spruchpraxis der Apothekerkammern zur Außendarstellung ihrer Mitglieder im Jahr 1996 in fünf Entscheidungen klargestellt, dass der Apotheker nicht nur Angehöriger eines freien Berufs und mit einer öffentlichen Aufgabe betraut ist, sondern zugleich Kaufmann, der beim Handel mit apothekenfreien Arzneimitteln und dem Randsortiment im allgemeinen Wettbewerb steht; daher muss ihm erlaubt sein, auf sich aufmerksam zu machen. Regelungen in mehreren Kammersatzungen, die die Nutzung allgemein üblicher Werbeträger generell untersagten, wurden wegen Verstoßes gegen die Berufsausübungsfreiheit gemäß Art. 12 Grundgesetz (GG) als verfassungswidrig verworfen. Standesrechtliche Werbeverbote dürfen nicht generell an ein bestimmtes Medium anknüpfen, sondern müssen Raum für die Würdigung der Umstände des Einzelfalls, vor allem von Aussagegehalt und Aufmachung der Werbung, lassen. Damit steht fest, dass sich der Apotheker auch im Internet präsentieren darf, vgl. Entscheidung 63. Seine Selbstdarstellung darf zudem Elemente von Anpreisung und Reklame enthalten.

Mittlerweile haben zahlreiche Apotheken einen eigenen Internetauftritt, zum Teil verlinkt mit Gesundheitsportalen wie dem offiziellen Gesundheitsportal der Bundesvereinigung der deutschen Apothekerverbände (ABDA, unter *http://www.aponet.de*).

[Entscheidung 63] Bundesverfassungsgericht
Beschluss vom 22. Mai 1996 | I BvR 744/88 – 1 BvR 60/89 – 1 BvR 1519/91 | Apotheker-Werbung im Internet

Vorschriften zu berufsrechtlichen Werbeverboten von Apothekern sind im Lichte der in Artikel 12 des Grundgesetzes (GG) grundsätzlich gewährten Berufsausübungsfreiheit (GG) auszulegen.

[*http://www.bundesverfassungsgericht.de*]

[Frage 170]
Welche Informa-
tionen darf die
Website des
Apothekers
enthalten?

Für einzelne Informationen bleibt es bei der zuweilen schwierigen Abgrenzung, ob die Werbung sachlich und angemessen oder standeswidrig ist. Dem Apotheker ist nach den Berufsordnungen der Apothekerkammern Werbung untersagt, die irreführend oder nach Form, Inhalt oder Häufigkeit übertrieben wirkt oder einen Mehr- oder Fehlgebrauch von Arzneimitteln begünstigt (z. B. § 9 Berufsordnung NRW). Vor einer »marktschreierischen« Aufmachung ist daher zu warnen. Insbesondere ist es unzulässig, eine besondere Stellung der eigenen Apotheke, der eigenen Person oder des Apothekenpersonals vorzutäuschen (z. B. ist es nach der Rechtsprechung untersagt, sich als Internationale Apotheke zu bezeichnen, weil dies den Eindruck erweckt, die eigene Apotheke sei besser als andere gerüstet, ausländische Arzneimittel zu liefern). Vergleichende Werbung ohne die Herabsetzung des Mitbewerbers ist dagegen erlaubt. Grundsätzlich darf die Werbung dem beruflichen Auftrag, die ordnungsgemäße Versorgung der Bevölkerung mit Arzneimitteln sicherzustellen, nicht widersprechen und nicht das Vertrauen der Bevölkerung untergraben, dass der Apotheker sich nicht allein von Gewinnstreben beeinflussen lässt. Die sachliche Information über sein Dienstleistungsangebot ist dem Apotheker nicht verwehrt. Auch der Apotheker darf aber keine Fernbehandlung anbieten. Dies ist bei der Beantwortung von E-Mail-Anfragen zu beachten.

Tipp

Bevor Sie Ihre Internet-Präsenz eröffnen, sollten Sie sich sicherheitshalber bei Ihrer Apothekerkammer erkundigen, wie das Werberecht dort gehandhabt wird.

[Frage 171]
Welche Informa-
tionen zum
Produktsortiment
sind erlaubt?

Hier gilt für das Internet nichts anderes als für andere Werbeträger: Über Produkte des so genannten Rand- oder Nebensortiments (das heißt nicht verschreibungspflichtige apothekenübliche Produkte, z. B. Körperpflege-Produkte und diätetische Lebensmittel) darf der Apotheker informieren. Eingeschränkt ist es nunmehr auch zulässig, geringwertige Werbegeschenke auch anderen als Angehörigen von Heilberufen anzubieten und Rabatte, in den allgemeinen Grenzen des Gesetzes gegen den unlauteren Wettbewerb (UWG), zu gewähren.

Dagegen sind die Möglichkeiten, über verschreibungspflichtige Arzneimittel zu informieren, durch die Regelungen des Heilmittelwerbegesetzes (HWG) stark eingeschränkt: Außerhalb der Fachkreise (das sind vor allem Ärzte, Apotheker sowie Mitarbeiter von Pharmaunternehmen) darf für verschreibungspflichtige Arzneimittel und Psychopharmaka überhaupt nicht geworben werden (§ 10 HWG). Im Ergebnis dürfen Sie auch rein sachliche Informationen darüber nur an die Fachkreise weitergeben. Dies gilt auch für registrierte homöopathische Arzneimittel sowie zulassungspflichtige, nur im Ausland zugelassene Medikamente und nicht verschreibungspflichtige, aber ggf. erstattungsfähige Arzneimittel (so genannte »OTC-Präparate«). Um sicherzustellen, dass nur autorisierte Personen Zugang zu Arzneimittelinformationen auf Ihrer Homepage haben, müssen Sie diesen Bereich per Passwort schützen. Nach Auffassung des Oberlandesgerichts München sind Sie allerdings nicht verpflichtet, die Angaben zur Person der Passwort-Nachsuchenden auch zu überprüfen, vgl. Entscheidung 64.

Für die übrigen Arzneimittel dürfen Sie zwar werben, aber das HWG macht eine Reihe von Auflagen, beispielsweise dazu, welche Pflichtangaben die Werbung enthalten muss. Verboten sind Werbung für die Wirkungen eines Mittels durch vergleichende Darstellung des Aussehens vor und nach der Anwendung und irreführende Angaben etwa zur Wirksamkeit eines Mittels oder die Verharmlosung von Nebenwirkungen. Dies wird von den Gerichten streng gehandhabt. Der Hinweis, ein Mittelchen mache fit, das 15 % Alkohol enthält, ist untersagt worden, ebenso die Werbung für Fischöl-Kapseln unter Hinweis auf die vorbildliche Gesundheit der Eskimos oder für Ananasbonbons als Schlankmacher. Im Übrigen gelten für die Werbung für Lebensmittel Sonderbestimmungen (§§ 17, 18 des Gesetzes über den Verkehr mit Lebensmitteln, Tabakerzeugnissen, kosmetischen Mitteln und sonstigen Bedarfsgegenständen (LMBG)), die angesichts des zunehmenden Interesses an Nahrungsergänzungsmitteln an Bedeutung gewinnen.

[Entscheidung 64] Oberlandesgericht München
Urteil vom 13. Januar 2005 | 6 U 2773/04 | Passwortvergabe bei
fachlichen Veröffentlichungen

Die an sich gebotene Verpflichtung, Gutachten, Zeugnisse, wissenschaftliche und fachliche Veröffentlichungen zu Arzneimitteln, Verfahren und Behandlungen im Internet durch einen passwortgeschützten Zugang zu schützen, umfasst jedoch nicht die Verpflichtung, die im Zusammenhang mit der Passwortvergabe verlangten Angaben zur Person vor der Passwortvergabe zu überprüfen.

[*http://www.jurpc.de/rechtspr/20050061.htm*]

[Frage 172] Darf der Apotheker über das Internet Produkte vertreiben?

Früher durften Arzneimittel nur in den Apotheken abgegeben und nicht versandt werden. 1996 hatte das Bundesverfassungsgericht für den Versand von Impfstoffen an Ärzte anders entschieden (1 BvR 1972/00). Im Dezember 2003 entschied der Europäische Gerichtshof (EuGH), vgl. Entscheidung 65, zugunsten der Internetapotheke *Doc Morris*, dass die damals geltenden deutschen Vorschriften, die den gewerbsmäßigen Versandhandel nicht verschreibungspflichtiger Medikamente an deutsche Endverbraucher untersagten, europarechtswidrig waren. Seit Anfang 2004 kann nach § 11 a des Apothekengesetzes (ApoG) auch in Deutschland einem zugelassenen Apotheker der Versand von nicht verschreibungspflichtigen und von verschreibungspflichtigen, in Deutschland zugelassenen Arzneimitteln erlaubt werden. Dabei gelten neben den allgemeinen Restriktionen, beispielsweise zum zulässigen Warenangebot und zu Preisbindungen, und den einschlägigen Regeln zum Fernabsatz und Verbraucherschutz (vgl. Fragen 196 ff.) besondere Anforderungen, insbesondere zur Qualitätssicherung und zum Risikomanagement (Einzelheiten regelt § 17 der Apothekenbetriebsordnung (ApBetrO)). Inzwischen sind auch hierzulande mehrere Internet-Apotheken in Betrieb.

[Entscheidung 65] Europäischer Gerichtshof
Urteil vom 11. Dezember 2003 | C-322/01 | Versandhandel mit
Arzneimitteln

Artikel 30 des Vertrages zur Gründung der Europäischen Gemeinschaft (EG-Vertrag) (Verbote und Beschränkungen aus Gründen der öffentlichen Sittlichkeit, Sicherheit und Ordnung) kann geltend gemacht werden, um ein nationales Verbot des Versandhandels mit Arzneimitteln, die in dem betreffenden Mitgliedstaat ausschließlich in Apotheken verkauft werden dürfen, zu rechtfertigen, soweit dieses Verbot verschreibungspflichtige Arzneimittel betrifft. Dagegen kann Artikel 30 EG-Vertrag nicht geltend gemacht werden, um ein absolutes Verbot des Versandhandels mit Arzneimitteln, die in dem betreffenden Mitgliedstaat nicht verschreibungspflichtig sind, zu rechtfertigen.

[*http://www.jurpc.de/rechtspr/20030341.htm*]

2.4.8 Internet-Präsenz von Rechtsanwälten und Notaren

[Frage 173] Darf ein Rechtsanwalt im Internet werben?

Ja. Rechtsanwälte waren ursprünglich einem rigiden Wettbewerbs- und Werbeverbot unterworfen, das seine Grundlage in den anwaltlichen Standesrichtlinien hatte. 1987 urteilte das Bundesverfassungsgericht jedoch in einer wegweisenden Entscheidung, dass die Unterbindung jeglicher Anwaltswerbung einen unzulässigen Eingriff in die Berufsausübungsfreiheit darstellt. § 43 b der Bundesrechtsanwaltsordnung (BRAO) trägt dieser Rechtsprechung nunmehr Rechnung und erlaubt Anwaltswerbung, »soweit sie über die berufliche Tätigkeit in Form und Inhalt sachlich unterrichtet und nicht auf die Erteilung eines Auftrages im Einzelfall gerichtet ist«. Die Einzelheiten sind in den §§ 6 bis 10 der Berufsordnung für Rechtsanwälte (BORA) geregelt. Daneben sind für die einzelnen Werbemaßnahmen selbstverständlich die Regeln des Gesetzes gegen den unlauteren Wettbewerb (UWG) zu beachten, insbesondere das Irreführungsverbot.

[Frage 174] Gilt die verfassungsrechtlich garantierte Werbefreiheit auch für Notare?

Nein. Die mittlerweile zulässige Werbung im Berufsrecht der Rechtsanwälte berechtigt Notare und Anwaltsnotare nicht, im gleichen Umfang Werbung zu betreiben. Der Bundesnotarordnung (BNotO) ist nach wie vor ein grundsätzliches Verbot berufswidriger Werbung für Notare zu

entnehmen. Entsprechend restriktiv werden Werbemaßnahmen von Notaren bislang von den zuständigen Notar-
kammern und der Judikatur beurteilt. Allerdings sind auch
die Werbeverbote für Notare verfassungskonform auszulegen. Nach der Rechtsprechung des Bundesverfassungsgerichts ist nur diejenige Werbung berufswidrig, die die Un-
parteilichkeit und Unabhängigkeit des Notars als Träger
eines öffentlichen Amtes in Frage stellt. Demnach unter-
liegt nicht jede Maßnahme, mit der sich ein gewisser Wer-
beeffekt verbindet, dem berufsrechtlichen Werbeverbot. So
wurde beispielsweise die farbige Gestaltung des Briefbo-
gens und die Verwendung eines dezenten Logos für zulässig erachtet. Dem berufsrechtlichen Sachlichkeitsgebot
steht – jedenfalls nach Ansicht berufener Fachautoren –
auch eine Qualitätswerbung, etwa die Angabe von besonderen Kenntnissen wie Beurkundungen in Fremdsprachen
oder Spezialisierungen wie »Experte im Erbschaftssteuer-
recht« nicht entgegen. Gleichwohl werden die Notarkam-
mern nicht müde, Bedenken im Hinblick auf öffentlich-
keitswirksame Maßnahmen anzumelden.

[Entscheidung 66] Bundesverfassungsgericht
Beschluss vom 8. März 2005 | 1 BvR 2561/03 | Außendarstellung von
Anwaltsnotaren

Das Verbot des § 29 Abs. 3 S. 1 BNotO, unter bestimmten Voraussetzungen auf die
Amtsbezeichnung als Notar hinzuweisen, bedeutet eine Beschränkung der berufli-
chen Außendarstellung der Anwaltsnotare und greift somit in die Freiheit der Berufs-
ausübung ein. Eine solche Beschränkung der freien Berufstätigkeit hält nach der
Rechtsprechung des Bundesverfassungsgerichts einer Nachprüfung am Maßstab des
Art. 12 Abs. 1 des Grundgesetzes (GG) nur stand, wenn sie durch hinreichende
Gründe des Gemeinwohls gerechtfertigt ist. Ein an Anwaltsnotare in überörtlicher
Sozietät gerichtetes Verbot, auf Geschäftspapieren die Amtsbezeichnung als Notar
anzugeben, wenn die Versendung nicht von ihrer Geschäftsstelle aus erfolgt, greift in
verfassungsrechtlich nicht zu rechtfertigender Weise in die Freiheit der Berufsaus-
übung ein.

[*http://www.bundesverfassungsgericht.de*]

[Frage 175] Darf ich eine Domain verwenden, die meine Tätigkeit beschreibt?

Grundsätzlich ja, wobei noch vieles offen ist. Mehreren Anwaltskanzleien ist in der Vergangenheit die Benutzung von beschreibenden Domains wie »www.presserecht.de« oder »www.rechtsanwaelte-notar.de« durch die Rechtsanwaltskammern untersagt worden. Die hiergegen eingelegten Rechtsmittel waren beim Bundesgerichtshof erfolgreich, der klargestellt hat, dass beschreibende Domains verwendet werden können, wenn entsprechende Angebote oder Informationen vorgehalten werden. Hierbei ist auf die Gesamtbetrachtung abzustellen, wobei wiederum das Gebot der sachlichen Werbung und das Verbot der Irreführung das Maß vorgibt.

Tipp

Bei der Verwendung beschreibender Domains sollten Sie Angebote vorhalten, die mit der Beschreibung übereinstimmen!

[Frage 176] Darf ich im Internet juristisch beraten?

Ja. Auf Grund des (noch) geltenden Rechtsberatungsgesetzes (RBerG) ist es grundsätzlich nur Rechtsanwälten und einigen anderen Berufsgruppen erlaubt, »geschäftsmäßig« Rechtsberatung anzubieten. Gleichwohl wurde in den vergangenen Jahren die telefonische Rechtsberatung im Minutentakt wie auch die Rechtsberatung im Internet unter dem Gesichtspunkt der so genannten Standesvergessenheit problematisiert und mehreren Anbietern untersagt. Dass der abrechnenden Telefongesellschaft die Person des Rechtsratsuchenden zwangsläufig bekannt ist, wurde als Verstoß gegen das Mandatsgeheimnis bewertet. Darüber hinaus käme der Rechtsanwalt der Pflicht zur Führung einer Handakte nicht nach. Inzwischen wurde jedoch höchstrichterlich entschieden, dass der Rechtsanwalt, der sich an einer Anwalts-Hotline beteiligt, nicht gegen das Berufsrecht verstößt, vgl. Entscheidung 67. Demgemäß ist auch die Rechtsberatung im Internet, selbstverständlich unter Beachtung der einschlägigen Regeln zum Fernabsatz und Verbraucherschutz, vgl. Fragen 196 ff., zulässig.

[Entscheidung 67] Bundesgerichtshof
Urteil vom 26. Februar 2002 | I ZR 44/01 | Rechtsanwalts-Hotline

Die Teilnahme eines Rechtsanwalts an einer Rechtsanwalts-Hotline ist berufs- und wettbewerbsrechtlich zulässig.

[*http://www.jurpc.de/rechtspr/20030095.htm*]

[Frage 177] Darf ich den Besuchern meiner Kanzlei-Homepage ein Gästebuch zur Verfügung stellen?

Nein. Nach einer Entscheidung des Oberlandesgerichts Nürnbergs zur annwaltlichen Internet-Werbung aus dem Jahr 1999, vgl. Entscheidung 68, verstößt das Führen eines virtuellen Gästebuchs gegen das Gebot, über die berufliche Tätigkeit im Sinne von § 43 b der Bundesrechtsanwaltsordnung (BRAO) sachlich zu unterrichten. »Besucher« verfassten erfahrungsgemäß überwiegend positive Einträge über ihren »Gastgeber«, also Lob und Anerkennung. Es könne nicht davon ausgegangen werden, dass der Rechtsanwalt die Einträge laufend auf ihre Zulässigkeit überprüfe. Infolgedessen bestehe die konkrete Gefahr unsachlicher Werbung in Form von subjektiven Belobigungen des Rechtsanwalts und seiner Leistungen. Diese Entscheidung ist von Seiten der Anwaltschaft heftig kritisiert worden, die ihr entgegen hält, dass das virtuelle Gästebuch mit seinem historischen Vorläufer außer der Bezeichnung nichts mehr gemeinsam hat. Denn der Anbieter einer Homepage kennt seine Gäste in aller Regel gerade nicht.

[Entscheidung 68] Oberlandesgericht Nürnberg
Urteil vom 23. März 1999 | 3 U 3977/98 | Anwaltsgästebuch

Durch das Vorhalten eines Gästebuchs auf seiner Homepage wirkt ein Rechtsanwalt an dem Zustandekommen lobender Äußerungen über seine berufliche Tätigkeit mit und überschreitet so die Grenze zur unsachlichen Werbung.

[*http://www.jurpc.de/rechtspr/20000023.htm*]

[Frage 178]
Welche anderen Möglichkeiten der Internet-Präsentation habe ich als Rechtsanwalt?

Zulässig ist jede sachliche Darstellung der eigenen Stärken, unzulässig eine reklamehaft aufdringliche Selbstbeweihräucherung, bei der rein geschäftsmäßige Absichten im Vordergrund stehen. Sofern die Werbemaßnahme nicht auf eine Auftragserteilung im Einzelfall gerichtet ist, dürfen Sie im Wege des Direktmarketings zwar auch unaufgefordert an potenzielle Mandanten herantreten – keinesfalls jedoch durch »Spam« (unerwünschte E-Mail-Werbung), etwa durch die unverlangte Versendung des Kanzlei-Newsletters als E-Mail. Da die §§ 6 bis 10 der Berufsordnung für Rechtsanwälte (BORA) das Werberecht der Rechtsanwälte nach der Rechtsprechung des Bundesgerichtshofes nicht abschließend regeln, ist eine Anwaltskanzlei auch nicht auf die Angabe von Fachanwaltschaften, Tätigkeits- und Interessenschwerpunkten gemäß § 7 BORA beschränkt. Vielmehr kann die Werbung mit Sachbezeichnungen wie: »Kanzlei für Arbeitsrecht und allgemeines Zivilrecht« gleichermaßen zulässig sein, wenn die Bezeichnung sachlich und nicht irreführend ist. Die Satzungsversammlung der Bundesrechtsanwaltskammer (BRAK) hat dieser Rechtsprechung inzwischen Rechnung getragen und am 21. Februar 2005 die in der Berufsordnung festgelegten Stufenordnung, nach der nur mit Tätigkeits- und Interessenschwerpunkten über den Tätigkeitsbereich eines Rechtsanwalts geworben werden darf, wieder aufgehoben.

Tipp

Werbung immer sachlich und nicht irreführend gestalten!

[Frage 179]
Welche Pflichtangaben muss mein Internetauftritt enthalten?

Rechtsanwälte mit Internet-Präsenz sind gem. § 6 des Teledienstegesetzes (TDG) zu einer ausführlichen Anbieterkennzeichnung und bei Veröffentlichung journalistisch-redaktioneller Texte, z. B. von Urteilsanmerkungen, zur Benennung eines inhaltlich Verantwortlichen gemäß § 10 Abs. 3 des Mediendienste-Staatsvertrages (MDStV) auf ihrer Website verpflichtet, vgl. Frage 131.

Tipp

Für die erforderliche Angabe der berufsrechtlichen Regelungen bietet die Bundesrechtsanwaltskammer (BRAK) auf ihrer Homepage die »Angaben gemäß § 6 TDG« an, auf die ein Link gelegt werden kann.

2.4.9 Internet-Präsenz von Steuerberatern und Wirtschaftsprüfern

[Frage 180] Welche Regeln gelten für Werbung auf der Website von Steuerberatern und Wirtschaftsprüfern?

Steuerberatern und Wirtschaftsprüfern ist Werbung erlaubt, soweit sie über die berufliche Tätigkeit in Form und Inhalt sachlich unterrichtet und nicht auf die Erteilung eines Auftrags im Einzelfall gerichtet ist. Dagegen ist berufswidrige Werbung nicht gestattet (§ 57a Steuerberatergesetz (StBerG) und § 52 Wirtschaftsprüferordnung (WPO)). Dieser Grundsatz gilt auch für den Internetauftritt von Angehörigen dieser Berufsgruppen. Auch hier gelten vor allem reklamehafte, irreführende und »marktschreierische« Werbemittel als berufswidrig. Die Angabe von Tätigkeitsschwerpunkten ist dagegen zulässig und angesichts des Trends zur Spezialisierung zunehmend wichtig. Die Teilnahme an einer Steuerberater-Hotline verstößt – wie auch bei Rechtsanwälten – nicht gegen berufsrechtliche Verbote, vgl. Entscheidung 69.

[Entscheidung 69] Bundesgerichtshof
Urteil vom 30. 9. 2004 | I ZR 89/02 | Steuerberater-Hotline

Die Teilnahme eines Steuerberaters an einer Steuerberatungs-Hotline ist berufs- und wettbewerbsrechtlich zulässig.

[http://www.jurpc.de/rechtspr/20050043.htm]

2.5 Vertragsschluss im Internet

[Fall 9] *Der falsche Preis*

A vertreibt über einen Online-Shop Computer und Computer-Zubehör. A gibt als Preis für das Computer-System C in die Datenbank, auf die der Online-Shop zugreift, den Betrag von 2500 Euro ein. Durch einen Software-Fehler wird der Preis des Computer-Systems C im Online-Shop jedoch fälschlich mit nur 250 Euro angegeben, ohne dass A dies merkt. B besucht den Online-Shop des A und sieht das günstige Angebot. Er bestellt und erhält umgehend eine automatische Bestätigungs-Mail mit folgendem Inhalt: »Wir bestätigen den Eingang Ihrer Bestellung des Computer-Systems C zum Preis von 250 Euro. Wir bedanken uns für den Auftrag, der von unserer Versandabteilung unter der Kundennummer 12345 bearbeitet wird.«

Als A den Fehler bemerkt, erklärt er die Anfechtung der Bestätigungs-Mail.

B ist der Auffassung, er habe einen wirksamen Kaufvertrag über das Computer-System zum Preis von 250 Euro geschlossen. Kann B das Computer-System mit Erfolg von A zu diesem Preis herausverlangen?

[Lösung nach Frage 184]

2.5.1 Vertragsschluss im Internet

[Frage 181] Lässt sich ein Kaufvertrag per E-Mail schließen?

Im Internet dürfte der Kaufvertrag zur wichtigsten Vertragsart zählen. Das Zustandekommen eines Vertrages erfordert zwei übereinstimmende Willenserklärungen, nämlich Angebot und Annahme. Als weitere Anforderungen sind an einen Kaufvertrag die Bestimmung der zu erbringenden Leistung sowie des zu entrichtenden Entgelts zu nennen. Betreffend die Form des Kaufvertrages werden bei Geschäften des täglichen Lebens keine hohen Anforderungen gestellt. Diese Verträge sind gültig, gleich ob die Willenserklärungen schriftlich oder mündlich, ausdrücklich oder durch schlüssiges (konkludentes) Handeln abgegeben werden. Auch kommt es nicht darauf an, dass sich die Vertragsparteien zum Zeitpunkt der Abgabe am gleichen Ort befinden. Daher können diese Verträge ohne weiteres auch per E-Mail geschlossen werden.

[Frage 182] Was versteht man unter der so genannten Textform, die häufiger in Vorschriften zum Fernabsatzrecht erwähnt wird?

Auch wenn Willenserklärungen üblicherweise selbst dann gültig sind, wenn sie mündlich oder durch schlüssiges Handeln abgegeben werden, verlangt das Bürgerliche Gesetzbuch (BGB) teilweise auch strengere Formvorschriften, z. B. die Schriftform, die eine eigenhändige Namensunterschrift erfordert. Mit der zunehmenden Bedeutung des elektronischen Geschäftsverkehrs wurde ein neuer Formtyp in das BGB aufgenommen – die so genannte Textform gemäß § 126 b BGB. Sofern eine Rechtsvorschrift die Abgabe einer Willenserklärung in Textform vorsieht, muss die Erklärung in einer zur dauerhaften Wiedergabe in Schriftzeichen geeigneten Weise abgegeben werden, die Person des Erklärenden genannt und der Abschluss der Erklärung erkennbar gemacht werden, z. B. durch eine Grußformel. Es handelt sich also um einen neuen Formtyp der lesbaren, aber unterschriftslosen Erklärung. Der Textform genügt auch eine E-Mail.

[Frage 183] Wie schnell muss ich auf die E-Mail mit dem Kaufangebot meines Kunden reagieren, damit ich einen rechtswirksamen Vertrag schließe?

Bei am gleichen Ort anwesenden Vertragsparteien kann ein Vertragsangebot nur sofort angenommen werden. Jedoch handelt es sich beim Vertrag per E-Mail um einen Vertrag mit einer abwesenden Person. Hier braucht das Vertragsangebot nicht sofort angenommen zu werden, sondern es reicht aus, das Angebot innerhalb einer bestimmten Frist anzunehmen. Diese Frist bestimmt sich, falls sie vom Antragenden nicht benannt wurde, nach der Dauer, nach welcher eine Antwort typischerweise erwartet werden darf. Dies hängt wiederum vom jeweilig verwendeten Kommunikationsmittel ab. Beispielsweise ging die Rechtsprechung bei einem Angebot per Telefax davon aus, dass dieses Angebot regelmäßig binnen zwei Tagen angenommen werden müsse, um einen rechtswirksamen Vertrag zu begründen. Diese Frist dürfte auch bei einem Angebot per E-Mail angemessen sein, da man bei Geschäftsleuten eine regelmäßige Kontrolle des E-Mail-Kontos erwarten kann, jedenfalls, wenn sie durch Mitteilung oder Bekanntmachung ihrer E-Mail-Adresse zu erkennen gegeben haben, dass sie mit einer Übermittlung von rechtserheblichen Erklärungen per E-Mail einverstanden sind. Maßgeblicher Zeitpunkt für den Zugang der E-Mail ist der Eingang in den elektronischen Empfängerbriefkasten (Mailbox).

Allerdings verpflichtet § 312 e Abs. 1, S. 1, Nr. 3 des Bürgerlichen Gesetzbuches (BGB) den Anbieter eines Teledienstes, dem Kunden unverzüglich eine Eingangsbestätigung über dessen elektronische Bestellung zukommen zu lassen. Es hat sich weitgehend durchgesetzt, an den Kunden eine Bestätigungs-Mail automatisch zu versenden (Auto-Reply).

Tipp

Rufen Sie täglich Ihre E-Mails aus der Mailbox ab.

[Entscheidung 70] Landgericht Nürnberg-Fürth
Urteil vom 7. Mai 2002 | 2 HK O 9431/01 | Zugang von geschäftlichen E-Mails

Eine E-Mail gilt am Tag des Eingangs in den elektronischen Empfängerbriefkasten (Mailbox) als zugegangen. Zu diesem Zeitpunkt geht das Verlust- und Verzögerungsrisiko auf den Empfänger der E-Mail über, da Störungen im Machtbereich des Empfängers zu dessen Risiko-Sphäre zählen.

[*http://www.jurpc.de/rechtspr/20030158.htm*]

[Frage 184]
Worauf sollte ich bei der Formulierung der E-Mail zur Bestätigung des Zugangs der Bestellung achten?

Gemäß § 312 e Abs. 1, S. 1, Nr. 3 des Bürgerlichen Gesetzbuches (BGB) sind Anbieter eines Teledienstes verpflichtet, dem Kunden unverzüglich eine Eingangsbestätigung über dessen elektronische Bestellung zukommen zu lassen. Es hat sich weitgehend durchgesetzt, an den Kunden eine Bestätigungs-Mail automatisch zu versenden (Auto-Reply).

Hierbei besteht allerdings das Risiko, dass die Bestätigungs-Mail bei missverständlicher Formulierung als Annahme der Bestellung gewertet wird, so dass ein Vertrag zustande kommt, den Sie eigentlich gar nicht oder nicht so schließen wollen. Eine automatische Bestätigungs-Mail ist insbesondere dann problematisch, wenn mehr Bestellungen eingehen, als Sie liefern können oder wenn die auf der Website angegebenen Preise falsch waren, z. B. weil auf Grund eines Software-Fehlers das Komma in der Preisangabe verrutscht war, was immer wieder mal vorkommt.

Auch wenn die Rechtsprechung eine Bestätigungs-Mail, die aus Sicht des Kunden als Annahme seiner Bestellung erscheint, je nach Fallkonstellation durchaus für anfechtbar hält, sollten Sie bei der Formulierung der Bestätigungs-Mail vorsorglich darauf achten, dass Sie keinesfalls als Annahme der Bestellung missverstanden werden kann. Sie sollten Bestellungen erst nach sorgfältiger Prüfung und mit gesonderter Mitteilung akzeptieren oder ablehnen.

Tipp 84

Um zu vermeiden, dass die Bestätigungs-Mail bereits als Annahme der Bestellung gewertet wird, sollten Sie formulieren wie folgt: »Vielen Dank für Ihre Bestellung vom ... (Datum), deren Zugang wir hiermit bestätigen. Hinweis: Es handelt sich bei dieser E-Mail lediglich um die Bestätigung des Zugangs Ihrer Bestellung gemäß § 312 e Abs. 1 S. 1 Nr. 3 BGB, aber noch nicht um die Annahme Ihrer Bestellung. Sie erhalten in Kürze eine weitere Nachricht.«

[Entscheidung 71] Bundesgerichtshof
Urteil vom 26. Januar 2005 | VIII ZR 79/04 | Anfechtbarkeit einer Bestätigungs-Mail

Eine automatische Bestätigungs-Mail ist als Annahme einer Online-Bestellung zu werten, wenn sie aus Sicht eines verständigen Erklärungsempfängers (§§ 133, 157 BGB) als solche gewertet wird. Jedoch kann die Annahme der Bestellung wirksam angefochten werden, wenn ein Erklärungsirrtum in der Form vorliegt, dass die Verfälschung des ursprünglich richtig Erklärten auf dem Weg zum Empfänger durch eine unerkannt fehlerhafte Software erfolgte.

[*http://www.jurpc.de/rechtspr/20050026.htm*]

[Lösung Fall 9] Sachverhalt vor Frage 181

B kann das Computer-System von A nicht herausverlangen, da A den zunächst geschlossenen Kaufvertrag wirksam angefochten hat.

Ein wirksamer Vertrag erfordert gemäß §§ 145 ff. des Bürgerlichen Gesetzbuches (BGB) Angebot und Annahme. Zwar ist in der fehlerhaften Angabe auf der Website des Online-Shops noch kein Angebot des A zu sehen. Insoweit handelte es sich lediglich um eine so genannte »invitatio ad offerendum«, das heißt die Aufforderung an die Nutzer der Website, ihrerseits ein Angebot zu machen, nämlich eine Bestellung aufzugeben. Somit lag in der Bestellung des B das Angebot.

Dieses Angebot hat A durch die automatische Bestätigungs-Mail angenommen. Denn B durfte die Bestätigungs-Mail bei objektivierter Betrachtungsweise als Annahme seiner Bestellung auffassen. Denn ihm war bereits eine Kundennummer zugeteilt und er durfte nach dem Wortlaut der Mail davon ausgehen, dass die Ware nunmehr ohne weiteres zu dem genannten Preis geliefert würde.

Jedoch hat A die mittels der Bestätigungs-Mail abgegebene Willenserklärung gemäß § 119 Abs. 1, 2. Alt. BGB wirksam angefochten. Hiernach kann, wer bei der Abgabe einer Willenserklärung eine Erklärung dieses Inhalts überhaupt nicht abgeben wollte, die Erklärung anfechten, wenn anzunehmen ist, dass er sie bei Kenntnis der Sachlage und bei verständiger Würdigung des Falles nicht abgegeben hätte. Es handelt sich hierbei um den Fall eines so genannten Erklärungsirrtums. Denn die Verfälschung des ursprünglich richtig Erklärten auf dem Weg zum Empfänger durch eine unerkannt fehlerhafte Software ist als Irrtum in der Erklärungshandlung anzusehen. Dies ergibt sich auch aus § 120 BGB, wonach eine Willenserklärung, welche durch die zur Übermittlung verwendete Person oder Einrichtung unrichtig übermittelt worden ist, unter der gleichen Voraussetzung angefochten werden kann wie nach § 119 BGB eine irrtümlich abgegebene Willenserklärung. Insbesondere handelte es sich nicht um einen unbeachtlichen Motivirrtum, da der Irrtum nicht bei der Willensbildung, sondern bei der Willenserklärung erfolgte. Dieser Erklärungsirrtum wirkte bei der Zusendung der Bestätigungs-Mail auch noch fort.

[Frage 185] Bin ich schadenersatzpflichtig, wenn die Werbung auf meiner Website zu mehr Waren-Bestellungen führt als ich liefern kann? Produktangebote auf einer Website sind vergleichbar mit der Schaufensterauslage oder den Angeboten in einem Katalog. Der Anbieter gibt nach Ansicht der Rechtsprechung durch die Veröffentlichung seines Produktangebots noch kein Angebot zum Vertragsschluss ab. Rechtlich betrachtet handelt es sich hierbei nur um eine Aufforderung an den Nutzer der Website, seinerseits ein Angebot zum Abschluss eines Kaufvertrages zu machen. Dies wird als »invitatio ad offerendum« (dt.: Einladung zur Abgabe eines Angebotes) bezeichnet. Weil hinter dem Angebot typischerweise nur eine begrenzte Anzahl von Exemplaren oder sogar nur ein einziges Exemplar steht, geht die Rechtsprechung davon aus, dass der Anbieter sich mit dem Anpreisen seiner Produkte rechtlich noch nicht binden will. Sie brauchen also nicht zu befürchten, dass Sie, wenn die eingehenden Bestellungen Ihre Liefermöglichkeiten überschreiten, schadensersatzpflichtig werden.

Tipp

Achten Sie darauf, dass die automatische Bestätigungs-Mail vom Empfänger nicht bereits als Annahme des Kaufangebots des Kunden verstanden werden kann, vgl. Frage 184.

[Frage 186]
Können per E-Mail
Verbraucherdarle-
hensverträge
abgeschlossen
werden?

Falls Sie Ihrem Kunden im Zusammenhang mit einer Bestellung in Ihrem Online-Shop ein Verbraucherdarlehen, z. B. eine verzinsliche Ratenzahlung, gewähren, sind besondere Formvorschriften zu beachten, wenn das auszuzahlende Darlehen mehr als 200 Euro beträgt (§ 491 Abs. 2 Nr. 1 des Bürgerlichen Gesetzbuches – BGB). Gemäß § 492 BGB müssen Verbraucherdarlehensverträge zu ihrer Wirksamkeit schriftlich abgeschlossen werden. Der Abschluss des Vertrags in elektronischer Form, also z. B. per E-Mail, ist nicht möglich. Grundsätzlich ist das Vertragsdokument bzw. die in getrennten Dokumenten enthaltenen Angebots- und Annahmeerklärungen von beiden Seiten eigenhändig zu unterzeichnen. Die eigenhändige Unterzeichnung des Darlehensgebers ist entbehrlich, wenn die Erklärung mit Hilfe einer automatischen Einrichtung erstellt wird. Gemäß § 494 Abs. 2 BGB wird ein nicht in der vorgeschriebenen Schriftform abgeschlossener Verbraucherdarlehensvertrag jedoch gültig, wenn der Verbraucher das Darlehen erhält oder in Anspruch nimmt.

Ein Widerruf des mit dem Verbraucherdarlehensvertrag finanzierten Fernabsatzvertrages, vgl. Frage 204, befreit den Verbraucher gemäß § 358 BGB auch vom Verbraucherdarlehensvertrag.

Tipp

Was die vom Darlehensnehmer zu unterzeichnende schriftliche Vertragserklärung im Detail zu enthalten hat, können Sie § 492 BGB entnehmen.

2.5.2 Beweisproblem und digitale Signatur

[Frage 187] Wie kann ich bei einem per E-Mail geschlossenen Vertrag beweisen, dass die abgegebene Erklärung tatsächlich von meinem Vertragspartner stammt?

Schriftlich geschlossene Verträge, die von beiden Parteien unterschrieben wurden, erbringen den Beweis, dass die abgegebenen Erklärungen von den Unterzeichnern stammen. Da es bei E-Mail-Verträgen keine handschriftliche Unterschrift gibt, kann regelmäßig nicht bewiesen werden, dass die abgegebenen Erklärungen von den Absendern der E-Mails stammen.

Hier hilft die digitale Signatur, welche Beweis dafür erbringt, dass die vertragliche Erklärung von einer bestimmten Person abgegeben wurde, vgl. Frage 23. Allerdings kommt auch E-Mail-Verträgen ohne digitale Signatur im Rahmen der freien Beweiswürdigung durch das Gericht eine gewisse Beweiswirkung zu.

Tipp

Bei wichtigen Verträgen, wenn es z. B. um hohe Vermögenswerte geht, sollten Sie bei einem per E-Mail und ohne digitale Signatur geschlossenen Vertrag Ihre Beweislage verbessern, indem Sie sich den geschlossenen Vertrag nochmals schriftlich bestätigen lassen.

2.5.3 Allgemeine Geschäftsbedingungen

[Frage 188] Wie stelle ich sicher, dass meine Allgemeinen Geschäftsbedingungen auf die Verträge mit meinen Kunden Anwendung finden?

Vertragsbedingungen, die für eine Vielzahl von Verträgen vorformuliert werden, nennt man Allgemeine Geschäftsbedingungen (AGB). Die Anbieter von Waren und Dienstleistungen verwenden AGB, um ihre rechtliche Position gegenüber den Kunden zu stärken. Aus Gründen des Verbraucherschutzes finden AGB gemäß §§ 310 Abs. 1, 305 Abs. 2 des Bürgerlichen Gesetzbuches (BGB) gegenüber Personen, die keine Unternehmer sind, aber nur dann Anwendung, wenn der Verwender der AGB auf diese ausdrücklich hingewiesen hat, der Kunde von diesen in zumutbarer Weise Kenntnis nehmen konnte und mit ihrer Geltung auch einverstanden ist. Ein Hinweis auf die AGB außerhalb des Internet, etwa in den Geschäftsräumen, genügt nicht. Die AGB müssen deutlich lesbar und der Inhalt klar verständlich sein. AGB, die nur mit einer Lupe lesbar sind oder die nur ein Jurist verstehen kann, erfüllen kaum die gesetzlichen Anforderungen.

Sie sollten Ihre AGB auf Ihrer Website so veröffentlichen, dass sie gut erkennbar und aufrufbar sind. Am besten nehmen Sie auf der Homepage Ihrer Website einen gut sichtbaren Link »AGB« auf, der vor Vertragsabschluss zwingend zur Kenntnis genommen werden muss. Achten Sie darauf, dass Ihre AGB möglichst kurz und verständlich und so formatiert sind, dass sie einfach ausgedruckt werden können. Wenn sich Ihre Website auch an ausländische Kunden richtet, sollten Sie Ihre AGB in der entsprechenden Sprache bereithalten.

Die Vorschriften zum Recht der AGB befinden sich in §§ 305 bis 310 BGB.

Tipp

Sie sollten Ihre Website so programmieren, dass ein Vertragsschluss nicht möglich ist, ohne dass Ihr Kunde zwingend die AGB gelesen hat. Ein gutes Beispiel ist die Einbindung der Lizenzbedingungen bei der Installation von Software. Jedenfalls sollten Sie eine Funktion aufnehmen, bei welcher der Nutzer aktiv bestätigt, dass er Ihre AGB zur Kenntnis genommen hat und auch damit einverstanden ist, z. B. in der Form des Anklickens einer Check-Box.

[Frage 189] Wie kann ich meine Haftung gegenüber meinen Kunden begrenzen?

Um die Haftung gegenüber Ihren Kunden zu begrenzen, können Sie in Ihre Allgemeinen Geschäftsbedingungen (AGB) eine Haftungsklausel aufnehmen. Hierbei sollten Sie aber berücksichtigen, dass AGB sehr fehleranfällig sind. Denn gemäß §§ 305 ff. des Bürgerlichen Gesetzbuches (BGB) werden zum Schutz der anderen Vertragspartei vor unangemessener Benachteiligung bestimmte Klauseln in AGB kraft Gesetz für unwirksam erklärt. Beispielsweise lässt sich die Haftung durch AGB nur teilweise beschränken. Geht die Klausel über das rechtlich zulässige Maß hinaus, so hat dies zur Folge, dass der Haftungsausschluss insgesamt ungültig ist. Es gibt keine geltungserhaltende Reduktion auf das zulässige Maß. AGB, die gegenüber Unternehmern verwendet werden, sind gemäß § 310 BGB grundsätzlich weniger fehleranfällig als AGB, die gegenüber Verbrauchern verwendet werden.

Insbesondere sollten Sie dafür Sorge tragen, dass Ihre AGB auf die mit Ihren Kunden geschlossenen Verträge überhaupt zur Anwendung kommen, vgl. Frage 188.

Tipp

Wegen der Komplexität von AGB und dem Erfordernis, diese auf Ihre individuellen Bedürfnisse zuzuschneiden, sollten Sie anwaltlichen Rat einholen.

[Frage 190] Wie kann ich bei einem Rechtsstreit beweisen, welche Version meiner Allgemeinen Geschäftsbedingungen auf den Vertrag Anwendung findet?

Wenn es zu einem Rechtsstreit über die Frage kommt, welchen Inhalt der Vertrag hat, kann es sein, dass Sie nicht nur beweisen müssen, dass Ihre Allgemeinen Geschäftsbedingungen (AGB) überhaupt Vertragsbestandteil geworden sind, sondern auch, welchen Inhalt Ihre AGB zum Zeitpunkt des Vertragsschlusses hatten. Denn üblicherweise werden die AGB von Zeit zu Zeit geändert und angepasst.

Sie sollten die Veränderungen in Ihren AGB lückenlos dokumentieren. Bezeichnen Sie die einzelnen Versionen genau und drucken Sie von jeder Version ein Exemplar aus, wobei Sie jeweils vermerken sollten, in welchem Zeitraum die Version online war. Beispielsweise könnten Sie die AGB an dem Tag, an dem Sie online gestellt wurden sowie an dem Tag, an dem Sie wieder vom Server entfernt wurden, ausdrucken. Hierbei sollten Sie die Druckoption nutzen, bei welcher auch gleichzeitig der Tag des Ausdrucks vermerkt wird. Am besten lassen Sie diesen Vorgang durch einen Zeugen zusätzlich handschriftlich auf dem Ausdruck vermerken. Falls es technisch nicht zu aufwendig ist, sollten Sie bei jedem Vertragsschluss dokumentieren können, welche AGB-Version gerade aktuell war. Sie könnten beispielsweise die Datei, in welcher die AGB gespeichert sind, mit der Versions-Nummer bezeichnen. Aus Ihren Log-Dateien sollte ersichtlich sein, dass während des Vertragsschlusses auch diese Datei aufgerufen wurde.

Tipp

Bezeichnen Sie die verschiedenen Versionen Ihrer AGB mit Versions-Nummern, wie sie auch bei der Software-Entwicklung üblich sind, z. B. AGB-Version 1.2 vom … … (Datum).

[Frage 191] Wie kann ich erreichen, dass im Falle eines Rechtsstreits das Gericht am Sitz meines Unternehmens zuständig ist?

Falls Ihr Unternehmen seinen Sitz in Norddeutschland hat und Sie Produkte an einen Kunden in Süddeutschland liefern, ist es im Falle eines Rechtsstreits für Sie von erheblichem Vorteil, wenn das Gericht am Sitz Ihres Unternehmens zuständig ist. So können Sie einfacher an einer Gerichtsverhandlung teilnehmen, z. B. wenn Ihr persönliches Erscheinen angeordnet wird.

Hierzu besitzen Sie die Möglichkeit, den Gerichtsstand zu vereinbaren, z. B. in Ihren Allgemeinen Geschäftsbedingungen (AGB). Gerichtsstandsvereinbarungen können in jeder Form, also beispielsweise auch per E-Mail, getroffen werden. Allerdings ist eine Gerichtsstandsvereinbarung nicht immer wirksam. Gemäß § 38 der Zivilprozessordnung (ZPO) können Gerichtsstandsvereinbarungen vor Entstehen einer Rechtsstreitigkeit grundsätzlich nur mit Kaufleuten, juristischen Personen des öffentlichen Rechts und öffentlich-rechtlichen Sondervermögen geschlossen werden. Diese Vorschrift schützt die kaufmännisch nicht erfahrenen Personen davor, einen für sie vorteilhaften Gerichtsstand zu verlieren. Wenn Sie also eine Gerichtsstandsvereinbarung mit Nicht-Kaufleuten treffen, gilt dennoch der gesetzlich vorgesehene Gerichtsstand.

Tipp

Nehmen Sie, wenn Ihre Kunden auch Kaufleute sind, eine Gerichtsstandsvereinbarung in Ihre AGB auf. Bestätigen Sie eine mündlich getroffene Gerichtsstandsvereinbarung per Fax.

2.5.4 Internet-Zahlungssysteme

[Frage 192] Wie kann ich meine Leistung gegenüber meinen Kunden abrechnen?

Spezielle Karten-Zahlungssysteme für das Internet sind noch nicht sehr verbreitet und eignen sich daher für die Abrechnung im Internet nur sehr bedingt. Auch empfinden Kunden Zahlungssysteme, bei denen sie zunächst ein bestimmtes Budget einzahlen müssen, welches sie dann bei Einkäufen in verschiedenen Online-Shops verbrauchen können, noch als zu umständlich. Dies gilt wohl jedenfalls so lange, wie in den meisten Online-Shops noch nicht die Möglichkeit besteht, diese Zahlungssysteme auch zu nutzen. Daher sind derzeit noch die klassischen Zahlungsvarianten verbreitet: Zahlung gegen Rechnung, Zahlung gegen Vorkasse, Zahlung mittels Nachnahme, Zahlung durch Einziehungsermächtigung, Zahlung per Kreditkarte.

Die Zahlung auf Rechnung kommt nur bei vertrauenswürdigen Kunden in Betracht. Wegen der für den Kunden bestehenden Möglichkeit, eine Einziehungsermächtigung innerhalb bestimmter Fristen nachträglich zu widerrufen, ist auch diese Zahlungsart für Einmal-Käufe weniger geeignet. Bei Neukunden sollten Sie lieber nur gegen Vorkasse, das heißt nach Eingang des Zahlungsbetrages auf Ihrem Konto, oder aber mittels Nachnahme liefern.

Die Zahlung per Kreditkarte stößt bei Kunden wegen möglicher Missbrauchsgefahr nach wie vor auf Vorbehalte. Sofern Sie diese Zahlungsart anbieten, sollten Sie einen sehr hohen Sicherheitsstandard gewährleisten, welcher verhindert, dass unbefugte Dritte die Kreditkartendaten bei der Übermittlung abfangen. Hier könnte sich mittel- bis langfristig der Verschlüsselungsstandard SET (Secure Electronic Transaction = sicherer elektronischer Geschäftsabschluss) durchsetzen, der bislang aber nur wenig verbreitet ist.

Tipp

Die Zahlung durch Einziehungsermächtigung ist derzeit wohl die beste Methode, Zahlungen im Zusammenhang mit Dauerschuldverhältnissen durchzusetzen. Falls der Kunde hier seine Einziehungsermächtigung widerruft, haben Sie die Möglichkeit, Ihre eigene Leistung für die Zukunft zurückzuhalten. Sprechen Sie mit Ihrer Hausbank, ob man Ihnen das Anbieten dieser Zahlungsvariante ermöglicht.

[Frage 193] Habe ich ein Zahlungsausfallrisiko, wenn ich meine Leistungen im Internet gegen Kreditkartenzahlung erbringe?

Im Ausland, wo die Kreditkartenzahlung weiter verbreitet ist als in Deutschland, werden Leistungen auch im Internet häufig mit Kreditkarte bezahlt. Bei der Kreditkartenzahlung übermittelt der Händler die vom Kunden mitgeteilten Kreditkartendaten (Name, Kreditkartennummer, Ablaufdatum der Kreditkarte und Prüfziffer) an das Kreditkartenunternehmen. Dieses belastet daraufhin das Konto des Kunden.

Grundsätzlich ist es zulässig, Kreditkartenzahlungen über das Internet entgegenzunehmen. Insoweit spricht man von Mail Order/Telephone Order (MO/TO)-Transaktionen. Ob Sie bei einer Kreditkartenzahlung per Internet ein Zahlungsausfallrisiko eingehen, hängt von den Vertragsbedingungen des Kreditkartenunternehmens ab. Regelmäßig bieten Kreditkartenunternehmen ihren Vertragshändlern zwar gegen Zahlung einer Gebühr eine Garantiehaftung an. Durch dieses so genannte Delkredere übernimmt das Kreditkarteninstitut das Zahlungsausfallrisiko, wenn der Vertragshändler alle Verfahrensanweisungen befolgt hat. Die Höhe der Gebühr ist hierbei abhängig von der Branche und dem Transaktionsvolumen des Händlers. Jedoch hat die Garantiehaftung regelmäßig zur Voraussetzung, dass der Händler sich vom Kunden einen Zahlungsbeleg unterschreiben lässt. Da der Händler bei einer Kreditkartenzahlung über das Internet einen derartigen Beleg nicht erhält, trägt er regelmäßig das Zahlungsausfallrisiko.

Tipp

Ob und inwieweit das Kreditkartenunternehmen das Zahlungsausfallrisiko bei Kreditkartenzahlung per Internet übernimmt, können Sie den Allgemeinen Geschäftsbedingungen (AGB) des Kreditkartenunternehmens entnehmen.

2.5.5 Rechnung per E-Mail

[Frage 194] Kann ich meinen Kunden die Rechnungen per E-Mail schicken?

Gemäß § 14 Abs. 1 S. 2 des Umsatzsteuergesetzes (UStG) können Rechnungen, wenn der Empfänger zustimmt, auch auf elektronischem Weg übermittelt werden. An die Zustimmung des Empfängers werden keine hohen Anforderungen gestellt – sie kann in Form einer Rahmenvereinbarung erklärt werden oder aber auch stillschweigend erteilt werden.

Jedoch ist bei elektronischer Übermittlung der Rechnung die Echtheit der Herkunft und die Unversehrtheit des Inhalts zu gewährleisten, z. B. mittels der elektronischen Signatur, vgl. Frage 23. Falls die E-Mail-Rechnung diese Bedingungen nicht erfüllt, kann dies dazu führen, dass der Kunde beim Finanzamt die ausgewiesene Umsatzsteuer nicht als Vorsteuer geltend machen kann. Für Sie besteht in diesem Fall das Risiko, dass der Kunde Sie in Höhe der ihm entgangenen Vorsteuer in Regress nimmt. Zudem besteht das Risiko, dass der Kunde die Rechnung steuerlich nicht als Betriebsausgabe geltend machen kann. Auch insoweit besteht das Risiko, dass Sie von Ihrem Kunden auf Schadensersatz in Anspruch genommen werden.

Tipp

Solange sich die digitale Signatur im elektronischen Geschäftsverkehr noch nicht durchgesetzt hat, verschicken Sie Ihre Rechnung lieber per Post oder per Standard-Fax, vgl. Frage 195.

[Frage 195] Kann ich meinen Kunden die Rechnung per Fax schicken?

Die E-Mail-Rechnung ist noch nicht praktikabel, da sie eine elektronische Signatur voraussetzt, sich diese aber im elektronischen Geschäftsverkehr noch nicht durchgesetzt hat.

Um die Rechnungsstellung dennoch zu vereinfachen und um Kosten zu sparen, haben Sie aber eine Alternative: Verschicken Sie Ihre Rechnung per Fax. Das Finanzamt erkennt per Fax verschickte Rechnungen an, wenn die Rechnung von einem Standard-Fax an ein Standard-Fax geschickt wurde. Die Fax-Kopien sind auf Seiten des Rechnungsausstellers und auf Seiten des Rechnungsempfängers aufzubewahren. Dann kann Ihr Geschäftskunde die ausgewiesene Umsatzsteuer im Rahmen des Vorsteuerabzugs beim Finanzamt geltend machen. Beachten Sie, dass Rechnungen über einen Zeitraum von zehn Jahren aufzuheben sind. Fax-Rechnungen, die auf Thermo-Papier ausgedruckt sind, sind daher auf Normalpapier zu kopieren, damit die Rechnung auch noch in 10 Jahren lesbar ist.

Falls auf Seiten des Absenders oder Empfängers ein Com-
puter-Fax-Gerät beteiligt ist, ist jedoch wie bei der per
E-Mail verschickten Rechnung, vgl. Frage 194, eine elektronische Signatur erforderlich.

Tipp

Fragen Sie per Formular die Fax-Nummer des Standard-Fax-Gerätes
Ihres Kunden ab und fragen Sie hierbei, ob er mit der Zusendung der
Rechnung per Standard-Fax einverstanden ist.

2.5.6 Fernabsatz und Verbraucherschutz

[Frage 196] Wo finde ich die relevanten Vorschriften zum Fernabsatz?

Das im Jahr 2000 in Kraft getretene Fernabsatzgesetz wurde durch das Schuldrechtsmodernisierungsgesetz im Jahr
2002 in das Bürgerliche Gesetzbuch (BGB) übernommen.
Seine Regelungen finden sich jetzt in § 312 b BGB (Definition der Fernabsatzverträge), § 312 c BGB (Informationspflichten bei Fernabsatzverträgen), § 312 d BGB (Wider-
rufs- und Rückgaberecht bei Fernabsatzverträgen), § 312 e
BGB (Pflichten im elektronischen Geschäftsverkehr) und
§ 312 f BGB (Unabdingbarkeit der verbraucherschützenden Vorschriften beim Fernabsatz).

Die Informationspflichten beim Fernabsatz werden in der
Verordnung über Informations- und Nachweispflichten
nach bürgerlichem Recht (BGB-InfoV) im Detail geregelt,
auf welche in § 312 c BGB Bezug genommen wird. Das Wi-
derrufs- und Rückgaberecht ist in den §§ 355 bis 359 BGB
im Detail geregelt, auf welche in § 312 d BGB Bezug genommen wird. In § 13 BGB und § 14 BGB finden sich die
gesetzlichen Definitionen von Verbraucher und Unternehmer.

[Frage 197] Gelten die Regeln des Haustürwiderrufsrechts neben dem Fernabsatzgesetz?

Spätestens mit Erlass des Fernabsatzgesetzes im Jahr 2000,
vgl. Frage 11, ist klar, dass die Regeln des Haustürwiderrufsrechts auf Bestellungen im Internet nicht zur Anwendung kommen. Die inzwischen in das Bürgerliche Gesetzbuch (BGB) integrierten Regeln des ehemaligen Haustür-
widerrufsgesetzes schützen den Verbraucher durch Einräu-

mung eines Widerrufsrechts in allen anderen Fällen, in denen seine Entscheidungsfreiheit beschränkt ist. Die Regeln des Haustürwiderrufsrechts, jetzt §§ 312, 312 a BGB, finden beispielsweise beim Überraschungsbesuch eines Verkäufers an der Haustür oder am Arbeitsplatz Anwendung.

2.5.7 Anwendbarkeit der Vorschriften zum Fernabsatz

[Frage 198] Bei welcher Art von Geschäften kann mein Kunde sich nicht auf die Vorschriften zum Fernabsatz berufen?

Gemäß § 312 b Abs. 3 des Bürgerlichen Gesetzbuches (BGB) kommen die Vorschriften zum Fernabsatz bei einigen Arten von Geschäften überhaupt nicht zur Anwendung. Nicht anwendbar sind diese Regeln beispielsweise bei Verträgen über Fernunterricht, Versicherungen und deren Vermittlung sowie bei Verträgen über die Lieferung von Lebensmitteln und Getränken oder sonstigen Haushaltsgegenständen des täglichen Bedarfs, die dem Verbraucher im Rahmen häufiger und regelmäßiger Fahrten geliefert werden.

Außerdem finden die Vorschriften zum Fernabsatz keine Anwendung auf Verträge, die die Erbringung von Dienstleistungen in den Bereichen Beförderung und Unterbringung, Lieferung von Speisen und Getränken sowie Freizeitgestaltung betreffen, wenn sich der Unternehmer bei Vertragsschluss verpflichtet, die Dienstleistungen zu einem bestimmten Zeitpunkt oder innerhalb eines genau angegebenen Zeitraums zu erbringen. Der Gesetzgeber wollte mit dieser Regelung auch die Anbieter von Pauschalreisen privilegieren, das heißt Reiseveranstalter, die im Sinne von § 651 a BGB eine Gesamtheit von Reiseleistungen zu einem Pauschalpreis erbringen. Dies geht aus der amtlichen Begründung zum Fernabsatzgesetz hervor.

[Frage 199] Kann ich die verbraucherschützenden Vorschriften zum Fernabsatz in meinen Allgemeinen Geschäftsbedingungen abbedingen?

§ 312 f des Bürgerlichen Gesetzbuches (BGB) erklärt die Vorschriften zum Fernabsatz zu zwingenden Regelungen. Das heißt, diese Regelungen gelten auch dann, wenn Ihre Allgemeinen Geschäftsbedingungen (AGB) zu Lasten Ihrer Kunden von den gesetzlichen Regelungen abweichende Bestimmungen vorsehen.

2.5.8 Informationspflichten bei Fernabsatzverträgen

**[Frage 200]
Worüber habe ich
meine Kunden
beim Fernabsatz
per Internet bei
Anwendbarkeit
der verbraucher-
schutzrechtlichen
Bestimmungen zu
informieren?**

Der Verbraucherschutz bei Fernabsatzgeschäften schreibt in § 312 c des Bürgerlichen Gesetzbuches (BGB) umfangreiche Informationspflichten vor. Die einzelnen mitzuteilenden Informationen ergeben sich aus der Verordnung über Informations- und Nachweispflichten nach bürgerlichem Recht (BGB-InfoV).

Danach sind Sie beispielsweise verpflichtet, den Verbraucher über Ihre Identität und ladungsfähige Anschrift, den geschäftlichen Zweck und die wesentlichen Vertragsumstände zu unterrichten. Hierzu zählen unter anderem die wesentlichen Merkmale der Ware oder Dienstleistung und wie der Vertrag zustande kommt, Mindestlaufzeit des Vertrages bei dauernden oder regelmäßig wiederkehrenden Leistungen, Liefervorbehalte, der Preis mit allen Preisbestandteilen und Steuern, anfallende Liefer- und Versandkosten, Zahlungsmodalitäten, Lieferdetails, Garantiebedingungen und Kündigungsmöglichkeiten sowie das Bestehen oder Nichtbestehen eines Widerrufs- und Rückgaberechts sowie die diesbezüglichen Bedingungen.

Die Einzelheiten können Sie § 312 c Abs. 1 BGB und insbesondere § 1 BGB-InfoV entnehmen.

Bei Warenlieferungen müssen Sie gemäß § 312 c Abs. 2 Nr. 2 BGB Ihrem Verbraucherkunden diese Angaben zusammen mit den Vertragsbestimmungen einschließlich der Allgemeinen Geschäftsbedingungen (AGB) spätestens bei der Lieferung der Waren in Textform, das heißt zumindest per E-Mail, vgl. Frage 182, mitteilen. Besonderheiten bei der Erbringung von Dienstleistungen entnehmen Sie bitte § 312 c Abs. 2 BGB.

Tipp

Nutzen Sie zur Erfüllung Ihrer umfangreichen Informationspflichten die detaillierten Regelungen in § 312 c BGB und § 1 BGB-InfoV als Checkliste.

[Frage 201] Was ist die Konsequenz, wenn ich meinen Informationspflichten nach den fernabsatzrechtlichen Verbraucherschutzvorschriften nicht oder nur unzureichend nachkomme?

Die Verletzung der in § 312 c Abs. 2 des Bürgerlichen Gesetzbuches (BGB) bestimmten Informationspflichten hat unmittelbare Auswirkungen auf den geschlossenen Vertrag, z. B. die Verlängerung der Widerrufsfristen, vgl. Frage 13. Darüber hinaus kann die Verletzung von Informationspflichten Schadensersatzforderungen nach sich ziehen. Außerdem besteht das Risiko einer Kosten verursachenden Abmahnung, gerichtet auf Unterlassung und Schadensersatz, beispielsweise durch Verbraucherschutzverbände und Konkurrenten. Hier würde man Ihnen vorwerfen, dass Sie sich einen Vorsprung im Wettbewerb durch Rechtsbruch verschaffen. Details zu Abmahnungen finden Sie in Frage 80.

[Frage 202] Welche weiteren Pflichten habe ich im elektronischen Geschäftsverkehr?

Neben der Anbieterkennzeichnungspflicht nach § 6 des Teledienstegesetzes (TDG) und § 10 des Mediendienste-Staatsvertrages (MDStV), vgl. Frage 131, treffen Sie weitere Pflichten, wenn Sie den elektronischen Geschäftsverkehr für Ihre Geschäfte einsetzen. Denn wenn Sie zum Abschluss eines Vertrages über Warenlieferungen oder die Erbringung von Dienstleistungen einen Tele- oder Mediendienst nutzen, haben Sie die Vorschriften des § 312 e des Bürgerlichen Gesetzbuches (BGB) und des § 3 der Verordnung über Informations- und Nachweispflichten (BGB-InfoV) zu beachten. Das gilt auch dann, wenn es sich hierbei nicht um einen Fernabsatzvertrag im Sinne von § 312 b BGB handelt, also beispielsweise auch für Verträge zwischen Unternehmen.

Wenn Sie Verträge nicht ausschließlich durch individuelle Kommunikation schließen, also im ganz oder teilweise automatisierten Verfahren, haben Sie gemäß § 312 e BGB angemessene, wirksame und zugängliche technische Mittel zur Verfügung zu stellen, mit deren Hilfe der Kunde Eingabefehler vor Abgabe seiner Bestellung erkennen und berichtigen kann. Außerdem haben Sie den Zugang der Bestellung unverzüglich auf elektronischem Wege zu bestätigen. Der Kunde muss die Möglichkeit haben, die Vertragsbestimmungen einschließlich der Allgemeinen Geschäftsbedingungen (AGB) spätestens bei Vertragsschluss abzurufen und in wiedergabefähiger Form zu speichern.

Zudem haben Sie dem Kunden gemäß § 312 e Abs. 1 S. 1 Nr. 2 BGB in Verbindung mit § 3 BGB-InfoV spätestens bis zur Abgabe der Bestellung bestimmte Informationen zu liefern. Diese entnehmen Sie im Detail bitte § 3 BGB-InfoV.

Tipp

Nutzen Sie zur Erfüllung Ihrer Informationspflichten die detaillierten Regelungen in § 312 e BGB und § 3 BGB-InfoV als Checkliste.

[Frage 203] Welche Konsequenzen hat es, wenn ich meinen Pflichten im elektronischen Geschäftsverkehr nach § 312 e BGB nicht nachkomme?

Ein Verstoß gegen § 312 e des Bürgerlichen Gesetzbuches (BGB) macht den Vertrag zwar nicht unwirksam. Doch kann der Kunde bei Eingabefehlern das Recht besitzen, den geschlossenen Vertrag gemäß § 119 BGB anzufechten und dadurch rückwirkend nichtig zu machen. Auch könnte Ihr Kunde Ihnen gegenüber Schadensersatzansprüche wegen Verschuldens bei Vertragsschluss gemäß § 311 BGB in Verbindung mit § 280 Abs. 1 BGB geltend machen. Sofern Ihrem Kunden ein Widerrufsrecht gemäß § 312 d BGB in Verbindung mit § 355 BGB zusteht, vgl. Frage 11, führt die Verletzung der Pflichten aus § 312 e Abs. 1 BGB gemäß § 312 e Abs. 3 BGB dazu, dass die Widerrufsfrist nicht zu laufen beginnt und der Verbraucher somit den Vertrag unbefristet widerrufen kann. Außerdem besteht das Risiko einer Abmahnung auf Grund unlauteren Wettbewerbs.

2.5.9 Widerrufs- und Rückgaberecht bei Fernabsatzverträgen

[Frage 204] In welchen Fällen haben meine Kunden ein Widerrufs- bzw. Rückgaberecht?

Bei Fernabsatzverträgen, vgl. Frage 11, besitzen Verbraucher gemäß § 312 d Abs. 1 S. 1 des Bürgerlichen Gesetzbuches (BGB) in Verbindung mit § 355 BGB ein Widerrufsrecht.

Die Verbraucherkunden können den Vertrag bei im Internet bestellten Waren dadurch widerrufen, dass sie Ihnen binnen 14 Tagen ohne Angabe von Gründen eine entsprechende Mitteilung, auch per E-Mail, senden oder aber die Ware zurückschicken.

Die Widerrufsfrist beginnt mit Erfüllung der Informationspflichten gemäß § 312 c BGB, vgl. Frage 13, bei der

Lieferung von Waren frühestens mit dem Tag des Eingangs der Ware beim Kunden.

Kosten und Gefahr der Rücksendung trägt bei Widerruf und ordnungsgemäßer Verpackung seitens des Kunden gemäß § 357 Abs. 2 S. 2 BGB grundsätzlich der Unternehmer. Allerdings können dem Kunden gemäß § 357 Abs. 2 S. 3 BGB bei Bestellungen bis zu einem Betrag von 40 Euro die Kosten der Rücksendung vertraglich auferlegt werden. Dem Kunden können bei Bestellungen mit einem höheren Preis als 40 Euro die Kosten der Rücksendung nur für den Fall auferlegt werden, dass der Kunde zum Zeitpunkt des Widerrufs noch nicht ganz oder teilweise bezahlt hat.

Sofern die Regeln des Fernabsatzrechts überhaupt zur Anwendung kommen, vgl. Frage 198, besteht gemäß § 312 d Abs. 4 BGB in bestimmten Fällen aber kein Widerrufsrecht. Dies gilt z. B.: bei der Lieferung von Waren, die nach Kundenspezifikation gefertigt oder individuell auf die persönlichen Kundenbedürfnisse abgestimmt sind; bei der Lieferung von Waren, die auf Grund ihrer Beschaffenheit nicht für die Rücksendung geeignet sind; bei der Lieferung von leicht verderblichen Waren wie Lebensmitteln; bei der Lieferung von CD's, Software und Videos, wenn die Umhüllung vom Kunden aufgerissen wurde; bei der Lieferung von Zeitungen und Zeitschriften; bei der Erbringung von Dienstleistungen im Bereich Wette und Lotterie; bei Versteigerungen gemäß § 156 BGB (also nicht bei Internet-Auktionen, vgl. Frage 24); bei der Erbringung finanzmarktabhängiger Finanzdienstleistungen.

Bei der Erbringung von Dienstleistungen ist ein Widerruf gemäß § 312 d Abs. 3 Nr. 2 BGB insbesondere auch dann ausgeschlossen, wenn der Unternehmer mit der Ausführung der Dienstleistung mit ausdrücklicher Zustimmung des Verbrauchers vor Ende der Widerrufsfrist begonnen hat oder der Verbraucher die Dienstleistung selbst veranlasst hat.

Alternativ zum Widerrufsrecht kann dem Verbraucher bei Verträgen über die Lieferung von Waren gemäß § 312 d Abs. 1 S. 2 BGB in Verbindung mit § 356 BGB ein zweiwöchiges Rückgaberecht eingeräumt werden. § 356 BGB setzt zwar voraus, dass der Vertragsschluss auf Grund eines Verkaufsprospekts erfolgt. Hierunter wird aber auch ein Internet-Katalog verstanden.

Tipp

Weitere Details zum Widerrufs- und Rückgaberecht entnehmen Sie bitte den umfangreichen Regelungen in § 312 d BGB in Verbindung mit § 355 BGB (Widerrufsrecht), § 356 BGB (Rückgaberecht) sowie mit § 357 BGB (Rechtsfolgen von Widerruf und Rückgabe). Beachten Sie in jedem Fall auch in diesem Zusammenhang die Regelungen des § 312 e BGB, da sich eine Verletzung der dort geregelten Pflichten auf das Widerrufs- und Rückgaberecht auswirkt.

[Frage 205] Was ist der Vorteil, wenn ich meinen Kunden bei der Lieferung von Waren anstelle des Widerrufsrechts ein Rückgaberecht gewähre?

Bei Fernabsatzverträgen über die Lieferung von Waren gewährt Ihnen der Gesetzgeber gemäß § 312 d Abs. 1 des Bürgerlichen Gesetzbuches (BGB) das Wahlrecht, Ihrem Kunden entweder ein Widerrufsrecht oder ein Rückgaberecht einzuräumen, vgl. Frage 204.

Der Unterschied zwischen Widerrufsrecht und Rückgaberecht besteht beispielsweise darin, dass der Kunde das Rückgaberecht bei Waren, die als Paket versandt werden können, gemäß § 356 Abs. 2 BGB nur durch Rückgabe der Ware ausüben kann. Ein Widerrufsrecht kann der Kunde hingegen auch durch einfache Widerrufserklärung ausüben. Der Vorteil des Rückgaberechts besteht also darin, dass Sie die Ware sofort zurückerhalten. Allerdings trägt der Verkäufer beim Rückgaberecht in jedem Fall die Kosten der Rücksendung. Gemäß § 357 Abs. 2 S. 3 BGB können dem Kunden die Rücksendungskosten unter den dort bestimmten Voraussetzungen, vgl. Frage 16, nur bei Einräumung eines Widerrufsrechts auferlegt werden.

Tipp

Gewähren Sie bei Waren, die als Paket versandt werden können und bei denen der Wert höher als 40 Euro ist, anstelle eines Widerrufsrechts ein Rückgaberecht, um sich möglichen weiteren Aufwand wegen Rückforderung der Ware zu ersparen. Denn bei solchen Warenbestellungen muss der Verkäufer die Kosten der Rücksendung regelmäßig selbst übernehmen, vgl. Frage 16.

[Frage 206] Wo finde ich ein Muster für die vorgeschriebene Belehrung zu den Rechten des Kunden betreffend Widerruf und Rückgabe bei Fernabsatzverträgen?

Dem Gesetzgeber ist bewusst, dass er hohe Anforderungen an den Internet-Unternehmer stellt, der sich rechtstreu im Internet verhalten will. Um Überblick über die Komplexität und Detailliertheit der von ihm auferlegten Pflichten zu gewinnen und um ein gewisses Maß an Rechtssicherheit für den Internet-Unternehmer zu schaffen, liefert der Gesetzgeber spezielle Muster für die Belehrung über Widerrufs- bzw. Rückgaberecht. Diese befinden sich in § 14 der Verordnung über Informations- und Nachweispflichten nach bürgerlichem Recht (BGB-InfoV) in Verbindung mit deren Anlagen 2 und 3. Wer diese Muster nutzt, genügt den gesetzlichen Vorschriften über die Belehrungspflicht. Die Muster enthalten zahlreiche Gestaltungshinweise.

Tipp

Verwenden Sie ausschließlich die Muster der BGB-InfoV für die Belehrung über Widerruf oder Rückgabe bei Fernabsatzgeschäften, um sich gegenüber Wettbewerbern nicht angreifbar zu machen.

[Frage 207] Wie kann ich verhindern, dass mein Kunde die von ihm abgegebene Willenserklärung widerruft, obwohl ich bereits eine Leistung erbracht habe?

Wenn Sie verhindern wollen, dass Ihr Kunde von seinem Widerrufsrecht Gebrauch macht, obwohl Sie bereits eine Leistung erbracht haben, besitzen Sie bei der Erbringung von Dienstleistungen, soweit es sich nicht um Finanzdienstleistungen handelt, folgende Möglichkeiten:

Erstens können Sie sich gemäß § 312 d Abs. 3 Nr. 2, 1. Alt. des Bürgerlichen Gesetzbuches (BGB) von Ihrem Kunden die ausdrückliche Zustimmung geben lassen, dass Sie die Dienstleistung vor Ende der Widerrufsfrist beginnen sollen. Das Widerrufsrecht erlischt dann, sobald Sie mit der Ausführung der Dienstleistung beginnen. Eine Klausel in den Allgemeinen Geschäftsbedingungen (AGB) mit einer vorweggenommenen Einwilligung ist allerdings wegen Verstoßes gegen § 307 BGB unwirksam.

Zweitens verliert der Kunde gemäß § 312 d Abs. 3 Nr. 2, 2. Alt. BGB sein Widerrufsrecht auch dann, wenn Sie Ihre Website so gestalten, dass der Kunde die unmittelbare Ausführung der Dienstleistung durch eigenes Handeln selbst veranlasst, z. B. durch Nutzung einer von Ihnen bereit gestellten Online-Datenbank.

Drittens können Sie sich bei der Erbringung von Dienstleistungen in Ihren AGB vorbehalten, erst nach Ablauf des Widerrufsrechts zu leisten. Hierbei handelt es sich gemäß § 308 Nr. 1 BGB um eine wirksame Klausel bei den grundsätzlich sehr fehleranfälligen AGB, vgl. Frage 189.

Bei der Lieferung von Waren besteht keine Möglichkeit, das Risiko zu vermeiden, dass zunächst geleistet und dann vom Kunden widerrufen wird. Denn die Widerrufsfrist beginnt bei der Lieferung von Waren gemäß § 355 Abs. 3 S. 2 BGB erst mit dem Eingang der Ware beim Kunden.

Tipp

Falls Sie öfters die Erfahrung gemacht haben, dass ein Widerruf durch den Kunden erfolgte, nachdem Sie mit der Ausführung Ihrer Dienstleistung bereits begonnen hatten, sollten Sie eine der oben genannten drei Möglichkeiten in Betracht ziehen.

[Frage 208] Wann muss ich spätestens den von meinem Kunden im Voraus bezahlten Betrag zurücküberweisen?

Macht Ihr Kunde von seinem Widerrufsrecht Gebrauch, müssen Sie gemäß § 357 Abs. 1 des Bürgerlichen Gesetzbuches (BGB) in Verbindung mit § 346 Abs. 1 BGB und § 348 BGB den Kaufpreis Zug um Zug gegen Rückgabe der Sache erstatten. Gemäß § 357 Abs. 1 S. 2 BGB in Verbindung mit § 286 Abs. 3 BGB kommen Sie spätestens nach Ablauf von 30 Tagen seit Widerrufs- oder Rückgabeerklärung des Verbrauchers in Verzug.

[Frage 209] Kann ich den von meinem Kunden bezahlten Betrag im Falle des Widerrufs ganz oder teilweise zurückbehalten, wenn ich die Kaufsache beschädigt zurückbekomme?

Grundsätzlich hat Ihr Kunde im Falle eines Widerrufs für die bestimmungsgemäße Ingebrauchnahme des Kaufgegenstandes keinen Wertersatz zu leisten. Etwas anderes gilt, wenn Sie Ihren Kunden gemäß § 357 Abs. 3 des Bürgerlichen Gesetzbuches (BGB) spätestens bei Vertragsschluss in Textform, vgl. Frage 182, darauf hingewiesen haben, dass er auch für die bestimmungsgemäße Ingebrauchnahme der Sache Wertersatz leisten muss. Allerdings setzt dies gleichzeitig voraus, dass Sie Ihren Kunden auf eine Möglichkeit hingewiesen haben, wie er die Verschlechterung der Kaufsache vermeiden kann, z. B. wie er eine empfindliche Ware zu lagern hat. Allerdings hat Ihr Kunde auch in diesem Fall keinen Wertersatz zu leisten, wenn die Verschlechterung ausschließlich auf die Prüfung der Sache zurückzuführen ist.

Die Gefahr der Rücksendung tragen bei Widerruf und ordnungsgemäßer Verpackung seitens des Kunden gemäß § 357 Abs. 2 S. 2 BGB grundsätzlich Sie. Allerdings haftet der Kunde, wenn er die Ware unsorgfältig verpackt und es hierdurch zu einem Transportschaden kommt.

Soweit Sie gegenüber der Forderung Ihres Kunden eine eigene Forderung besitzen, können Sie unter den Voraussetzungen der §§ 387, 388 BGB Ihrem Kunden gegenüber die Aufrechnung der Forderungen erklären. Dies führt dazu, dass die gegenüberstehenden Forderungen, soweit sie sich decken, als erloschen gelten.

2.6 Schutz der Kundendaten

[Fall 10] *Das störende Cookie*

A besitzt ein Lebensmittelgeschäft und vertreibt seine Produkte über einen von ihm eingerichteten Online-Shop. Um mehr Zugriffe auf seinen Online-Shop zu erhalten, beauftragt er den Internet-Dienstleister B, dessen virtuelles Kaufhaus mit seinem Online-Shop zu verlinken. Der Vertrag sieht eine Laufzeit von 24 Monaten vor. B soll das Logo des A auf seiner Website einbinden. Durch Anklicken des Logos sollen die Kunden dann auf die Website des A und in dessen Online-Shop weitergeleitet werden. A muss jedoch feststellen, dass B bei der Zugangsvermittlung Cookies verwendet, und zwar in Form so genannter Sitzungs-Cookies. Diese Cookies sind für den Einkauf im Online-Shop des A nicht erforderlich und können durch den Nutzer auch nicht deaktiviert werden. B ist trotz wiederholter Mahnung seitens A nicht bereit, auf den Einsatz von Cookies zu verzichten.

Kann A den Vertrag mit B fristlos kündigen?

[Lösung nach Frage 221]

2.6.1 Grundlagen des Datenschutzes

[Frage 210] Welche Vorschriften muss ich unter datenschutzrechtlichen Aspekten beachten?

Im Jahr 1983 hat das Bundesverfassungsgericht (1 BvR 209, 269, 362, 420, 440, 484 / 83) im Rahmen der damals durchgeführten Volkszählung das Recht eines jeden auf informationelle Selbstbestimmung als Ausprägung der Menschenwürde bestätigt. Dieses Recht auf informationelle Selbstbestimmung hat jeder, der im geschäftlichen Verkehr Daten von Dritten erhebt oder verarbeitet, zu beachten.

Dementsprechend hat der Gesetzgeber datenschutzrechtliche Vorschriften erlassen. In diesem Zusammenhang sind insbesondere von Bedeutung: für Teledienste das Teledienstedatenschutzgesetz (TDDSG), für Mediendienste die datenschutzrechtlichen Vorschriften im Mediendienste-Staatsvertrag (MDStV), datenschutzrechtliche Vorschriften im Telekommunikationsgesetz (TKG), das Bundesdatenschutzgesetz (BDSG) und die Landesdatenschutzgesetze.

Das TDDSG ist von jedermann, der über das Internet Teledienste, wie z. B. Internet-Shopping, anbietet, zu beachten. Wer über das Internet Informationen verbreitet, z. B. als Herausgeber eines Internet-Magazins, muss als Mediendienste-Anbieter die datenschutzrechtlichen Vorschriften nach dem MDStV einhalten. Unternehmen, die elektronische Kommunikationstechnik verfügbar machen, wie beispielsweise Zugangsprovider, haben die datenschutzrechtlichen Vorschriften des TKG zu beachten. Ergänzend zu den vorstehenden datenschutzrechtlichen Spezialvorschriften sind auch die Vorschriften des BDSG zu berücksichtigen. In den Landesdatenschutzgesetzen befinden sich spezielle Datenschutzvorschriften für Behörden, sonstige öffentliche Stellen und Private, die Aufgaben der öffentlichen Verwaltung wahrnehmen.

[Frage 211] Was kann passieren, wenn ich gegen datenschutzrechtliche Vorschriften verstoße?

Der Verstoß gegen datenschutzrechtliche Vorschriften kann dazu führen, dass Sie demjenigen, dessen Daten Sie unzulässigerweise erhoben oder weitergegeben haben, Schadensersatz leisten müssen. Zudem haben die Behörden die Möglichkeit, Geldbußen zu verhängen. Selbst eine strafrechtliche Verfolgung kommt in Betracht.

Die zuständigen Behörden haben weitgehende Kontrollbefugnisse. So können sie, auch ohne Anhaltspunkte für eine Verletzung von rechtlichen Vorschriften, den datenverarbeitenden Betrieb während der Geschäftszeiten, auch gegen den Willen des Geschäftsinhabers, betreten und kontrollieren und bei schwerwiegendem Verstoß sogar die Datenverarbeitungsanlagen abschalten.

[Frage 212] Kann ich die in Deutschland bestehenden Datenschutzvorschriften umgehen, indem ich den Sitz meines Unternehmens ins außereuropäische Ausland verlege?

Der Gesetzgeber will verhindern, dass Unternehmen auf Länder außerhalb der Europäischen Union mit geringeren Datenschutzstandards ausweichen.

Das Bundesdatenschutzgesetz (BDSG) beispielsweise findet gemäß § 1 Abs. 5 S. 2 BDSG auch dann Anwendung, wenn personenbezogene Daten durch ein Unternehmen mit Sitz im außereuropäischen Ausland in Deutschland erhoben, verarbeitet oder genutzt werden.

2.6.2 Gegenstand des Datenschutzes

[Frage 213] Sind beim Installieren eines Zugriffszählers datenschutzrechtliche Vorschriften zu beachten?

Datenschutzrechtliche Vorschriften kommen immer dann in Betracht, wenn die Gefahr besteht, dass jemand in seinem Persönlichkeitsrecht beeinträchtigt wird. Dies ist grundsätzlich nur dann der Fall, wenn es um die Verwendung von personenbezogenen Daten geht, also Daten, die geeignet sind, einen bestimmten Menschen zu identifizieren.

Dies ist bei bloßen Zugriffszählern nicht der Fall, denn selbst wenn der Zugriff für alle sichtbar gezählt wird, wird keine Verbindung zu einem bestimmten Menschen hergestellt. Anders wäre dies jedoch zu beurteilen, wenn im Kontext zum Zugriffszähler veröffentlicht wird, welche – identifzierbare – Person gerade online ist.

[Frage 214] Darf ich personenbezogene Daten in keinem Fall nutzen?

Das Datenschutzrecht will verhindern, dass mit personenbezogenen Daten Missbrauch getrieben und dadurch das Persönlichkeitsrecht des Einzelnen beeinträchtigt wird. Es handelt sich dabei um ein so genanntes Verbot mit Erlaubnisvorbehalt, das heißt, dass die Erhebung, Verarbeitung und Nutzung der Daten grundsätzlich verboten und nur ausnahmsweise zulässig ist. Beispielsweise sieht § 3 Abs. 1 des Teledienstedatenschutzgesetzes (TDDSG) bzw. § 17 Abs. 1 des Mediendienste-Staatsvertrages (MDStV) vor, dass personenbezogene Daten vom Dienste-Anbieter zur Durchführung von Tele- oder Mediendiensten nur dann erhoben, verarbeitet und genutzt werden dürfen, soweit dies durch Rechtsvorschrift erlaubt ist oder der Nutzer eingewilligt hat.

[Frage 215] Darf ich Daten erheben, die den Nutzer identifizieren und Auskunft geben über Art und Zeiten der Verbindung?

Bei Daten, die den Nutzer identifizieren und Auskunft geben über Art und Zeiten der Verbindung, handelt es sich um so genannte Nutzungsdaten, welche in § 6 des Teledienstedatenschutzgesetzes (TDDSG) bzw. in § 19 Abs. 2 des Mediendienste-Staatsvertrages (MDStV) geregelt sind. Diese Daten dürfen nur erhoben, verarbeitet und genutzt werden, soweit dies erforderlich ist, um die Inanspruchnahme von Tele- oder Mediendiensten zu ermöglichen und abzurechnen.

Da es sich bei diesen Daten um höchst sensible Daten handelt, sind sie unverzüglich zu löschen, sofern und soweit sie für Abrechnungszwecke mit dem Nutzer nicht mehr erforderlich sind.

Nutzungsdaten, welche für die Zwecke der Abrechnung mit dem Nutzer erforderlich sind, werden als Abrechnungsdaten bezeichnet. Die Abrechnungsdaten sind spätestens zu löschen, sobald Ihre Rechnung beglichen wurde. Eine besondere Regelung gilt, wenn Sie auf Verlangen des Nutzers einen Einzelnachweis erstellt haben. Die entsprechenden Daten können Sie gemäß § 6 Abs. 7 TDDSG bzw. § 19 Abs. 8 MDStV höchstens bis zu sechs Monaten nach Versendung der Rechnung speichern, es sei denn, innerhalb dieser Frist wurden Einwendungen erhoben oder die Rechnung trotz Zahlungsaufforderung nicht beglichen.

[Frage 216] Darf ich Daten, die ich für die Begründung und Abwicklung der Kundenverträge erhoben habe, auch nach Vertragsende noch weiternutzen?

Wenn Sie mit Ihren Kunden Verträge schließen, erheben Sie Daten wie Anschrift, Kontaktdaten oder auch eine Kontoverbindung. Bei diesen Daten, die Sie für die Begründung und Abwicklung der Kundenverträge erheben, handelt es sich um die so genannten Bestandsdaten. Wenn der Vertrag beendet ist, müssen Sie diese Daten gemäß § 5 S. 1 des Teledienstedatenschutzgesetzes (TDDSG) bzw. gemäß § 19 Abs. 1 S. 1 des Mediendienste-Staatsvertrages (MDStV) löschen. Eine Weiternutzung nach Vertragsende, z. B. im Rahmen der Marktforschung oder um Ihren ehemaligen Kunden über neue Produkte zu informieren, ist unzulässig. Eine Ausnahme besteht nur dann, wenn der Kunde ausdrücklich seine Einwilligung gegeben hat, dass Sie seine Daten nach Vertragsende für diese Zwecke nutzen dürfen.

2.6.3 Einwilligung des Kunden

[Frage 217] Kann eine für die Verarbeitung und Nutzung von personenbezogenen Daten erforderliche Einwilligung auch elektronisch erklärt werden?

§ 3 Abs. 3 des Teledienstedatenschutzgesetzes (TDDSG) bzw. § 17 Abs. 3 des Mediendienste-Staatsvertrages (MDStV) lassen auch die elektronische Einwilligung für die Erhebung, Verarbeitung und Nutzung von personenbezogenen Daten zu, vgl. Frage 218. Der Nutzer ist vor der Erklärung seiner Einwilligung auf sein Recht auf jederzeitigen Widerruf der Einwilligung hinzuweisen, vgl. Frage 219.

[Frage 218] Worauf muss ich achten, wenn ich die Einwilligung meiner Nutzer zur Erhebung, Verarbeitung und Nutzung ihrer personenbezogenen Daten elektronisch einhole?

Eine Einwilligungsklausel im Rahmen der elektronischen Einwilligung, vgl. Frage 217, könnte lauten wie folgt:

»Ich bin mit der Erhebung, Verarbeitung und Nutzung meiner personenbezogenen Daten für folgende Art, Umfang und Zwecke der Erhebung, Verarbeitung und Nutzung der Daten einverstanden:

....

....

Mir ist bekannt, dass ich meine Einwilligung jederzeit mit Wirkung für die Zukunft widerrufen kann.«

Diese Erklärung muss für den Nutzer jederzeit abrufbar sein.

Gemäß § 4 Abs. 2 des Teledienstedatenschutzgesetzes (TDDSG) bzw. § 18 Abs. 2 des Mediendienste-Staatsvertrages (MDStV) ist bei der elektronischen Einwilligung insbesondere sicherzustellen, dass die Einwilligung durch eine eindeutige und bewusste Handlung des Nutzers erfolgt. Mit § 4 Abs. 2 TDDSG bzw. § 18 Abs. 2 MDStV ist es daher wohl nicht vereinbar, wenn sich neben der obigen Einwilligungsklausel ein Kontrollkästchen befindet, das bereits angekreuzt ist. Vielmehr muss der Nutzer in diesem Fall die Einwilligung aktiv bestätigen. Die Bestätigung der Einwilligung ist zu protokollieren.

[Frage 219] Wie lange hat die Einwilligung des Nutzers in die Erhebung, Verarbeitung und Nutzung seiner personenbezogenen Daten Gültigkeit?

Die Einwilligung des Nutzers in die Erhebung, Verarbeitung und Nutzung seiner personenbezogenen Daten hat solange Gültigkeit, bis sie von ihm widerrufen wird. Dieses Widerrufsrecht kann er gemäß § 4 Abs. 3 des Teledienstedatenschutzgesetzes (TDDSG) bzw. gemäß § 18 Abs. 3 des Mediendienste-Staatsvertrages (MDStV) jederzeit mit Wirkung für die Zukunft ausüben, worauf er auch hinzuweisen ist.

[Frage 220] Darf ich Nutzer, die keine Einwilligung in die Erhebung, Verarbeitung und Nutzung ihrer personenbezogenen Daten für andere als die gesetzlichen Zwecke erteilen, von meinem Internet-Dienst ausschließen?

§ 3 Abs. 4 des Teledienstedatenschutzgesetzes (TDDSG) bzw. § 17 Abs. 4 des Mediendienste-Staatsvertrages (MDStV) untersagen, die Nutzung des Tele- oder Mediendienstes von der Erteilung einer Einwilligung in eine Verarbeitung und Nutzung personenbezogener Daten für andere als die gesetzlichen Zwecke abhängig zu machen, wenn dem Nutzer ein anderer Zugang zu diesen Tele- oder Mediendiensten nicht oder in nicht zumutbarer Weise möglich ist. Im Umkehrschluss lässt sich daraus entnehmen, dass Sie die Möglichkeit haben, die Erbringung Ihrer Leistung von der Erteilung einer entsprechenden Einwilligung jedenfalls dann abhängig zu machen, wenn Sie keine Monopolstellung für Ihre Dienstleistung innehaben und wenn der Nutzer vergleichbare Tele- oder Mediendienste in zumutbarer Weise in Anspruch nehmen kann.

2.6.4 Einsatz von Cookies

[Frage 221] Was muss ich beachten, wenn ich auf meiner Website Cookies einsetzen möchte?

Mit Cookies, vgl. Frage 4, können Sie Ihren Nutzern einen interessanten Service bieten, auch ohne dass sich diese auf Ihrer Website extra registrieren müssen. Wenn Sie beispielsweise einen Online-Shop betreiben, können Sie Ihrem Nutzer den beim ersten Shop-Besuch gefüllten virtuellen Warenkorb beim nächsten Besuch erneut präsentieren.

Wenn es sich bei den von Ihnen eingesetzten Cookies um so genannte persistente Cookies handelt, welche über die Dauer einer Sitzung hinaus (Dauer des Besuchs einer Website) auf der Festplatte des Nutzers gespeichert werden und wenn diese personenbezogene Daten enthalten (z. B. Namen und Anschrift des Nutzers oder die Internet-Protokoll-Adresse (IP-Adresse), sofern sie einen Rückschluss auf die Identität des Nutzers zuläßt), haben Sie bei einem Teledienst § 3 Abs. 1 des Teledienstedatenschutzgesetzes (TDDSG) und bei einem Mediendienst § 17 Abs. 1 des Mediendienste-Staatsvertrages (MDStV) zu beachten. Hiernach dürfen personenbezogene Daten nur erhoben, verarbeitet und genutzt werden, wenn dies gesetzlich erlaubt ist oder der Nutzer eingewilligt hat. Der Einsatz von persistenten Cookies mit personenbezogenen Informationen ist inbesondere nicht durch § 6 Abs. 1 TDDSG bzw. § 19 Abs. 2 MDStV gedeckt, wonach so genannte Nutzungsdaten erhoben, verarbeitet und genutzt werden dürfen, soweit dies erforderlich ist, um die Inanspruchnahme des jeweiligen Dienstes zu ermöglichen und abzurechnen. Daher ist für das Setzen derartiger Cookies eine Einwilligung des Nutzers erforderlich, welche auch elektronisch erteilt werden kann, vgl. Frage 217.

Außerdem haben Sie den Nutzer bereits beim Setzen des Cookies hierüber zu informieren; dabei haben Sie Art, Umfang und Zweck der Erhebung, Verarbeitung und Nutzung der personenbezogenen Daten anzugeben (§ 4 Abs. 1 S. 1 TDDSG bzw. § 18 Abs. 1 S. 1 MDStV).

Aber auch das Setzen von Cookies, welche keine personenbezogenen Informationen enthalten, ist problematisch. Denn hierbei kann es sich um einen Fall der so genannten Besitzstörung handeln, welche den betroffenen Nutzer berechtigen kann, Beseitigungs-, Unterlassungs- oder sogar Schadensersatzansprüche geltend zu machen.

Tipp

■ Setzen Sie Cookies nur sehr zurückhaltend ein.

■ Vermeiden Sie insbesondere, dass die auf der Festplatte des Nutzers abgespeicherten Cookie-Dateien Informationen enthalten, welche Rückschluss auf die Identität Ihres Nutzers zulassen.

■ Geben Sie dem Nutzer in jedem Fall die Möglichkeit, das Cookie-System zu deaktivieren.

■ Informieren Sie den Nutzer vor dem Setzen des Cookies über Art, Umfang und Zweck der Erhebung, Verarbeitung und Nutzung der Daten und holen Sie seine elektronische Einwilligung auch dann ein, wenn die Cookies keine personenbezogenen Daten enthalten.

[Entscheidung 72] Amtsgericht Ulm
Urteil vom 29. Oktober 1999 | 2 C 1038/99 | Cookies als Kündigungsgrund

Wenn bei einem mehrjährigen Vertrag, der die Verlinkung eines Online-Shops mit einem virtuellen Kaufhaus zum Gegenstand hat, die Zugangsvermittlung mangelhaft erfolgt, weil der Betreiber des virtuellen Kaufhauses nicht erforderliche und nicht deaktivierbare Cookies einsetzt, besteht bei fortgesetzter Weigerung, den Mangel abzustellen, ein wichtiger Kündigungsgrund.

[*http://www.jurpc.de/rechtspr/20000124.htm*]

[Lösung Fall 10] Sachverhalt vor Frage 210

A kann den Vertrag mit B fristlos kündigen.

Es handelt sich bei dem Vertrag um ein Dauerschuldverhältnis mit dienstvertraglichem Charakter. Die fristlose Kündigung des Vertrages ist gemäß § 626 des Bürgerlichen Gesetzbuches (BGB) bei Vorliegen eines wichtigen Grundes möglich. Dieser liegt vor, wenn dem Kündigenden unter Berücksichtigung der Umstände des Einzelfalls und unter Abwägung der Interessen beider Vertragsteile ein Festhalten am Vertrag bis zu der vereinbarten Beendigung des Vertrages nicht zuzumuten ist.

Die von B eingerichtete Zugangsvermittlung, bei der nicht erforderliche und nicht deaktivierbare Cookies zum Einsatz kommen, entspricht nicht der vertraglichen Absprache. Auch wenn es sich nur um so genannte Sitzungs-Cookies handelt, welche auf der Festplatte des Nutzers nicht dauerhaft gespeichert werden, ist für den Nutzer nicht ersichtlich, ob es sich hierbei nicht um eine weniger harmlose Form von Cookies handelt. Es ist daher möglich, dass Nutzer den Online-Shop des A nicht betreten, weil sie Risiken der übermittelten Cookies befürchten.

Störungen von vertraglichen Einzelleistungen führen allerdings nur dann zu einem wichtigen Kündigungsgrund im Sinne von § 626 BGB, wenn das gesamte Vertragsverhältnis erschüttert ist. Dies ist hier der Fall, da B sich fortgesetzt weigert, auf den Einsatz der Cookies zu verzichten.

2.6.5 Anonyme Nutzung von Tele- und Mediendiensten

[Frage 222] Muss ich meinen Kunden ermöglichen, meinen Dienst anonym zu nutzen? Gemäß § 4 Abs. 6 des Teledienstedatenschutzgesetzes (TDDSG) bzw. gemäß § 18 Abs. 6 des Mediendienste-Staatsvertrages (MDStV) haben Sie die Inanspruchnahme Ihres Tele- oder Mediendienstes und die Bezahlung anonym oder unter Pseudonym zu ermöglichen, soweit dies technisch möglich und zumutbar ist. Hierüber haben Sie den Nutzer auch zu informieren.

2.6.6 Datenschutzbeauftragter

[Frage 223] Wer muss einen Datenschutzbeauftragten bestimmen? Das Bundesdatenschutzgesetz (BDSG) bestimmt in § 4 f BDSG, dass in einem privaten Unternehmen, gleich welcher Größe, in welchem fünf oder mehr Personen mit der Erhebung, Verarbeitung und Nutzung personenbezogener Daten beschäftigt sind, ein Datenschutzbeauftragter schriftlich zu benennen ist. Soweit in einem privaten Unternehmen automatisierte Verarbeitungen vorgenommen werden, die einer Vorabkontrolle unterliegen oder personenbezogene Daten geschäftsmäßig zum Zweck der Übermittlung oder anonymisierten Übermittlung erhoben, verarbeitet oder genutzt werden, ist in jedem Fall ein Datenschutzbeauftragter zu bestimmen, also unbhängig von der Anzahl der Arbeitnehmer.

Bei dem Datenschutzbeauftragten kann es sich um einen Angestellten oder auch einen externen Berater handeln. Voraussetzung für die Bestellung ist eine entsprechende Fachkunde und Zuverlässigkeit. Der Datenschutzbeauftragte wirkt auf die Einhaltung der datenschutzrechtlichen Vorschriften hin, ohne selbst für die Einhaltung dieser Vorschriften verantwortlich zu sein. Verantwortlich für die Einhaltung der datenschutzrechtlichen Vorschriften ist gemäß § 3 Abs. 7 BDSG allein diejenige Person oder Stelle, die personenbezogene Daten für sich selbst erhebt, verarbeitet oder nutzt oder dies durch andere im Auftrag vornehmen lässt.

3. Anhang

3.1 Lizenzvertrag-Muster

Muster für Angebot auf Abschluss eines Lizenzvertrages (einfaches Nutzungsrecht), vgl. Frage 102

… … …

Sehr geehrte Frau ……, sehr geehrter Herr ……,

ich habe gesehen, dass Sie auf Ihrer Website http://www…… folgendes Gestaltungselement verwenden: ………

Dieses Gestaltungselement würde ich gerne auf meiner Website unter http://www…… zum weltweiten Abruf für folgenden privaten / gewerblichen Zweck verwenden: ………

Lizenzdauer: für die Dauer des gesetzlichen Urheberrechts/zeitlich befristet, nämlich im Zeitraum von … bis …

Zudem benötige ich ein auf Dritte übertragbares Nutzungsrecht, da ich die Website einschließlich dieses Gestaltungselementes in naher Zukunft veräußern möchte.

Bitte räumen Sie mir die für diese Zwecke erforderlichen Nutzungsrechte ein. Außerdem bitte ich um Befreiung der Pflicht zur Urheberbenennung.

Bestätigen Sie mir bitte auch, dass Sie Rechte-Inhaber sind und mir die entsprechenden Rechte einräumen bzw. mich von der Urheber-Benennungspflicht befreien können. Rein vorsorglich bitte ich um Ihre Erklärung, dass Sie mich für den Fall einer unwirksamen Rechte-Einräumung / Befreiung von der Urheber-Benennungspflicht von etwaigen Ansprüchen Dritter freistellen werden.

Ich bin bereit, Ihnen für die Einräumung dieser Nutzungsrechte einen einmaligen Brutto-Pauschalbetrag in Höhe von …… Euro (inklusive Mehrwertsteuer) zu zahlen.

Für Ihre Antwort bis spätestens …… bedanke ich mich bereits jetzt und verbleibe mit freundlichen Grüßen

… … …

Tipp

Bezeichnen Sie den Zweck möglichst genau, insbesondere die Dauer der Nutzung. Auch sollten Sie erwähnen, wenn Sie beabsichtigen, die Website samt des lizenzierten Gestaltungselementes auf Dritte zu übertragen. Der Vertrag kommt nur zustande, wenn das Vertragsangebot innerhalb der von Ihnen bestimmten Frist ohne Änderungen angenommen wird. Die Annahme unter Erweiterungen, Einschränkungen oder sonstigen Änderungen gilt als Ablehnung verbunden mit einem neuen Angebot.

3.2 Die Website zum Buch – www.LawGuide.de

Die Edition **LawGuide.de – Wege zum Recht** verfolgt das Ziel, rechtliche Themen aus Sicht der Rechtsuchenden einfach und anschaulich darzustellen. Hierbei wird das aus dem Internet bekannte System der FAQ (Frequently asked questions = häufig gestellte Fragen) eingesetzt.

Unter *http://www.LawGuide.de* gelangen Sie auf die Internet-Website zu diesem Buch.

Dort finden Sie:

- die in diesem Buch zitierten Links. So kommen Sie schnell zu weiterführenden Internet-Websites.
- eine Auswahl vertiefender Literatur zum Internet-Recht. So gewinnen Sie schnell und einfach Überblick.
- in unregelmäßigen Abständen Updates der Fragen und Antworten dieses Ratgebers zum Download.

www.LawGuide.de
Wege zum Recht

Glossar der Internet-Begriffe

Tipp

Ein umfangreiches Lexikon, auch zu Internet-Begriffen, finden Sie im Internet unter *http://www.wikipedia.org*

[Access-Provider] Internet-Dienste-Anbieter, dessen Aufgabe darin besteht, den Zugang zu einem Kommunikationsnetz zu vermitteln, z. B. zum *Internet*; auch Zugangsprovider genannt.

[Admin-C] Administrative Kontaktperson, welche vom Domain-Inhaber benannt wird und berechtigt und verpflichtet ist, verbindlich über Angelegenheiten, die die Domain betreffen, zu entscheiden.

[Affiliate-Programm] Von engl. affiliate = Teilnehmer; Bezeichnung für eine Kooperation, bei der der so genannte Affiliate auf seiner *Website* für Produkte der Website seines Vertragspartners wirbt und dafür eine Provision erhält.

[Anbieterkennzeichnung] Die für Tele- und Mediendienste gemäß § 6 des Teledienstegesetzes (TDG) bzw. gemäß § 10 des Mediendienste-Staatsvertrages (MDStV) gesetzlich vorgeschriebenen Angaben zur Identifizierung des Dienste-Anbieters bzw. des redaktionell Verantwortlichen.

[Antispy-Software] Ein Computerprogramm, das sich gegen Spyware richtet, also gegen Programme, die ohne Zustimmung oder Wissen des Nutzers dessen Surfverhalten im Internet beobachten, speichern und an Dritte weitergeben.

[Auto-Reply] Bezeichnung für die automatische Versendung einer Bestätigungs-Mail, z. B. für die Eingangsbestätigung bei der elektronischen Bestellung in einem Online-Shop.

[Blog] Siehe *Weblog*.

[Browser] Siehe *Webbrowser*.

[Check-Box] Bedienungselement auf einer *Website*, welches durch Anklicken Optionen ein- bzw. ausschaltet; die Visualisierung des Optionsstatus erfolgt z. B. durch Setzen eines Kreuzes oder Häkchens; auch Kontrollkasten oder Markierungsfeld genannt.

[Computer-Virus] Ein Programm, das auf das Betriebssystem des Computers oder die Anwendungsprogramme zugreift und diese verändert. Unkontrollierbare Schäden sind die Folge.

[Content-Provider] Jeder Internet-Dienste-Anbieter, der Inhalte im Internet bereitstellt; nicht zu verwechseln mit *Access-* oder *Host-Provider*.

[Cookie] Von engl. cookie = Keks, Krümel. Kleine Datei auf dem Computer eines Internetnutzers, in der Informationen über die Nutzung einer *Website* abgespeichert sind, die die Cookie-Technologie einsetzt. Man unterscheidet Sitzungs-Cookies, die nur für die Dauer des Besuchs einer Website gespeichert werden und so genannte persistente Cookies, die dauerhaft bzw. über die Dauer des Besuchs einer Website hinaus gespeichert werden.

[Deep-Link] Dt. tiefe Verknüpfung; Bezeichnung für einen *Hyperlink*, welcher nicht auf die Startseite einer anderen *Website* verweist, sondern auf eine tiefer liegende Unterseite.

[DENIC] Deutsches Network Information Center mit Sitz in Frankfurt am Main; zentrale Registrierungsstelle für Domains unter der *Top-Level-Domain ».de«*.

[Dialer] Dt. Einwahlprogramm; stellt nach der Installation durch Anklicken eine Online-Verbindung her. Häufig auch durch einen *Computer-Virus* automatisch installiert, wobei die üblicherweise verwendete Internet-Verbindung getrennt und der Nutzer automatisch mit teuren *Mehrwertdiensten* verbunden wird.

[Dialer-Schutzprogamm] Ein Computerprogramm, welches die unerwünschte Einwahl zu teuren *Mehrwertdiensten* dadurch verhindert, dass es die dafür verantwortlichen *Computer-Viren* aufspürt, blockiert und gegebenenfalls beseitigt.

[Digitale Signatur] Technisches Verfahren, welches die Authentizität elektronisch versandter Informationen sowie die Identität des Ausstellers sicherstellen soll; auf Grund der besonderen Sicherheitsmaßnahmen als Äquivalent zur eigenhändigen Unterschrift zu sehen.

[Disclaimer] Haftungsausschlussklausel für *Links*, die auf die Inhalte fremder *Websites* verweisen; von engl. to disclaim = abstreiten.

[Dispute-Antrag] Bei einer Rechtsstreitigkeit um einen *Domain-Namen* von erheblicher Bedeutung. Hierdurch werden gegenüber der *DENIC* Rechte an der streitigen Domain geltend gemacht. Folge: Ohne Zustimmung des Antragstellers kann die betreffende Domain nicht mehr auf Dritte übertragen werden.

[**Domain-Grabbing**] Missbräuchliche Registrierung von *Domain-Namen* unter der Verletzung von Kennzeichen- und Namensrechten Dritter. Ziel ist es meist, die Domain gewinnbringend an den Rechte-Inhaber zu verkaufen oder die Domain zu nutzen und so fremden Traffic (Nutzer-Zugriffe) auf die eigene Website zu leiten.

[**Domain-Name**] Siehe *Internetdomain-Name*.

[**Domain-Parking**] Angebot von *Providern*, bei dem der *Domain*-Inhaber nur geringe Nutzungsgebühren zahlt, solange er die Domain nicht für eigene Inhalte nutzt.

[**Domain-Sharing**] Gestaltungsvariante, bei der mehrere Personen die gleiche *Domain* gemeinsam nutzen.

[**DSL-Highspeed-Zugang**] Digital Subscriber Line (DSL); Technologie, die eine hohe Übertragungskapazität und damit einen schnellen Internet-Zugang ermöglicht.

[**Elektronische Signatur**] Siehe *digitale Signatur*.

[**E-Mail-Harvester**] Software, die das *World Wide Web* nach E-Mail-Adressen durchforstet, um eine Datenbank mit E-Mail-Adressen für *Spam* aufzubauen.

[**Flatrate**] Dt. Pauschaltarif; eine zeit- und traffic-unabhängige Abrechnungsform für die Nutzung einer Online-Verbindung; ermöglicht zeitlich unbegrenztes Surfen zu einem Festpreis.

[**Framing**] Darstellung einer fremden HTML-Seite in einem Teilbereich der eigenen Website; von engl. frame = Rahmen.

[**Freeware**] Kunstwort aus engl. free (= frei) und Software; Software, die vom Urheber des Programms zu von ihm festgelegten Bedingungen kostenlos zur Verfügung gestellt wird, jedoch nicht, wie z. B. *Open-Source-Software*, verändert werden darf.

[**FTP**] File Transfer Protocol; Internet-Dienst zur Übertragung von Dateien.

[**FTP-Tool**] Programm, welches mittels File Transfer Protocol *(FTP)* die Dateiübertragung vom Client (Computer des Nutzers) auf den *Webserver* (Upload) und vom *Server* zum *Client* (Download) ermöglicht.

[**Generische Top-Level-Domain**] *Top-Level-Domain*, die keinen Bezug zu einem Land aufweist; auch generic TLD (gTLD) genannt; Beispiele: ».com«, ».net«, ».org«, ».biz« oder ».info«.

[Hardware-Dialer-Blocker] Eine Computer-Hardware-Lösung, die verhindert, dass sich auf der Festplatte des Computers heimlich *Dialer* installieren. Siehe auch *Software-Dialer-Blocker.*

[Header] Anfangsbereich bzw. Kopf einer Datei; enthält Verwaltungsinformationen; von engl. head = Kopf.

[Homepage] Startseite oder auch Eingangsbereich einer *Website;* meist mit *Links* zu Unterseiten mit den eigentlichen Inhalten der Internet-Präsenz versehen.

[Host-Provider] Von engl. host = Gastgeber; Internet-Dienste-Anbieter, der für seine Kunden *Webserver* bereithält, auf welchen diese die Dateien ihrer Website zum Abruf über das Internet abspeichern können. Host-Provider registrieren üblicherweise für den Kunden auch *Domain-Namen.*

[HTML-Code] Hypertext Markup Language (HTML); Quelltext einer *Website* in Form von Befehlen (so genannte HTML-Tags), die die Struktur und Gestalt einer Website beschreiben; kann durch einen Browser interpretiert und grafisch umgesetzt werden.

[HTTP] Hypertext Transfer Protocol; *Internet*-Übertragungsprotokoll (das heißt die Gesamtheit der technischen Festlegungen für den Informationsaustausch), mit dem *Webbrowser* auf *Webserver* im *World Wide Web* zur Darstellung von *Websites* zugreifen.

[Hyperlink] Dt. Verbindung, Verknüpfung; Querverweis von einer *Website* zu einem anderen Teil der Website oder zu einer fremden Website; ist meistens farblich oder grafisch besonders hervorgehoben. Die Verbindung erfolgt automatisch durch Anklicken des Hyperlinks.

[Hypertext] Nicht-lineare, assoziative und netzartige Organisation von Informationen, die durch *Hyperlinks* miteinander verbunden sind.

[ICANN] Internet Corporation for the Assigned Numbers and Names (ICANN); private Non-Profit-Organisation, deren Hauptaufgabe in der Überwachung und Entwicklung des Domain-Namen-Systems (DNS) besteht.

[Inline-Linking] Aufnahme von fremden Elementen (Dateien) in die eigene *Website* mittels Links. Die fremden Dateien werden durch den Browser bei Aufruf der Seite automatisch geladen, ohne dass der Nutzer dies bemerkt.

[Internet] Ableitung von engl. interconnected networks; weltweiter Verbund von Computer-Netzwerken und Einzel-Computern; nicht zu verwechseln mit dem *World Wide Web,* das nur eines von vielen Internet-Diensten ist.

[Internet-by-Call] Zugang ins *Internet* ohne feste Vertragsbindung.

[Internetdomain-Name] Auch Domain-Name genannt; zusätzlicher Name zur *IP-Adresse;* ist vom Website-Betreiber, soweit noch verfügbar, frei wählbar; auch »Uniform resource locator« (URL) genannt.

[InterNIC] Internet Network Information Center; ist für die Vergabe von *Domain*-Namen unter den *Top-Level-Domains* .»com«, ».net« und ».org« zuständig.

[IP-Adresse] Internet-Protokoll-Adresse; dient z. B. der Identifizierung eines *Webservers.* Eine IP-Adresse besteht aus einer Nummernfolge, unterteilt in Gruppen von Ziffern. Damit sich die Internetnutzer die Internet-Adressen von Webservern einfacher merken können, erhalten solche IP-Adressen zusätzlich noch einen *Internetdomain-Namen.* IP-Adressen werden andererseits auch jedem Computer zugewiesen, der im Internet surft. So können die Informationen zwischen Webserver und dem auf den Webserver zugreifenden Computer ausgetauscht werden.

[IP-Billing] Siehe *IP-Payment.*

[IP-Payment] Abrechnungssystem, bei dem die Identifizierung der in Anspruch genommenen Internet-Dienstleistungen mittels der *IP-Adresse* erfolgt, unter welcher der Computer des Nutzers im Internet surft.

[Java-Applet] Softwarekomponenten der Programmiersprache Java, welche in *Websites* integriert werden können und dadurch eine schnelle Darstellung so genannter Hypermedia (Video, Ton, Animation) ermöglichen.

[JavaScript-Code] Script-Sprache von Netscape, welche sich in den *HTML-Code* einer *Website* einbinden lässt und dessen Funktionen erweitert.

[Länder-Top-Level-Domain] Auch country-code TLD (ccTLD) genannt; z. B. ».de« für Deutschland.

[Link] Siehe *Hyperlink.*

[Mail Order] Zahlungstransaktion bei Kreditkarten, bei der der Verkäufer die notwendigen Kreditkartendaten über Brief, Fax oder das Internet erhält.

[Mediendienst] An die Allgemeinheit gerichteter Informations- und Kommunikationsdienst in Text, Ton oder Bild, der unter Benutzung elektromagnetischer Schwingungen ohne Verbindungsleitung oder längs oder mittels eines Leiters verbreitet wird; Definition in § 2 Abs. 1 des Mediendienste-Staatsvertrages (MDStV).

[Mehrwertdienst] Dienstleistung, die über das Telefon angeboten wird. Die Gebühr für die Inanspruchnahme des Dienstes wird über die Telefonrechnung erhoben (0190 bzw. 0900-Nummer).

[Meta-Tag] *HTML*-Element im Kopfbereich *(Header)* einer *Website,* das im *Browser* nicht angezeigt wird; dient *Suchmaschinen* bei der Kategorisierung und dem Ranking von Internetseiten.

[MySQL-Datenbanken] MySQL ist eines der populärsten *Open-Source-*Datenbankverwaltungssysteme; SQL steht für Structured Query Language = strukturierte Datenbankabfragesprache.

[Newsgroup] Neben dem *World Wide Web, E-Mail* oder *FTP* ein weiterer wichtiger Internet-Dienst. Mitglieder einer Newsgroup können zum Thema der Newsgroup Beiträge an einen News-Server senden. Die anderen Mitglieder der Newsgroup können diese Beiträge dann mit einer bestimmten Software (Newsreader) vom News-Server herunterladen und lesen.

[Newsletter] Elektronischer, meist kostenloser Rundbrief mit aktuellen Informationen zu einem bestimmten Thema, der in regelmäßigen oder unregelmäßigen Abständen per E-Mail an Nutzer verschickt wird, die den Newsletter auf der Website des Anbieters bestellt haben.

[Open-Source-Software] Ein Programm, dessen Quellcode offengelegt ist. Üblicherweise ist Open-Source-Software zur Vervielfältigung und Verbreitung und – im Gegensatz zu *Freeware* und *Shareware* – auch zur Bearbeitung und Weiterentwicklung freigegeben.

[Phishing] Kunstwort aus password und engl. fishing = fischen. Betrügerisches Abfangen von Zugangsdaten (Login-Namen, Passwörter etc.) für sicherheitsrelevante Bereiche von *Websites* durch das Versenden personenbezogener E-Mails.

[PHP-Skripte] PHP Hypertext Preprocessor; Skriptsprache, die zur Erstellung dynamischer *Websites* verwendet wird.

[Provider] Auch Internet Service Provider (ISP) genannt; Internet-Dienste-Anbieter, welcher gegen Entgelt verschiedene technische Leistungen bereitstellt, die für den Betrieb oder die Nutzung von Online-Diensten notwendig sind; je nach Leistung unterscheidet man zwischen *Access-, Host-* und *Content-Provider.*

[p2p-Filesharing-Börsen] Peer-to-Peer; von engl. peer = Gleichgestellter; Filesharing-Börsen, in denen alle Nutzer gleichberechtigt sind, d.h. sowohl Dateien nutzen als auch Dateien anbieten; häufig erfolgt der Datei-Austausch unter Verstoß gegen das Urheberrecht.

[Screenshot] Abspeichern eines aktuellen Bildschirminhalts oder eines Teils dieses Inhalts in einer Datei.

[Second-Level-Domain] Befindet sich in einem *Internetdomain-Namen* links von der *Top-Level-Domain* und ist von ihr durch einen Punkt (engl. dot) getrennt.

[SET] Secure Electronic Transaction; Sicherheitsstandard für den elektronischen Zahlungsverkehr mit Kreditkarten.

[Set-Top-Box] Dt. »Drauf-Stell-Kasten«; Empfangsgerät, welches durch Zusammenschluss mit einem anderen Gerät die Nutzung zusätzlicher Funktionen ermöglicht, z. B. die gleichzeitige Nutzung von Internet und Fernsehen auf dem Fernsehbildschirm.

[Shareware] Von engl. to share = teilen; Software, die unverändert und unter Nennung des Autors üblicherweise frei vervielfältigt und verbreitet werden darf. Nach einem meist kostenlosen Testzeitraum von 30 Tagen wird üblicherweise eine geringe Gebühr zur weiteren Nutzung fällig; nicht zu verwechseln mit *Freeware* oder *Open-Source-Software.*

[Software-Dialer-Blocker] Eine Computer-Software-Lösung, die verhindert, dass sich auf der Festplatte des Computers heimlich *Dialer* installieren. Siehe auch *Hardware-Dialer-Blocker.*

[Spam] Unerwünschte Zusendung von E-Mails zu Werbezwecken.

[Spam-Filter] Computerprogramm zur Herausfilterung unterwünschter *Spam-Mail.*

[Spoof-Site] Gefälschter Webauftritt eines Unternehmens, durch welchen dem Besucher vorgespiegelt wird, dass er sich auf der echten Website des Unternehmens befindet.

[Suchmaschine] Computerprogramm, welches eine umfangreiche Recherche im Internet ermöglicht. Das Ergebnis wird nach Eingabe des Suchbegriffs durch eine Liste von Verweisen dargestellt.

[Sunrise Period] Von engl. sunrise = Sonnenaufgang; Zeitabschnitt bei der Einführung einer neuen *Top-Level-Domain,* während dessen Inhaber von Kennzeichen- und Namensrechten die Domains unter der neuen Top-Level-Domain bevorrechtigt registrieren können.

[Teledienst] Elektronischer Informations- und Kommunikationsdienst, der für eine individuelle Nutzung von kombinierbaren Daten wie Zeichen, Bilder oder Töne bestimmt ist und dem eine Übermittlung mittels Telekommunikation zu Grunde liegt; Definition in § 2 Abs. 1 des Teledienstegesetzes (TDG).

[Thumbnail] Dt. Daumennagel; Bezeichnung für eine kleine digitale Grafik oder ein kleines digitales Foto, welches als Vorschau für die größere Originalversion dient, welches durch Anklicken des Thumbnails aufgerufen wird.

[Top-Level-Domain] Auch TLD bezeichnet; Teil des *Internetdomain-Namens*, der ganz rechts steht; TLDs teilen sich in zwei Hauptgruppen: allgemeine TLDs (*generische Top-Level-Domains*) und länderspezifische TLDs (*Länder-Top-Level-Domains*).

[Trust-Center] Zertifizierungsstelle für Zertifikate *digitaler Signaturen*.

[Trojanisches Pferd] Computerprogramm in Form eines *Computer-Virus*, welches als nützliches Programm getarnt ist, jedoch aus seiner Tarnung heraus auf dem betroffenen Rechner unerwünschte Aktionen ausführt.

[URL] Siehe *Internetdomain-Name.*

[Virus] Siehe *Computer-Virus.*

[Webbrowser] Internet-Zugriffsprogramm, welches den Inhalt von auf *Webservern* bereitgestellten Dateien grafisch darstellt. Abgeleitet von engl. to browse = stöbern, schmökern.

[Webhosting-Provider] Siehe *Host-Provider.*

[Webhosting-Vertrag] Vertrag über die Bereitstellung von *Webserver*-Leistungen im Internet, z. B. von *Webspace.*

[Weblog] Kunstwort aus Web und Logbuch; auch Blog genannt. *Website,* welche Funktionen bereitstellt, mit denen Nutzer zu bestimmten Themen Stellung nehmen oder beispielsweise Artikel veröffentlichen können. Häufig gibt es auch eine Funktion, mit der Dritte die Beiträge kommentieren können.

[Webserver] Serverprogramm, durch welches Daten bereitgestellt werden, auf die über das Internet mittels des Hypertext Transfer Protocol *(HTTP)* zugegriffen werden kann.

[Website] Von engl. site = Ort, Platz (im Netz); Bezeichnung des Standortes eines Gesamtprojektes im *World Wide Web,* welches aus mehreren Dateien besteht, die durch Verweise und *Links* miteinander verbunden sind; nicht zu verwechseln mit dem Begriff *Homepage.*

[Webspace] Bezeichnung für Speicherplatz auf einem *Webserver;* wird von *Host-Providern* angeboten.

[Werbebanner] Form der Werbung im Internet; die Werbung erscheint als in die *Website* eingebundene und häufig animierte Grafikdatei, die mittels *Hyperlink* auf die Internet-Präsenz des Werbenden verweist.

[WIPO-Schiedsverfahren] Internationales Schiedsgerichtsverfahren für Streitigkeiten bei Domains unter einer *generischen Top-Level-Domain* nach der

»Uniform Domainname Dispute Resolution Policy« (UDRP); wird durch das WIPO Arbitration and Mediation Center durchgeführt, welches bei der World Intellectual Property Organization (WIPO) in Genf angesiedelt ist.

[**World Wide Web**] Dt. weltweites Netz, auch WWW oder Web genannt; nicht zu verwechseln mit dem *Internet*. Das World Wide Web ist ein Internet-Dienst in Form eines *Hypertext-Systems*, auf dessen untereinander mit *Hyperlinks* verbundene Dateien und Dokumente mittels des Internet zugriffen wird. Die Dateien und Dokumente sind auf *Webservern* gespeichert und werden mit einem *Webbrowser* mittels des Internet-Übertragungsprotokolls *HTTP* auf den Computer des Nutzers übertragen, wo sie dann grafisch angezeigt werden. Weitere Internet-Dienste sind z. B. E-Mail oder *FTP*.

[**Zugangsprovider**] Auch *Access-Provider*.

Gesetzes- und Verordnungsverzeichnis

> **Tipp**
>
> Gesetzestexte des Bundes in aktueller Fassung finden Sie, wenn Sie in den Suchmaschinen den jeweiligen Paragrafen und den Begriff »juris« eingeben, z. B. unter *http://www.google.de*.

AktG	Aktiengesetz
ApBetrO	Apothekenbetriebsordnung
ApoG	Apothekengesetz
BDSG	Bundesdatenschutzgesetz
BGB	Bürgerliches Gesetzbuch
BGB-InfoV	Verordnung über Informations- und Nachweispflichten nach bürgerlichem Recht
BNotO	Bundesnotarordnung
BORA	Berufsordnung für Rechtsanwälte
BRAO	Bundesrechtsanwaltsordnung
EGBGB	Einführungsgesetz zum Bürgerlichen Gesetzbuch
EG-Vertrag	Vertrag zur Gründung der Europäischen Gemeinschaft
EuGVÜ	Übereinkommen über die gerichtliche Zuständigkeit und die Vollstreckung gerichtlicher Entscheidungen in Zivil- und Handelssachen
EuGVVO	Verordnung (EG) Nr. 44 / 2001 über die gerichtliche Zuständigkeit und die Anerkennung und Vollstreckung von Entscheidungen in Zivil- und Handelssachen
GeschmMG	Geschmacksmustergesetz
GewO	Gewerbeordnung
GG	Grundgesetz
GmbHG	Gesetz betreffend die Gesellschaften mit beschränkter Haftung
GMVO	Verordnung über die Gemeinschaftsmarke
HGB	Handelsgesetzbuch

HWG	Heilmittelwerbegesetz
IfSG	Infektionsschutzgesetz
JMStV	Jugendmedienschutz-Staatsvertrag
KunstUrhG	Gesetz betreffend das Urheberrecht an Werken der bildenden Künste und der Fotografie
LMBG	Gesetz über den Verkehr mit Lebensmitteln, Tabakerzeugnissen, kosmetischen Mitteln und sonstigen Bedarfsgegenständen
MarkenG	Markengesetz
MDStV	Mediendienste-Staatsvertrag
PAngV	Preisangabenverordnung
RBerG	Rechtsberatungsgesetz
SigG	Signaturgesetz
StBerG	Steuerberatergesetz
TDDSG	Teledienstedatenschutzgesetz
TDG	Teledienstegesetz
TKG	Telekommunikationsgesetz
TKÜV	Telekommunikations-Überwachungsverordnung
TKV	Telekommunikations-Kundenschutzverordnung
TMG-E	Entwurf eines Telemediengesetzes
UrhG	Urheberrechtsgesetz
UStG	Umsatzsteuergesetz
UWG	Gesetz gegen den unlauteren Wettbewerb
WiStG	Wirtschaftsstrafgesetz
WPO	Wirtschaftsprüferordnung
ZPO	Zivilprozessordnung

Stichwortverzeichnis

Zahlen – Seite

Dr. Wilfried von Selzam

Das korrekte Testament

6. aktualisierte Auflage 2005, 260 Seiten, broschiert

ISBN 3-89994-851-3

8,90 EUR (D) / 16,50 CHF / 9,20 EUR (A)

Andreas Klaner

Ratgeber Mietrecht

Mehr wissen - Recht bekommen

ISBN 3-89994-975-7

3. aktualisierte Auflage 2005, 208 Seiten, broschiert
8,90 EUR (D) / 9,20 EUR (A) / 16,00 CHF

Dr. Stefan Engels, Dr. Wolfgang Schulz

Ratgeber Presserecht

– Mit vielen prominenten Beispielen
– Aktuelle Gesetzestexte
– Verständlich erklärt
– Musterverträge

Originalausgabe 2005, 176 Seiten, broschiert